D1413501

PHRASEBOOK & DICTIONARY

Acknowledgments
Associate Publisher Tali Budlender
Managing Editor Brigitte Ellemor
Editors Samantha Forge, Jodie Martire
Series Designer Mark Adams
Managing Layout Designer Chris Girdler
Layout Designer Sandra Helou
Production Support Larissa Frost, Yvonne Kirk
Language Writer Christina Mayer

Thanks
Sasha Baskett, Adrian Blackburn, Melanie Dankel, Brendan Dempsey
Ben Handicott, James Hardy, Nic Lehman, Annelies Mertens, Naomi
Parker, Trent Paton, Piers Pickard

Published by Lonely Planet Publications Pty Ltd
ABN 36 005 607 983

2nd Edition – September 2012
ISBN 978 1 74104 551 2
Text © Lonely Planet 2012
Cover Image Playing chess at the bathhouse, Budapest
Christian Kober / AWL
Printed in China   10 9 8 7 6 5 4 3 2 1

Contact lonelyplanet.com/contact

Although the authors and Lonely Planet try to make the information
as accurate as possible, we accept no responsibility for any loss, injury
or inconvenience sustained by anyone using this book.

Paper in this book is certified against the Forest Stewardship Council™
standards. FSC™ promotes environmentally responsible, socially
beneficial and economically viable management of the world's forests.

MIX
Paper from
responsible sources
FSC™ C021741

This 2nd edition of Lonely Planet's *Hungarian phrasebook* is based on the previous edition by Lonely Planet's Language Products team and translator Christina Mayer, who provided the Hungarian translations and pronunciation guides as well as many cultural insights. Christina has completed degrees in Arabic, Turkish, Russian, Applied Linguistics as well as Arabic & Islamic Studies in Hungary and Australia, and spent 15 years as a teacher of Arabic language at the University of Melbourne. She has also been working as a translator and interpreter.

Christina thanks her husband David Attenborough for his help and support, her cousin János Peredi for computer assistance, and her students Péter Krusóczki, Edit Lázár and Edina Nagy for help with professional terms and the latest cool expressions.

Thanks also to the Lonely Planet Language Products crew who produced the first edition of the Hungarian phrasebook on which this one is based:

Francesca Coles, Ben Handicott, Yukiyoshi Kamimura, Piers Kelly, Jodie Martire, Annelies Mertens, Wayne Murphy, Glenn van der Knijff, Karin Vidstrup Monk, Branislava Vladisavljevic, Tamsin Wilson, and last but not least, Csanad Csutoros and Hunor Csutoros from Lonely Planet for additional Hungarian language advice.

make the most of this phrasebook ...

Anyone can speak another language! It's all about confidence. Don't worry if you can't remember your school language lessons or if you've never learnt a language before. Even if you learn the very basics (on the inside covers of this book), your travel experience will be the better for it. You have nothing to lose and everything to gain when the locals hear you making an effort.

finding things in this book

For easy navigation, this book is in sections. The Basics chapters are the ones you'll thumb through time and again. The Practical section covers basic travel situations like catching transport and finding a bed. The Social section gives you conversational phrases, pick-up lines, the ability to express opinions – so you can get to know people. Food has a section all of its own: gourmets and vegetarians are covered and local dishes feature. Safe Travel equips you with health and police phrases, just in case. Remember the colours of each section and you'll find everything easily; or use the comprehensive Index. Otherwise, check the two-way traveller's Dictionary for the word you need.

being understood

Throughout this book you'll see coloured phrases on each page. They're phonetic guides to help you pronounce the language. You don't even need to look at the language itself, but you'll get used to the way we've represented particular sounds. The pronunciation chapter in Basics will explain more, but you can feel confident that if you read the coloured phrase slowly, you'll be understood.

communication tips

Body language, ways of doing things, sense of humour – all have a role to play in every culture. 'Local talk' boxes show you common ways of saying things, or everyday language to drop into conversation. 'Listen for ...' boxes supply the phrases you may hear. They start with the phonetic guide (because you'll hear it before you know what's being said) and then lead in to the language and the English translation.

social 97

hungarian

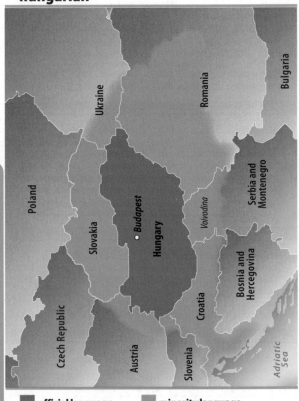

official language   **minority language**

Areas delineated as Hungarian minority language areas are approximate only. For more details, see the **introduction**.

Hungarian is a unique language. Though distantly related to Finnish, it has no significant similarities to any other language in the world. If you have some background in European languages you'll be surprised at just how different Hungarian is. English actually has more in common with Russian and Sinhala (from Sri Lanka) than it does with Hungarian.

So how did such an unusual language end up in the heart of the European continent? The answer lies somewhere beyond the Ural mountains in western Siberia, where the nomadic ancestors of today's Hungarian speakers began a slow migration west about 2000 years ago. At some point in the journey the group began to split. One group turned towards Finland while the other continued towards the Carpathian Basin, arriving in the late 9th century. Calling themselves Magyars (derived from the Finno-Ugric words for 'speak' and 'man') they cultivated and developed the occupied lands. By 1000AD the Kingdom of Hungary was officially established. Along the way Hungarian acquired words from other languages like Latin, Persian, Turkish and Bulgarian, yet today the language has changed remarkably little.

Hungarian is also spoken as a minority language in certain parts of Eastern Europe, such as Slovakia and much of Croatia, the region of Serbia and Montenegro known as Voivodina, and parts of Austria, Romania and the Ukraine. This is a

at a glance ...

language name:
Hungarian

name in language:
magyar mo-dyor

language family:
Finno-Ugric

approximate number of speakers: more than
14.5 million worldwide

close relatives:
Finnish

donations to English:
goulash, paprika, vampire

introduction

legacy of WWI. After their victory, the Allies redivided parts of Europe and formed new nations, with Hungary losing a third of its territory. A great deal of the fierce national pride felt by Hungarians can be traced back to this event.

Hungarian is a language rich with complexities of grammar and expression. These characteristics can be both alluring and intimidating to those who experience it. 'The Hungarian language is at one and the same time our softest cradle and our most solid coffin', lamented modern poet Gyula Illyés. Indeed, some have suggested that the flexibility of the tongue, combined with Hungary's linguistic isolation, has encouraged the culture's strong tradition of poetry and literature. Word order in Hungarian is fairly free, and it has been argued that this stimulates creative or experimental thinking. For this same reason, however, the language is resistant to translation and much of the nation's literary heritage is still unavailable to English speakers. Another theory holds that Hungary's extra-ordinary number of great scientists is also attributable to the language's versatile nature.

Whatever the case, Hungarian needn't be intimidating for visitors. This book gives you all the practical phrases you need to get by, as well as all the fun, spontaneous phrases that lead to a better understanding of Hungary and its people. Once you've got the hang of how to pronounce Hungarian words, the rest is just a matter of confidence. You won't need to look very far to discover the beauty of the language and you may even find yourself unlocking the poet or scientist within. Local knowledge, new relationships and a sense of satisfaction are on the tip of your tongue. So don't just stand there, say something!

abbreviations used in this book

a	adjective	n	noun
f	feminine	pl	plural
inf	informal	pol	polite
lit	literal translation	sg	singular
m	masculine	v	verb

The Hungarian language may look daunting with its long words and unusual-looking accents, but it is surprisingly easy to pronounce. Like in English, Hungarian isn't always written the way it's pronounced, but just stick to the coloured phonetic guides that accompany each phrase or word and you can't go wrong.

vowel sounds

Hungarian vowels sounds are similar to those found in the English words listed in the table below. The symbol ˜ over a vowel, like ã, means you say it as a long vowel sound. The letter y is always pronounced as in 'yes' (see **consonant sounds**).

symbol	english equivalent	hungarian example(s)	transliteration
aa	father	*hátizsák*	*haa*·ti·zhaak
ay	tray (similar to ai in main)	*én*	ayn
e	bed	*zsebkés*	*zheb*·kaysh
ee	meet	*cím*	tseem
eu	her or French *neuf*	*zöld*	zeuld
i	hit	*rizs*	rizh
o	hot	*gazda*	*goz*·do
oy	boy	*megfojt, komoly*	*meg*·foyt, *kaw*·moy
aw	law but short	*kor*	kawr
u	pull	*utas*	*u*·tosh
ew	like i but with rounded lips, like u in French *tu*	*csütörtök*	*chew*·teur·teuk

pronunciation

11

consonant sounds

Remember, always pronounce y like the 'y' in 'yes', but without a vowel sound. We've also used the ' symbol to show this y sound when it's attached to n, d, and t and at the end of a syllable. You'll also see double consonants like bb, dd or tt – draw them out a little longer than you would in English.

symbol	english equivalent	hungarian example(s)	transliteration
b	box	*bajusz*	*bo·yus*
ch	cheese	*család*	*cho·laad*
d	dog	*dervis*	*der·vish*
d'	dune (British)	*poggyász*	*pawd'·dyaas*
f	fox	*farok*	*fo·rawk*
g	go	*gallér, igen*	*gol·layr, i·gen*
dy	dune (British)	*magyar*	*mo·dyor*
h	hat	*hát*	*haat*
j	joke	*dzsem, hogy*	*jem, hawj*
k	king	*kacsa*	*ko·cho*
l	let	*lakat*	*lo·kot*
m	magic	*most*	*mawsht*
n	no	*nem*	*nem*
n'	canyon	*hány, mennyi*	*haan', men'·nyi*
p	pig	*pamut*	*po·mut*
r	run (but rolled)	*piros*	*pi·rawsh*
s	sit	*kolbász*	*kawl·baas*
sh	ship	*tojást*	*taw·yaasht*
t	tin	*tag*	*tog*
t'	tube (British)	*báty*	*baat'*
ts	rats	*koncert*	*kawn·tsert*
ty	tube (British)	*kártya*	*kaar·tyo*
v	vent	*vajon*	*vo·yawn*
y	yes	*hajó, melyik*	*ho·yāw, me·yik*
z	zero	*zab*	*zob*
zh	pleasure	*zsemle*	*zhem·le*

reading & writing

The Hungarian alphabet has 44 letters and is based on the Latin alphabet. It includes accented letters and consonant combinations. For spelling purposes (like when you spell your name to book into a hotel), the pronunciation of each letter is provided.

alphabet							
A a o	*Á á* aa	*B b* bay	*C c* tsay	*Cs cs* chay	*D d* day	*Dz dz* dzay	*Dzs dzs* jay
E e e	*É é* ay	*F f* ef	*G g* gay	*Gy gy* dyay	*H h* haa	*I i* i	*Í í* ee
J j yay	*K k* kaa	*L l* el	*Ly ly* ay	*M m* em	*N n* en	*Ny ny* en'	*O o* aw
Ó ó āw	*Ö ö* eu	*Ő ő* ēū	*P p* pay	*Q q* ku	*R r* er	*S s* esh	*Sz sz* es
T t tay	*Ty ty* tyay	*U u* u	*Ú ú* ū	*Ü ü* ew	*Ű ű* ēw	*V v* vay	
W w *du*·plo·vay	*X x* iks	*Y y* *ip*·sil·awn			*Z z* zay	*Zs zs* zhay	

All vowels can take an acute accent (´), and both 'o' and 'u' can be written with an umlaut (¨) or a double acute (˝). The letters ö and ő, and ü and ű, are listed as separate pairs of letters in dictionaries (following *o, ó* and *u, ú* respectively). Consonant combinations like *cs* and *ny* also have separate entries. This order has been used in the **menu decoder** and **hungarian–english dictionary**.

syllables & word stress

In this book, the syllables are separated by a dot (eg *kawn*·tsert) so you'll have no problem isolating each unit of sound. Accents don't influence word stress which always falls on the first syllable of the word. We've used italics to show stress.

plunge in!

Don't worry if Hungarian seems difficult to pronounce at first. The trick is to stick to the coloured phonetic guides that accompany each phrase and have another go. If you're having trouble making yourself understood, simply point to the Hungarian phrase and show it to the person you're talking to. The most important thing is to laugh at your mistakes and keep on trying. Remember that communicating in a foreign language is, above all, great fun.

vowel harmony

Word endings in Hungarian need to 'rhyme' with the vowels in the word they're attached to. This is called vowel harmony. In the examples below, both the endings -on on and -en en mean 'at'. The reason they have different forms is because they need to harmonise with the vowel sounds in the root words (in this case, Visegrád and Budapest). The rules of vowel harmony are quite complex, but with the endings we've given you, you'll be understood just fine.

I'd like to get off at Visegrád.

Visegrádon   vi·she·graad·on
szeretnék leszállni.   se·ret·nayk le·saall·ni
(lit: Visegrád-on like-would-I off-get-to)

I'd like to get off at Budapest.

Budapesten   bu·do·pesht·en
szeretnék leszállni.   se·ret·nayk le·saall·ni
(lit: Budapest-on like-would-I off-get-to)

This chapter is arranged alphabetically and is designed to help you create your own sentences. If you can't find the exact phrase you need in this book, try to combine the rules we give you here with the vocabulary in the **dictionary**. Hungarian grammar can be challenging for an outsider to master, but with a few gestures and a couple of well-chosen words, you'll generally get the message across. If you're really enthusiastic, get hold of a comprehensive grammar and take the plunge.

a/an & the

The word for 'a/an' in Hungarian is *egy*. This is also the word for 'one', so *egy óra* ej *āw*·ro can mean both 'a watch' and 'one watch'.

I'd like a cup of coffee.
    Kérek egy kávét.   *kay*·rek ej *kaa*·vayt
    (lit: request-I a coffee)

The word for 'the' is *a* o before words beginning with a consonant, and *az* oz before words beginning with a vowel. So 'the hotel' is *a szálloda* o *saal*·law·do, while 'the office' is *az iroda* oz *i*·raw·do.

Where is the bus stop?
    Hol a buszmegálló?   hawl o *bus*·meg·aal·láw
    (lit: where the bus-stop)

adjectives see describing things

articles see a/an & the

be

The verb *lenni* (be) changes depending on who or what is the subject (doer) of the sentence.

present tense					
I	am	*én*	*vagyok*	ayn	*vo*·dyawk
you sg inf	are	*te*	*vagy*	te	voj
you sg pol	are	*ön*	*van*	eun	von
he/she	is	*ő*	*van*	ēū	von
it	is	*az*	*van*	oz	von
we	are	*mi*	*vagyunk*	mi	*vo*·dyunk
you pl inf	are	*ti*	*vagytok*	ti	*voj*·tawk
you pl pol	are	*önök*	*vannak*	eu·neuk	*von*·nok
they (people)	are	*ők*	*vannak*	ēūk	*von*·nok
they (things)	are	*azok*	*vannak*	o·zawk	*von*·nok

Note that personal pronouns (like 'I' and 'you') are not usually used in Hungarian. See **personal pronouns** for more details.

Are you thirsty? sg inf
  Szomjas vagy?　　　　　　*sawm*·yosh voj
  (lit: thirsty are-you)

describing things

Adjectives can change their form depending on where they are in relation to the noun. The adjective normally appears before the noun, and in that case stays in the singular form (as in the first three examples). It changes to the plural form only if it follows the noun, like in the last example. Note that when the adjective follows the noun in the present tense of the verb 'be', in the singular and plural of the second person polite form and third person, the words 'is' and 'are' aren't used in Hungarian.

a short journey
   egy rövid út   ej *reu*·vid ūt
   (lit: a short journey)

The journey is short.
   Az út rövid.   oz ūt *reu*·vid
   (lit: the journey short)

the short journeys
   a rövid utak   o *reu*·vid *u*·tok
   (lit: the short journeys)

The journeys are short.
   Az utak rövidek.   oz *u*·tok *reu*·vi·dek
   (lit: the journeys short)

See also **be**, and take a look at the boxes in **interests**, page 111 and **feelings & opinions**, page 121.

doing things

Learning the basic patterns of Hungarian verbs is not difficult. The challenge is trying to learn all of the patterns plus all of the exceptions. For the present tense of most verbs, use the next table to help you. The dictionary form of the verb will be the same as the 'he/she/it' form below. To make the different forms, simply add the endings to the dictionary form as they are shown.

When you want to say that 'he/she/it', 'they', or 'you' (singular and plural, but only in the polite form) is a type of thing, or has a certain characteristic, you don't need the verb 'be' as you do in English. Instead, you only need the subject (doer) and the description, as in the next example:

The children are hungry.
   A gyerekek éhesek.   o dye·re·kek ay·he·shek
   (lit: the children hungry)

The present tense form of 'be' is only used in these cases if the subject is followed by an adverb of some sort:

Zsuzsa is sick.
   Zsuzsa rosszul van.   zhu·zho raws·sul von
   (lit: Zsuzsa badly is)

case see me, myself & I

comparing things

The simplest way to compare things in Hungarian is with the construction … *olyan* …, *mint* … which more or less corresponds to the English construction '… is as … as …'.

The shirt is as expensive as the pants.
   Az ing olyan drága,   oz ing aw·yon draa·go
   mint a nadrág.   mint o nod·raag
   (lit: the shirt so expensive as the pants)

To say '… is bigger, faster, better (and so on) than …', you need to say … *nagyobb, gyorsabb, jobb* (etc), *mint* …

The train is faster than the bus.
   A vonat gyorsabb,   o vaw·not dyawr·shobb
   mint a busz.   mint o bus
   (lit: the train faster than the bus)

		the vowel in the word's last syllable is …		
pronoun		*a, á, i, í, o, ó, u, ú* (eg *vár* 'wait')	*e, é* (eg *fizet* 'pay')	*ö, ő, ü, ű* (eg *ül* 'sit')
I	*én*	*-ok* *várok*	*-ek* *fizetek*	*-ök* *ülök*
you sg inf	*te*	*-sz* *vársz*	*-sz* *fizetsz*	*-sz* *ülsz*
you sg pol	*ön*	(no ending) *vár*	(no ending) *fizet*	(no ending) *ül*
he/she	*ő*	(no ending) *vár*	(no ending) *fizet*	(no ending) *ül*
it	*az*	(no ending) *vár*	(no ending) *fizet*	(no ending) *ül*
we	*mi*	*-unk* *várunk*	*-ünk* *fizetünk*	*-ünk* *ülünk*
you pl inf	*ti*	*-tok* *vártok*	*-tek* *fizettek*	*-tök* *ültök*
you pl pol	*önök*	*-nak* *várnak*	*-nek* *fizetnek*	*-nek* *ülnek*
they (people)	*ők*	*-nak* *várnak*	*-nek* *fizetnek*	*-nek* *ülnek*
they (things)	*ők*	*-nak* *várnak*	*-nek* *fizetnek*	*-nek* *ülnek*

Some common verbs don't follow these rules. The verbs *jönni* (come), *menni* (go), *enni* (eat) and *inni* (drink) are laid out in the next table. For other irregular verb forms, check out a comprehensive grammar or text book.

present tense					
I	come go eat drink	*én*	*jövök* *megyek* *eszem* *iszom*	ayn	*yeu*·veuk *me*·dyek *e*·sem *i*·sawm
you sg inf	come go eat drink	*te*	*jössz* *mész* *eszel* *iszol*	te	yeuss mays *e*·sel *i*·sawl
you sg pol	come go eat drink	*ön*	*jön* *megy* *eszik* *iszik*	eun	yeun mej *e*·sik *i*·sik
he/she	comes goes eats drinks	*ő*	*jön* *megy* *eszik* *iszik*	êû	yeun mej *e*·sik *i*·sik
it	comes goes eats drinks	*az*	*jön* *megy* *eszik* *iszik*	oz	yeun mej *e*·sik *i*·sik
we	come go eat drink	*mi*	*jövünk* *megyünk* *eszünk* *iszunk*	m	*yeu*·vewnk *me*·dyewnk *e*·sewnk *i*·sunk
you pl inf	come go eat drink	*ti*	*jöttök* *mentek* *esztek* *isztok*	ti	*yeut*·teuk *men*·tek *es*·tek *is*·tawk
you pl pol	come go eat drink	*önök*	*jönnek* *mennek* *esznek* *isznak*	*eu*·neuk	*yeun*·nek *men*·nek *es*·nek *is*·nok
they (people)	come go eat drink	*ők*	*jönnek* *mennek* *esznek* *isznak*	êûk	*yeun*·nek *men*·nek *es*·nek *is*·nok
they (things)	come go eat drink	*azok*	*jönnek* *mennek* *esznek* *isznak*	*o*·zawk	*yeun*·nek *men*·nek *es*·nek *is*·nok

See also **be** and **have**.

The easiest way to talk about the future is to use the present tense of the verb and a word referring to a future time:

Tomorrow we are going to the cinema.
   Holnap moziba megyük.   *hawl*·nop *maw*·zi·bo me·dyewnk
   (lit: tomorrow cinema-to go-we)

I'm leaving on Saturday.
   Szombaton elutazom.   sawm·bo·tawn el·u·to·zawm
   (lit: Saturday-on away-travel-I)

To describe the way you do things (adverbs), see the box in **feelings & opinions**, page 121.

have

There is no direct equivalent to the English verb 'have' in Hungarian. Possession is expressed with the word *van* (is) or *vannak* (are), followed by the name of the thing owned plus a possessive ending (my, your, his, her etc). For example:

I have bags.
   Vannak táskáim.   von·nok taash·kaa·im
   (lit: there-are bags-my)

If you drop the *vannak* part, the remaining word will just mean 'my bags'.

To express 'don't have', substitute the words *nincs* (there isn't) or *nincsenek* (there aren't) for *van* and *vannak* respectively:

I don't have a ticket.
   Nincs jegyem.   ninch ye·dyem
   (lit: there-isn't ticket-my)

For a list of possessive endings see **my & your** and also take a look at **vowel harmony**, page 14.

me, myself & I

In Hungarian, the endings of words may change depending on their 'case'. The case of a word conveys grammatical information such as number, possession, location and the relationship between the noun and other parts of the sentence. It's formed by adding word endings (suffixes) to the nouns.

There are 22 cases in Hungarian, most of which have equivalents in English prepositions such as 'with', 'by', 'from', 'into', 'in', 'to' and so on. The *inessive* case, for example, is used to express the concept of 'in'. By adding *-ban* (in) to the end of the word *mozi* 'cinema', you get the prepositional phrase *moziban* 'in a cinema' (lit: cinema-in).

Hungarian cases and their endings are too numerous to list here, so if you'd like to know more you can refer to a comprehensive grammar guide. Don't worry about it too much, though – in this book we've already chosen the appropriate case for the nouns in each phrase.

more than one

Make something plural by adding *-k* to the end of the word. If the word already ends in a consonant you need to put a vowel before the *-k* first. The vowel that goes before it should 'harmonise' with the noun (see **vowel harmony**, page 14). For example:

| the ticket | *a jegy* | o yej |
| the tickets | *a jegyek* | o ye·dyek |

Note that the plural form is never needed after numbers or words of quantity:

200 forints	*kétszáz forint*	kayt·saaz faw·rint
	(lit: 200 forint)	
some flowers	*néhány virág*	nay·haan' … vi·raag
	(lit: some flower)	

See also **describing things** and **me, myself & I**, as well as the chapter **numbers & amounts**, page 29.

my & your

There are no separate words for 'my', 'your', 'her' and so on in Hungarian. To show belonging you need to add a word ending (suffix) to the thing that is owned.

a book	egy könyv	(lit: a book)	ej keun'v
Béla's book	Béla könyve	(lit: Béla book-his)	bay·lo keun'·ve
his book	a könyve	(lit: the book-his)	o keun'·ve
	az ő könyve	(lit: the he book-his)	oz êű keun'·ve

As the last example shows, if the owner's name is not mentioned the word will be preceded by 'the': a or az. For special emphasis, the pronoun (in this case 'he') can be inserted between a/az and the noun. The simplest way to express belonging is to say a/az, then the noun plus the correct ending from the table below.

	many nouns with the vowels … in their last syllable		nouns ending with a or e (a becomes á, e becomes é) (eg táska 'bag')
	a, á, í, o, ó, u, ú (eg vonat 'train')	e, é, i, ö, ü (eg könyv 'book')	
my	-om vonatom	-em könyvem	-m táskám
your sg inf	-od vonatod	-ed könyved	-d táskád
your sg pol	-ja vonatja	-e könyve	-ja táskája
his/her/ its	-ja vonatja	-e könyve	-ja táskája
our	-unk vonatunk	-ünk könyvünk	-nk táskánk
your pl inf	-otok vonatotok	-etek könyvetek	-tok táskátok
your pl pol	-ja vonatja	-e könyve	-ja táskája
their	-juk vonatjuk	-vük könyvük	-juk táskájuk

See also **a/an & the**, **have** and **vowel harmony**, on page 14.

a–z phrasebuilder

23

negative

To convey the sense of 'not', place the word *nem* just before the part of the sentence you want to negate and you'll make yourself understood.

The ticket isn't expensive.
A jegy nem drága. o yed' nem draa·go
(lit: the ticket not expensive)

I don't like fish.
Nem szeretem a halat. nem se·re·tem o ho·lot
(lit: not like-I the fish)

nouns see **me, myself & I** and **more than one**

personal pronouns

Hungarian pronouns always vary according to their case (see **me, myself, & I**).

I	*én*	ayn	**we**	*mi*	mi
you sg inf	*te*	te	**you** pl inf	*ti*	ti
you sg pol	*ön*	eun	**you** pl pol	*önök*	eu·neuk
he/she	*ő*	ēū	**they (people)**	*ők*	ēūk
it	*az*	oz	**they (things)**	*azok*	o·zawk

Note that in sentences containing a verb, a separate word for 'I', 'he' or 'she' isn't needed, as in the example below. This is because the verb form already indicates the subject (doer). The personal pronoun is only used to put special emphasis on the subject.

They're standing there.
Ott állnak. awtt aall·nok
(lit: there stand-they)

See also **me, myself & I** and **my & your**, and take a look at the box on formality in **feelings & opinions**, page 117.

plural see more than one

pointing things out see this & that

possession see have and my & your

prepositions see case and talking about location

questions

Form questions by using a question word:

How many?	*Hány?*	haan'
How much?	*Mennyi?*	men'·nyi
What?	*Mi?*	mi
What kind?	*Milyen?*	mi·yen
Where?	*Hol?*	hawl
When?	*Mikor?*	mi·kawr
Which?	*Melyik?*	me·yik
Who?	*Ki?*	ki
Why?	*Miért?*	mi·ayrt

talking about location

Indicating the location of something in Hungarian is usually done by adding endings (suffixes) to words. These equate to prepositions like 'in', 'at' or 'on' in English. For more details, see **me, myself & I**. Postpositions can also be used to describe location. As you can see in this example, a postposition is a separate word following the noun, instead of being attached to it.

in front of the cinema
  a mozi előtt   o *maw*·zi *e*·lēūtt
  (lit: the cinema in-front-of)

For other location words, see the **dictionary**.

the see a, an & the

this & that

To point something out in Hungarian, use one of the words below:

this	*ez*	ez
that	*az*	oz
these	*ezek*	e·zek
those	*azok*	o·zawk

You'll need to use a word from this table, plus *a/az* (depending on whether the noun starts with a consonant or a vowel) and then the noun itself. For example:

This dish is very good!
Ez az étel nagyon jó!   ez oz *ay*·tel *no*·dyawn yāw
(lit: this the dish very good)

That man has stolen my bag.
Az az ember ellopta   oz oz *em*·ber *el*·lawp·to
a táskámat.   o *taash*·kaa·mot
(lit: that the man stole the bag-my)

word order

In Hungarian, the order of words in a sentence is more flexible than in English, but it's not entirely arbitrary. English emphasises words by putting stress on them in pronunciation, while Hungarian emphasises words by bringing them forward to the beginning of the sentence:

I buy *apples* in the shop, not bananas.
Almát veszek a közértben   *ol*·maat *ve*·sek o *keu*·zayrt·ben
nem banánt.   nem *bo*·naant
(lit: apple buy-I the shop-in not banana)

Do you speak (English)?
Beszél (angolul)? pol — *be·sayl (on·gaw·lul)*
Beszélsz (angolul)? inf — *be·sayls (on·gaw·lul)*

Does anyone speak (English)?
Beszél valaki (angolul)? — *be·sayl vo·lo·ki (on·gaw·lul)*

Do you understand?
Érti? pol — *ayr·ti*
Érted? inf — *ayr·ted*

Yes, I understand.
Igen, értem. — *i·gen ayr·tem*

No, I don't understand.
Nem, nem értem. — *nem nem ayr·tem*

I (don't) understand.
(Nem) Értem. — *(nem) ayr·tem*

I speak (English).
Beszélek (angolul). — *be·say·lek (on·gaw·lul)*

I don't speak (Hungarian).
Nem beszélek (magyarul). — *nem be·say·lek (mo·dyo·rul)*

I speak a little.
Egy kicsit beszélek. — *ej ki·chit be·say·lek*

What does 'lángos' mean?
Mit jelent az, hogy 'lángos'? — *mit ye·lent oz hawj laan·gawsh*

How do you ...?	Hogyan ...?	*haw*·dyon ...
pronounce this	mondja ki ezt	*mawnd*·yo ki ezt
write 'útlevél'	írja azt, hogy 'útlevél'	*eer*·yo ozt hawj *ūt*·le·vayl
Could you please ...?	..., kérem.	... *kay*·rem
repeat that	Megismételné ezt	*meg*·ish·may·tel·nay ezt
speak more slowly	Tudna lassabban beszélni	*tud*·no *losh*·shob·bon be·sayl·ni
write it down	Leírná	le·eer·naa

tongue in cheek

So you've got the hang of Hungarian, huh? Then take the tongue twister challenge!

Start off easy:

fiaiéi
fi·o·i·ay·i
More things of her more sons.

You're still feeling confident? What about ...

Mit sütsz, kis szűcs? Sós húst sütsz, kis szűcs?
mit shewts kish sēwch shāwsh hūsht shewts kish sēwch
What are you grilling, little furrier? Are you grilling salty meat, little furrier?

Or this one, which is a bit of a doozie even in English ...

A tarka szarka farka tarka. De nem minden szarka farka tarka csak a tarka szarka farka tarka.
o *tor*·ko *sor*·ko *for*·ko *tor*·ko de nem *min*·den *sor*·ko *for*·ko *tor*·ko chok o *tor*·ko *sor*·ko *for*·ko *tor*·ko
The multicoloured mockingbird's tail is multicoloured. But not every mockingbird's tail is multicoloured, only the multicoloured mockingbird's tail is multicoloured.

cardinal numbers

tőszámnevek

0	*nulla*	*nul·lo*
1	*egy*	ej
2	*kettő*	*ket·tēū*
3	*három*	*haa·rawm*
4	*négy*	nayj
5	*öt*	eut
6	*hat*	hot
7	*hét*	hayt
8	*nyolc*	nyawlts
9	*kilenc*	*ki·lents*
10	*tíz*	teez
11	*tizenegy*	*ti·zen·ej*
12	*tizenkettő*	*ti·zen·ket·tēū*
13	*tizenhárom*	*ti·zen·haa·rawm*
14	*tizennégy*	*ti·zen·nayj*
15	*tizenöt*	*ti·zen·eut*
16	*tizenhat*	*ti·zen·hot*
17	*tizenhét*	*ti·zen·hayt*
18	*tizennyolc*	*ti·zen·nyawlts*
19	*tizenkilenc*	*ti·zen·ki·lents*
20	*húsz*	hūs
21	*huszonegy*	*hu·sawn·ej*
22	*huszonkettő*	*hu·sawn·ket·tēū*
30	*harminc*	*hor·mints*
31	*harmincegy*	*hor·mints·ej*
32	*harminckettő*	*hor·mints·ket·tēū*
40	*negyven*	*nej·ven*
41	*negyvenegy*	*nej·ven·ej*
42	*negyvenkettő*	*nej·ven·ket·tēū*
50	*ötven*	*eut·ven*

60	hatvan	*hot·von*
70	hetven	*het·ven*
80	nyolcvan	*nyawlts·von*
90	kilencven	*ki·lents·ven*
100	száz	*saaz*
200	kétszáz	*kayt·saaz*
1,000	ezer	*e·zer*
1,000,000	millió	*mil·li·āw*

ordinal numbers

sorszámnevek

1st	első	*el·shēū*
2nd	második	*maa·shaw·dik*
3rd	harmadik	*hor·mo·dik*
4th	negyedik	*ne·dye·dik*
5th	ötödik	*eu·teu·dik*

two's company

Hungarian has two ways of expressing the number 'two'. The word kettő *ket·tēū* is used when the number is given on its own, or when the object is not mentioned. For example, the answer to the question *Hány forintod van?* haan' *faw·rin·tawd von* (How many forints do you have?) would be Kettő. – Two. The word két *kayt*, on the other hand, is used when 'two' is followed by the counted noun, as in *két forint* kayt *faw·rint* (two forints).

Both kettő and két appear in all numerals containing 'two'. So 12 is tizenkettő *ti·zen·ket·tēū* or tizenkét *ti·zen·kayt*, 22 is huszonkettő *hu·sawn·ket·tēū* or huszonkét *hu·sawn·kayt*, and so on.

It's easy to mistake két *kayt* (two) for hét *hayt* (seven). Be sure to pronounce the k as distinctly as you can so you don't end up getting seven pancakes instead of two!

fractions

a quarter	*egynegyed*	*ej*·ne·dyed
a third	*egyharmad*	*ej*·hor·mod
a half	*fél*	fayl
three-quarters	*háromnegyed*	*haa*·rawm·ne·dyed
all	*mind*	mind
none	*egyik sem*	*e*·dyik shem

decimals

Egész e·gays means 'whole' not 'point', and the numbers after it aren't said one by one. In the first example, you literally say 'three-whole-fourteen', not 'three-point-one-four'.

3.14	*három egész*	*haa*·rawm *e*·gays
	tizennégy	*ti*·zen·nayj
4.2	*négy egész kettő*	nayj *e*·gays *ket*·tēū
5.1	*öt egész egy*	eut *e*·gays ej

numbers with dots & commas

Numbers in Hungarian use the opposite punctuation to English, so make sure you get it right when it counts.

3.456 = three thousand, four hundred and fifty-six
3,456 = three point four five six

numbers & amounts

31

useful amounts

Quantities are calculated in decagrams as opposed to grams or kilograms. A decagram is equivalent to ten grams.

How much?	*Mennyi?*	men'·nyi
How many?	*Hány?*	haan'
Please give me ...	*Kérem, adjon nekem ...*	kay·rem od·yawn ne·kem ...
(10) decagrams	*(tíz) deka*	(teez) de·ko
half a dozen	*fél tucat*	fayl tu·tsot
a dozen	*egy tucat*	ej tu·tsot
half a kilo	*fél kiló*	fayl ki·lāw
a kilo	*egy kiló*	ej ki·lāw
a bottle/jar	*egy üveg*	ej ew·veg
a packet	*egy csomag*	ej chaw·mog
a slice	*egy szelet*	ej se·let
a tin	*egy doboz*	ej daw·bawz
a few	*egy kevés*	ej ke·vaysh
less	*kevesebb*	ke·ve·shebb
(just) a little	*(csak) egy kicsi*	(chok) ej ki·chi
a lot/many	*sok*	shawk
more	*több*	teubb
some	*néhány*	nay·haan'

---

thumbs up

To show the number one, Hungarians hold up their thumb instead of their index finger. For two, you need to show both thumb and index finger, and so on. If you want one item and you only hold up your index finger (your 'number two' finger), you may end up with twice what you asked for ...

telling the time

hogyan mondjuk meg, mennyi az idő

Hungarians are forward thinkers. To express the time 10.15 they say *negyed tizenegy* ne·dyed ti·zen·ej, which means 'a quarter of eleven'. Likewise, 10.30 is *fél tizenegy* fayl ti·zen·ej or 'half of eleven'. This isn't the case when stating times that aren't 'a quarter' or 'a half' past the hour in English. For example, 10.05 is simply *öt perccel múlt tíz* eut perts·tsel múlt teez or 'five minutes past ten'. Don't get too confused by this. For the most part, telling the time in Hungarian is very straightforward. The phrases below will point you in the right direction.

What time is it?	*Hány óra?*	haan' āw·ra
It's (one) o'clock.	*(Egy) óra van.*	(ej) āw·ra von
It's (ten) o'clock.	*(Tíz) óra van.*	(teez) āw·ra von
Five past (ten).	*Öt perccel múlt (tíz).*	eut perts·tsel múlt (teez)
Quarter past (ten).	*Negyed (tizenegy).*	ne·dyed (ti·zen·ej)
Half past (ten).	*Fél (tizenegy).*	fayl (ti·zen·ej)
Twenty to (eleven).	*Húsz perc múlva (tizenegy).*	hüs perts mül·vo (ti·zen·ej)
Quarter to (eleven).	*Háromnegyed (tizenegy).*	haa·rawm·ne·dyed (ti·zen·ej)

At what time …?

Hány órakor …?	haan' *āw*·ro·kawr …

At (ten).

(Tíz)kor.	(*teez*)·kawr

At 7.57pm.

Este hét óra	*esh*·te hayt *āw*·ro
ötvenhét perckor.	*eut*·ven·hayt *perts*·kawr

(lit: evening seven o'clock fifty-seven minutes-at)

the calendar

a naptár

days

Monday	*hétfő*	*hayt*·fēū
Tuesday	*kedd*	kedd
Wednesday	*szerda*	*ser*·do
Thursday	*csütörtök*	*chew*·teur·teuk
Friday	*péntek*	*payn*·tek
Saturday	*szombat*	*sawm*·bot
Sunday	*vasárnap*	*vo*·shaar·nop

months

January	*január*	*yo*·nu·aar
February	*február*	*feb*·ru·aar
March	*március*	*maar*·tsi·ush
April	*április*	*aap*·ri·lish
May	*május*	*maa*·yush
June	*június*	*yū*·ni·ush
July	*július*	*yū*·li·ush
August	*augusztus*	*o*·u·gus·tush
September	*szeptember*	*sep*·tem·ber
October	*október*	*awk*·tāw·ber
November	*november*	*naw*·vem·ber
December	*december*	*de*·tsem·ber

dates

What date is it today?
Hányadika van ma? haa·nyo·di·ko von mo

It's (18 October).
(Október *(awk·tāw·ber*
tizennyolcadika) van. *ti·zen·nyawl·tso·di·ko) von*

seasons

spring	*tavasz*	to·vos
summer	*nyár*	nyaar
autumn/fall	*ősz*	ēūs
winter	*tél*	tayl

present

jelen

this …
morning	*ma reggel*	mo *reg*·gel
afternoon	*ma délután*	mo *dayl*·u·taan
week	*ezen a héten*	e·zen o *hay*·ten
month	*ebben a hónapban*	*eb*·ben o *hāw*·nop·bon
year	*ebben az évben*	*eb*·ben oz *ayv*·ben

now	*most*	mawsht
today	*ma*	mo
tonight	*ma este*	mo *esh*·te

past

múlt

last night	*tegnap éjjel*	*teg*·nop *ay*·yel
yesterday	*tegnap*	*teg*·nop
day before yesterday	*tegnapelőtt*	*teg*·nop·e·lēūtt
(three days) ago	*(három nappal) ezelőtt*	*(haa*·rawm *nop*·pol) ez·e·lēūtt
since (May)	*(május) óta*	*(maa*·yush) *āw*·to

last ...	a múlt ...	o múlt ...
week	héten	hay·ten
month	hónapban	hāw·nop·bon
year	évben	ayv·ben
yesterday ...	tegnap ...	teg·nop ...
morning	reggel	reg·gel
afternoon	délután	dayl·u·taan
evening	este	esh·te

future

jövő

tomorrow	holnap	hawl·nop
day after tomorrow	holnapután	hawl·nop·u·taan
in (six) days	(hat) nap múlva	(hot) nop mül·vo
until (June)	(június)ig	(yū·ni·ush)·ig
next ...	a jövő ...	o yeu·vēū ...
week	héten	hay·ten
month	hónapban	hāw·nop·bon
year	évben	ayv·ben
tomorrow ...	holnap ...	hawl·nop ...
morning	reggel	reg·gel
afternoon	délután	dayl·u·taan
evening	este	esh·te

during the day

napközben

afternoon	délután	dayl·u·taan
dawn	hajnal	hoy·nol
day	nappal	nop·pol
evening	este	esh·te
midday	dél	dayl
midnight	éjfél	ay·fayl
morning	reggel	reg·gel
night	éjszaka	ay·so·ko
sunrise	napkelte	nop·kel·te
sunset	napnyugta	nop·nyug·to

Hungary became a member of the European Union in 2004, and is aiming to convert its currency to the euro, however there is no current target date for conversion. Most of the examples in this phrasebook are in forints, but we've also included euros in the dictionary and in this chapter.

How much is it/this?
Mennyibe kerül? — men'·nyi·be ke·rewl

It's free.
Ingyen van. — in·dyen von

It's (500) forints.
(Ötszáz) forint. — (eut·saaz) faw·rint

It's (300) euros.
(Háromszáz) euró. — (haa·rawm·saaz) e·u·raw

Could you write down the price?
Le tudná írni az árat? — le tud·naa eer·ni oz aa·rot

Do you change money here?
Váltanak itt pénzt? — vaal·to·nok itt paynzt

Do you accept …?	*Elfogadnak …?*	el·faw·god·nok …
credit cards	*hitelkártyát*	hi·tel·kaar·tyaat
debit cards	*bankkártyát*	bonk·kaar·tyaat
travellers cheques	*utazási csekket*	u·to·zaa·shi chek·ket

I'd like to …	*Szeretnék …*	se·ret·nayk …
cash a cheque	*beváltani egy csekket*	be·vaal·to·ni ej chek·ket
change a travellers cheque	*beváltani egy utazási csekket*	be·vaal·to·ni ej u·to·zaa·shi chek·ket
change money	*pénzt váltani*	paynzt vaal·to·ni
withdraw money	*pénzt kivenni*	paynzt ki·ven·ni

What's the ...?	Mennyi ...?	men'·nyi ...
charge	a díj	o dee·y
buying rate	a vételi árfolyam	o vay·te·li aar·faw·yom
exchange rate	a valutaárfolyam	o vo·lu·to·aar·faw·yom
selling rate	az eladási árfolyam	oz el·o·daa·shi aar·faw·yom

Do I need to pay upfront?
Előre kell fizetnem?   e·lēū·re kell fi·zet·nem

Could I have a receipt, please?
Kaphatnék egy nyugtát, kérem?   kop·hot·nayk ej nyug·taat kay·rem

Could I have my change, please?
Megkaphatnám a visszajáró pénzt?   meg·kop·hot·naam o vis·so·yaa·rāw paynzt

I'd like a refund, please.
Vissza szeretném kapni a pénzemet, kérem.   vis·so se·ret·naym kop·ni o payn·ze·met kay·rem

I've already paid for this.
Már kifizettem.   maar ki·fi·zet·tem

There's a mistake in the bill.
Valami nem stimmel a számlával.   vo·lo·mi nem shtim·mel o saam·laa·vol

I don't want to pay the full price.
Nem akarom kifizetni a teljes árat.   nem o·ko·rawm ki·fi·zet·ni o tel·yesh aa·rot

Where's the nearest automated teller machine?
Hol van a legközelebbi bankautomata?   hawl von o leg·keu·ze·leb·bi bonk·o·u·taw·mo·to

getting around

utazgatás

Which ... goes to (Budapest)?	*Melyik ... megy (Budapest)re?*	*me·yik ... mej (bu·do·pesht)·re*
boat	*hajó*	*ho·yāw*
bus	*busz*	bus
train	*vonat*	*vaw·not*
Which ... goes to (the parliament)?	*Melyik ... megy (a Parlament)hez?*	*me·yik ... mej (o por·lo·ment)·hez*
bus	*busz*	bus
tram	*villamos*	*vil·lo·mawsh*
trolleybus	*troli*	*traw·li*
metro line	*metró*	*met·rāw*
When's the ... (bus)?	*Mikor megy ... (busz)?*	*mi·kawr mej ... (bus)*
first	*az első*	*oz el·shēū*
last	*az utolsó*	*oz u·tawl·shāw*
next	*a következő*	*o keu·vet·ke·zēū*

What time does it leave?
Mikor indul?   *mi·kawr in·dul*

What time does it get to (Eger)?
Mikor ér (Eger)be?   *mi·kawr ayr (e·ger)·be*

How long will it be delayed?
Mennyit késik?   *men'·nyit kay·shik*

Is this seat free?
Szabad ez a hely?   so·bod ez o he·y

That's my seat.
Az az én helyem.   oz oz ayn he·yem

Please tell me when we get to (Eger).
Kérem, szóljon, amikor   kay·rem sāwl·yawn o·mi·kawr
(Eger)be érünk.   (e·ger)·be ay·rewnk

Please stop here.
Kérem, álljon meg itt.   kay·rem aall·yawn meg itt

How long do we stop here?
Mennyi ideig állunk itt?   men'·nyi i·de·ig aal·lunk itt

I'd like to	*Le szeretnék*	le se·ret·nayk
get off ...	*szállni ...*	saall·ni ...
at the next stop	*a következőnél*	o keu·vet·ke·zēū·nayl
here	*itt*	itt

tickets

jegyek

Where do I buy a ticket?
Hol kapok jegyet?   hawl ko·pawk ye·dyet

Where's the ...	*Hol a ...*	hawl o ...
ticket office?	*jegypénztár?*	yej·paynz·taar
domestic	*belföldi*	bel·feul·di
international	*nemzetközi*	nem·zet·keu·zi

A ... ticket	*Egy ... jegy*	ej ... yej
to (Eger).	*(Eger)be.*	(e·ger)·be
1st-class	*első osztályú*	el·shēū aws·taa·yū
2nd-class	*másodosztályú*	maa·shawd·aws·taa·yū
one-way	*csak oda*	chok aw·do
return	*oda-vissza*	aw·do·vis·so

A ... ticket	*Egy ... (Eger)be.*	ej ... (e·ger)·be
to (Eger).		
child's	*gyerekjegy*	dye·rek·yej
student	*diákjegy*	di·aak·yej

I'd like	... helyet	... he·yet
a/an ... seat.	szeretnék.	se·ret·nayk
aisle	Folyosó felőli	faw·yaw·shāw fe·lēū·li
nonsmoking	Nemdohányzó	nem·daw·haan'·zāw
smoking	Dohányzó	daw·haan'·zāw
window	Ablak melletti	ob·lok mel·let·ti

I need a ...	... kérek.	... kay·rek
30-day pass	Harmincnapos	hor·mints·no·pawsh
	bérletet	bayr·le·tet
block of 10	Tízdarabos	teez·do·ro·bawsh
single tickets	gyűjtőjegyet	dyēw·y·tēū·ye·dyet
block of 20	Húszdarabos	hūs·do·ro·bawsh
single tickets	gyűjtőjegyet	dyēw·y·tēū·ye·dyet
daily ticket	Napijegyet	no·pi·ye·dyet
fortnightly pass	Kétheti bérletet	kayt·he·ti bayr·le·tet
monthly pass	Havibérletet	ho·vi·bayr·le·tet
single ticket	Vonaljegyet	vaw·nol·ye·dyet
three-day	Háromnapos	haa·rawm·no·pawsh
tourist ticket	turistajegyet	tu·rish·to·ye·dyet
weekly ticket	Hetijegyet	he·ti·ye·dyet

transport

41

Is there (a) …?	*Van …?*	von …
air-	*lég-*	*layg·*
conditioning	*kondicionálás*	kawn·di·tsi·aw·naa·laash
blanket	*takaró*	to·ko·rāw
sick bag	*hányózacskó*	haa·nyāw·zoch·kāw
toilet	*vécé*	vay·tsay

Do I need to book?
Kell helyjegyet váltanom? — kell he·ye·dyet vaal·ta·nawm

How much is it?
Mennyibe kerül? — men'·nyi·be ke·rewl

How long does the trip take?
Mennyi ideig tart az út? — men'·nyi i·de·ig tort oz ūt

Is it a direct route?
Ez közvetlen járat? — ez keuz·vet·len yaa·rot

Can I get a stand-by ticket?
Kaphatok egy — kop·ho·tawk ej
készenléti jegyet? — kay·sen·lay·ti ye·dyet

Can I get a sleeping berth?
Kaphatok egy fekvőhelyet? — kop·ho·tawk ej fek·vēū·he·yet

What time should I check in?
Mikor kell bejelentkeznem? — mi·kawr kellbe·ye·lent·kez·nem

I'd like to … my	*Szeretném …*	se·ret·naym …
ticket, please.	*a jegyemet.*	o ye·dye·met
cancel	*törölni*	teu·reul·ni
change	*megváltoztatni*	meg·vaal·tawz·tot·ni
confirm	*megerősíteni*	meg·e·rēū·shee·te·ni

luggage

poggyász

My luggage has been stolen.
Ellopták a — el·lawp·taak o
poggyászomat. — pawd'·dyaa·saw·mot

That's (not) mine.
Az (nem) az enyém. — oz (nem) oz e·nyaym

| kay·zi· pawd'·dyaas | kézipoggyász | carry-on baggage |
| pawd'·dyaas·tūl·shū·y | poggyásztúlsúly | excess baggage |

Where can I find the ...?	Hol találom ...?	hawl to·laa·lawm ...
baggage claim	a poggyász-kiadót	o pawd'·dyaas·ki·o·dāwt
left-luggage office	a poggyász-megőrzőt	o pawd'·dyaas·meg·eūr·zēūt

Where can I find a ...?	Hol találok egy ...?	hawl to·laa·lawk ej ...
luggage locker	poggyász-megőrző automatát	pawd'·dyaas·meg·eūr·zēū o·u·taw·mo·taat
trolley	poggyász-kocsit	pawd'·dyaas·kaw·chit

My luggage has been ...	A poggyászom ...	o pawd'·dyaa·sawm ...
damaged	megsérült	meg·shay·rewlt
lost	elveszett	el·ve·sett

Can I have some ...?	Kaphatok néhány ...?	kop·ho·tawk nay·haan'...
coins	pénzérmét	paynz·ayr·mayt
20-forint coins	húszforintost	hūs·faw·rin·tawsht
100-forint coins	százforintost	saaz·faw·rin·tawsht

plane

repülőgép

At which gate does flight (BA15) arrive?
Hova érkezik a (BA tizenötös) számú járat?
haw·vo ayr·ke·zik a (bay o ti·zen·eu·teush) saa·mū yaa·rot

At which gate does flight (BA26) depart?
Honnan indul a (BA huszonhatos) számú járat?
hawn·non in·dul a (bay o hu·sawn·ho·tawsh) saa·mū yaa·rot

aat·saal·laash	átszállás	**transfer**
be·saal·lāw·kaar·tyo	beszállókártya	**boarding pass**
tron·zit	tranzit	**transit**
üt·le·vayl	útlevél	**passport**

Where's (the) ...?	Hol van ...?	hawl von ...
airport shuttle	a repülőtéri busz	o re·pew·lēū·tay·ri bus
arrivals hall	az érkezési csarnok	oz ayr·ke·zay·shi chor·nawk
departures hall	az indulási csarnok	oz in·du·laa·shi chor·nawk
duty-free shop	a vámmentes üzlet	o vaam·men·tesh ewz·let
gate (5)	az (ötös) kapu	oz (eu·teush) ko·pu

bus & coach

busz

How often do buses come?
Milyen gyakran jönnek
a buszok?
mi·yen dyok·ron yeun·nek
o bu·sawk

Does it stop at (Visegrád)?
Megáll (Visegrád)on?
meg·aall (vi·she·graad)·on

What's the next stop?
Mi a következő
megálló?
mi o keu·vet·ke·zēū
meg·aal·lāw

I'd like to get off at (Visegrád).
(Visegrád)on
szeretnék leszállni.
(vi·she·graad)·on
se·ret·nayk le·saall·ni

On public transport children, young people and men are supposed to vacate seats for old, disabled or sick people, pregnant women and women with small children. Public displays of affection between lovers are very common in Hungary and you'll notice that people often hug and kiss in the street or in the bus.

city a	*város*	*vaa·rawsh*
departure bay	*állás*	*aal·laash*
inter-city a	*városközi*	*vaa·rawsh·keu·zi*
local a	*helyi*	*he·yi*
local bus station	*helyi buszállamás*	*he·yi bus·aal·law·maash*
long-distance bus station	*távolsági autóbusz- államás*	*taa·vawl·shaa·gi o·u·tāw·bus aal·law·maash·*
timetable display	*menetrend*	*me·net·rend*

train

All trains are speedy in Hungary, though some are speedier than others... From fastest to slowest they are *expressz* (express), *gyorsvonat* (fast) and *sebesvonat* (swift).

What station is this?
Ez milyen állomás?   ez *mi*·yen *aal*·law·maash

What's the next station?
Mi a következő   mi o *keu*·vet·ke·zēū
állomás?   *aal*·law·maash

Do I need to change?
Át kell szállnom?   aat kell *saall*·nawm

Is it ...?	Ez ... járat?	ez ... *yaa*·rot
direct	*közvetlen*	*keuz*·vet·len
express	*expressz*	*eks*·press

Which carriage is (for) ...?	Melyik kocsi ...?	me·yik *kaw*·chi ...
(Eger)	*megy (Eger)be?*	mej (*e*·ger)·be
1st class	*első osztályú*	*el*·shēū *aws*·taa·yū

Which carriage is for dining?
Melyik az étkezőkocsi?   me·yik oz *ayt*·ke·zēū·kaw·chi

signs

Érkező vonatok	*ayr*·ke·zēū *vaw*·no·tawk	**Arrivals**
Gőzmozdony	*gēūz*·mawz·dawn'	**Steam Train**
Gyorsvonat	*dyorsh*·vaw·not	**Fast Train**
Induló vonatok	*in*·du·lāw *vaw*·no·tawk	**Departures**
InterCity Expressz	*in*·ter·si·ti *eks*·press	**Intercity Express**
InterCity Gyors	*in*·ter·si·ti dyorsh	**Intercity Rapid**
Keskeny	*kesh*·ken'	**Narrow-gauge**
nyomtávú	nyawm·taa·vū	
Sebesvonat	*she*·besh·vaw·not	**Swift Train**
Személyvonat	*se*·may·vaw·not	**Passenger Train**
Vágány	*vaa*·gaan'	**Platform**

boat

hajó

What's the lake like today?
Milyen ma a tó?   *mi*·yen mo o tāw

Are there life jackets?
Vannak mentőmellények?   *von*·nok *men*·tēū·mel·lay·nyek

I feel seasick.
Tengeribeteg vagyok.   *ten*·ge·ri·be·teg *vo*·dyawk

taxi

taxi

I'd like	*Szeretnék egy*	*se*·ret·nayk ej
a taxi …	*taxit …*	*tok*·sit …
at (9am)	*(reggel kilenc)re*	(*reg*·gel *ki*·lents)·re
now	*most*	mawsht
tomorrow	*holnapra*	*hawl*·nop·ro

Where's the taxi rank?
Hol a taxiállomás?   hawl o *tok*·si·aal·law·maash

Is this taxi available?
Szabad ez a taxi?   *so*·bod ez o *tok*·si

Please put the meter on.
Kérem, kapcsolja be   *kay*·rem *kop*·chawl·yo be
az órát.   oz *āw*·raat

How much is it to …?
Mennyibe kerül …ba?   men'·nyi·be *ke*·rewl …bo

How much is the flag fall/hiring charge?
Mennyi az alapdíj?   men'·nyi oz o·lop·dee·y

Please take me to (this address).
Kérem, vigyen el   *kay*·rem *vi*·dyen el
(erre a címre).   (*er*·re o *tseem*·re)

How much is it?
Mennyit fizetek?   men'·nyit *fi*·ze·tek

That's too much.
Ez túl sok.   ez tūl shawk

I'll only give you (500) forints.
Csak (ötszáz) forintot   chok (eut·saaz) faw·rin·tawt
adok.   o·dawk

Please …	*Kérem, …*	*kay·rem …*
slow down	*lassítson*	*losh·sheet·shawn*
stop here	*álljon meg itt*	*aall·yawn meg itt*
wait here	*várjon itt*	*vaar·yawn itt*

car & motorbike

autó és motor

car & motorbike hire

I'd like to hire a/an …	*Szeretnék egy … bérelni.*	*se·ret·nayk ej … bay·rel·ni*
4WD	*négykerék-meghajtású autót*	*nayj·ke·rayk·meg·hoy·taa·shū o·u·tāwt*
automatic	*automata sebességváltós autót*	*o·u·taw·mo·to she·besh·shayg·vaal·tāwsh o·u·tāwt*
manual	*kézi sebességváltós autót*	*kay·zi she·besh·shayg·vaal·tāwsh o·u·tāwt*
motorbike	*motort*	*maw·tawrt*

---

listen for …

in·dyen	*ingyen*	**free**
ki·law·may·ter	*kilométer*	**kilometres**
o·u·tāw·paa·yo·mot·ri·tso	*autópálya-matrica*	**motorway pass**
por·kaw·lāw·āw·ro	*parkolóóra*	**parking meter**
yaw·gaw·sheet·vaan'	*jogosítvány*	**drivers licence**

PRACTICAL

48

with air-	*lég-*	*layg-*
conditioning	*kondicionálóval*	kawn·di·tsi·aw·naa·lāw·vol
with a driver	*sofőrrel*	*shaw·fēūr·rel*

How much	*Mennyibe kerül*	men'·nyi·be ke·rewl
for … hire?	*a kölcsönzés …?*	o *keul*·cheun·zaysh …
daily	*egy napra*	ej *nop*·ro
weekly	*egy hétre*	ej *hayt*·re

Does that include insurance/mileage?

Ebben benne van a	*eb*·ben *ben*·ne von o
biztosítás/	*biz*·taw·shee·taash/
kilométerdíj?	*ki*·law·may·ter·dee·y

Do you have a road map?

Van autóstérképük?	von o·u·tāwsh·tayr·kay·pewk

signs

Autópálya	o·u·tāw·paa·yo	**Exit Freeway**
kijárat	*ki*·yaa·rot	
Autópályadíj	o·u·tāw·paa·yo·dee·y	**Toll**
Behajtani tilos	be·ho·y·to·ni *ti*·lawsh	**No Entry**
Bejárat	be·yaa·rot	**Entrance**
Egyirányú	ej·i·raa·nyü	**One-way**
Elsőbbségadás	*el*·shēūb·shayg·o·daash	**Give Way**
kötelező	*keu*·te·le·zēū	
Fizető	*fi*·ze·tēū	**Toll Road**
autópálya	o·u·tāw·paa·yo	
Körforgalom	*keur*·fawr·go·lawm	**Roundabout**
Megállni tilos	*meg*·aall·ni *ti*·lawsh	**No Standing**
Stop	shtawp	**Stop**
Terelőút	*te*·re·lēū·üt	**Detour**
Útépítés	*üt*·ay·pee·taysh	**Road Work**
		Ahead
Várakozni	*vaa*·ro·kawz·ni	**No Parking**
tilos	*ti*·lawsh	
Vasúti	*vosh*·ū·ti	**Railway**
átjáró	*aat*·yaa·rāw	**Crossing**

on the road

Petrol in Hungary isn't usually categorised into 'leaded' and 'unleaded'. Both kinds are available, but normally you'll see *normál benzin* nawr·maal ben·zin (86-octane), *szuper* su·per (92-octane) and *extra* ek·stro (98-octane).

What's the speed limit?
    Mennyi a megengedett   men'·nyi o meg·en·ge·dett
    sebesség?   she·besh·shayg

Is this the road to (Sopron)?
    Ez az út vezet (Sopron)ba?   ez oz üt ve·zet (shawp·rawn)·bo

Where's a petrol station?
    Hol van egy benzinkút?   hawl von ej ben·zin·küt

Please fill it up.
    Kérem, töltse tele.   kay·rem teult·she te·le

I'd like … litres.
    … litert kérek.   … li·tert kay·rek

diesel	*dízel*	dee·zel
leaded	*ólmozott*	āwl·maw·zawtt
LPG	*folyékony*	faw·yay·kawn'
	autógáz	o·u·tāw·gaaz
regular	*normál*	nawr·maal
premium	*ólommentes*	āw·lawm·men·tesh
unleaded	*szuper*	su·per
unleaded	*ólommentes*	āw·lawm·men·tesh

Can you check the …?	*Ellenőrizné …?*	el·len·ēū·riz·nay …
oil	*az olajat*	oz aw·lo·yot
tyre pressure	*a guminyomást*	o gu·mi·nyo·maasht
water	*a vizet*	o vi·zet

(How long) Can I park here?
    (Meddig) Parkolhatok itt?   (med·dig) por·kawl·ho·tawk itt

Do I have to pay?
    Kell érte fizetni?   kell ayr·te fi·zet·ni

problems

I need a mechanic.
Szükségem van egy
autószerelőre.
sewk·shay·gem von ej
o·u·tāw·se·re·lēü·re

I've had an accident.
Balesetem volt.
bol·e·she·tem vawlt

The car/motorbike has broken down (at Sopron).
Az autó/motor
elromlott (Sopronnál).
oz *o*·u·tāw/*maw*·tawr
el·rawm·lawtt (*shawp*·rawn·naal)

The car/motorbike won't start.
Az autó/motor nem indul.   oz *o*·u·tāw/*maw*·tawr nem *in*·dul

I have a flat tyre.
Defektem van.   *de*·fek·tem von

I've lost my car keys.
Elvesztettem az
autókulcsaimat.
el·ves·tet·tem oz
o·u·tāw·kul·cho·i·mot

I've locked the keys inside.
Bezártam a kulcsokat
az autóba.
be·zaar·tom o *kul*·chaw·kot
oz *o*·u·tāw·bo

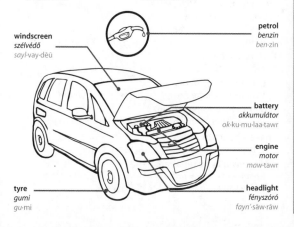

windscreen
szélvédő
sayl·vay·dēü

petrol
benzin
ben·zin

battery
akkumulátor
ok·ku·mu·laa·tawr

engine
motor
maw·tawr

tyre
gumi
gu·mi

headlight
fényszóró
fayn'·sāw·räw

I've run out of petrol.
   Kifogyott a benzinem.   ki·faw·dyawtt o ben·zi·nem

Can you fix it (today)?
   Meg tudja csinálni (ma)?   meg tud·yo chi·naal·ni (mo)

How long will it take?
   Mennyi ideig tart?   men'·nyi i·de·ig tort

bicycle

bicikli

I'd like to …	*Szeretnék …*	se·ret·nayk …
buy a bicycle	*venni egy biciklit*	ven·ni ej bi·tsik·lit
hire a bicycle	*biciklit bérelni*	bi·tsik·lit bay·rel·ni

I'd like a … bike.	*… szeretnék.*	… se·ret·nayk
mountain	*Hegyikerékpárt*	he·dyi·ke·rayk·paart
racing	*Versenybiciklit*	ver·shen'·bi·tsik·lit
second-hand	*Használt biciklit*	hos·naalt bi·tsik·lit

How much is	*Mennyibe kerül*	men'·nyi·be ke·rewl
it per …?	*egy …?*	ej …
day	*napra*	nop·ro
hour	*órára*	âw·raa·ro

Do I need a helmet?
   Kell bukósisak?   kell bu·kāw·shi·shok

Are there bicycle paths?
   Vannak bicikliutak?   von·nok bi·tsik·li·u·tok

Is there a bicycle-path map?
   Van kerékpárút-térkép?   von ke·rayk·paar·ūt·tayr·kayp

I have a puncture.
   Kilukadt a gumim.   ki·lu·kott o gu·mim

I'd like my bicycle repaired.
   Szeretném megjavíttatni   se·ret·naym meg·yo·veet·tot·ni
   a biciklimet.   o bi·tsik·li·met

border crossing

I'm ...	... vagyok.	... vo·dyawk
in transit	*Átutazóban*	*aat·u·to·zāw·bon*
on business	*Üzleti úton*	*ewz·le·ti ü·tawn*
on holiday	*Szabadságon*	*so·bod·shaa·gawn*

I'm here for ...	... vagyok itt.	... vo·dyawk itt
(10) days	*(Tíz) napig*	*(teez) no·pig*
(two) months	*(Két) hónapig*	*(kayt) hāw·no·pig*
(three) weeks	*(Három) hétig*	*(haa·rawm) hay·tig*

I'd like	... belépésre szóló	... be·lay·paysh·re sāw·lāw
a ... visa.	*vízumot szeretnék.*	*vee·zu·mawt se·ret·nayk*
single-entry	*Egyszeri*	*ej·se·ri*
double-entry	*Kétszeri*	*kayt·se·ri*
multiple-entry	*Többszöri*	*teubb·seu·ri*

I'm going to (Szeged).
(Szeged)re megyek.   *(se·ged)·re me·dyek*

I'm staying at (the Gellért Hotel).
A (Gellért)ben fogok lakni.   *o (gel·layrt)·ben faw·gawk lok·ni*

The children are on this passport.
A gyerekek ebben az   *o dye·re·kek eb·ben oz*
útlevélben vannak.   *üt·le·vayl·ben von·nok*

---

listen for ...		
chaw·pawrt	*csoport*	**group**
cho·laad	*család*	**family**
e·dye·dewl	*egyedül*	**alone**
üt·le·vayl	*útlevél*	**passport**
vee·zum	*vízum*	**visa**

border crossing

at customs

I have nothing to declare.
Nincs elvámolnivalóm.   ninch *el*·vaa·mawl·ni·vo·lāwm

I have something to declare.
Van valami   von *vo*·lo·mi
elvámolnivalóm.   *el*·vaa·mawl·ni·vo·lāwm

Do I have to declare this?
Ezt be kell jelentenem?   ezt be kell *ye*·len·te·nem

That's (not) mine.
Az (nem) az enyém.   oz (nem) oz *e*·nyaym

I didn't know I had to declare it.
Nem tudtam, hogy be   nem *tud*·tom hawj be
kell jelenteni.   kell *ye*·len·te·ni

Where's (the market)?
Hol van (a piac)? — hawl von (o *pi*·ots)

What's the address?
Mi a cím? — mi o tseem

How do I get there?
Hogyan jutok oda? — *haw*·dyon *yu*·tawk *aw*·do

How far is it?
Milyen messze van? — *mi*·yen *mes*·se von

Can you show me (on the map)?
Meg tudja mutatni nekem (a térképen)? — meg *tud*·yo *mu*·tot·ni *ne*·kem (o *tayr*·kay·pen)

Turn …	*Forduljon …*	*fawr*·dul·yawn …
at the corner	*be a saroknál*	be o *sho*·rawk·naal
at the traffic lights	*be a közlekedési lámpánál*	be o *keuz*·le·ke·day·shi *laam*·paa·naal
left/right	*balra/jobbra*	*bol*·ro/*yawbb*·ro

It's …	*… van.*	… von
behind …	*… mögött*	… *meu*·geutt
here	*itt*	itt
in front of …	*… előtt*	… *e*·lēūtt
near …	*… közelében*	… *keu*·ze·lay·ben
next to …	*… mellett*	… *mel*·lett
on the corner	*a sarkon*	o *shor*·kawn
opposite …	*…val szemben*	…vol *sem*·ben
straight ahead	*egyenesen előttünk*	e·dye·ne·shen *e*·lēūt·tewnk
there	*ott*	ott

listen for …

… *ki*·law·may·ter	… *kilométer*	… **kilometres**
… *may*·ter	… *méter*	… **metres**
… perts	… *perc*	… **minutes**

north	észak	ay·sok
south	dél	dayl
east	kelet	ke·let
west	nyugat	nyu·got

by ...		
bus	busszal	bus·sol
foot	gyalog	dyo·lawg
metro	metróval	met·rāw·vol
taxi	taxival	tok·si·vol
tram	villamossal	vil·lo·mawsh·shol
train	vonattal	vaw·not·tol

What ... is this?	Milyen ... ez?	mi·yen ... ez
avenue	fasor	fo·shawr
lane	köz	keuz
road	út	ūt
square	tér	tayr
street	utca	ut·tso
village	falu	fo·lu

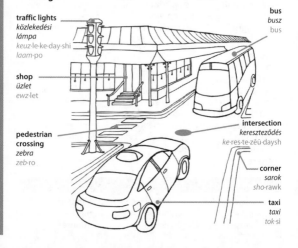

traffic lights
közlekedési lámpa
keuz·le·ke·day·shi laam·po

shop
üzlet
ewz·let

pedestrian crossing
zebra
zeb·ro

bus
busz
bus

intersection
kereszteződés
ke·res·te·zēū·daysh

corner
sarok
sho·rawk

taxi
taxi
tok·si

finding accommodation

szálláskeresés

Where's a ...?	Hol van egy ...?	hawl von ej ...
camping ground	kemping	kem·ping
guesthouse	panzió	pon·zi·āw
hotel	szálloda	saal·law·do
room in a	fizetővendég-	fi·ze·tēū·ven·dayg-
private home	szoba	saw·bo
university	egyetemi	e·dye·te·mi
dormitory	kollégium	kawl·lay·gi·um
youth	ifjúsági	if·yū·shaa·gi
hostel	szálló	saal·lāw

Can you recommend	Tud ajánlani	tud o·yaan·lo·ni
somewhere ...?	egy ... helyet?	ej ... he·yet
cheap	olcsó	awl·chāw
good	jó	yāw
luxurious	luxus	luk·sush
nearby	közeli	keu·ze·li
romantic	romantikus	raw·mon·ti·kush
What's the address?	Mi a cím?	mi o tseem

For responses, see **directions**, page 55.

booking ahead & checking in

előzetes szobafoglalás és bejelentkezés

I'd like to book a ... room, please.	Szeretnék egy ... szobát foglalni.	se·ret·nayk ej ... saw·baat fawg·lol·ni
single	egyágyas	ej·aa·dyosh
double	duplaágyas	dup·lo·aa·dyosh
twin	kétágyas	kayt·aa·dyosh
triple	háromágyas	haa·rawm·aa·dyosh

How much is it per ...?	Mennyibe kerül egy ...?	men'·nyi·be ke·rewl ej ...
night	éjszakára	ay·so·kaa·ro
person	főre	fēū·re
week	hétre	hayt·re

I have a reservation.
Van foglalásom. — von fawg·lo·laa·shawm

My name's ...
A nevem ... — o ne·vem ...

For (three) nights/weeks.
(Három) éjszakára/hétre. — (haa·rawm) ay·so·kaa·ro/hayt·re

From (July 2) to (July 6).
(Július kettő)től — (yū·li·ush ket·tēū)·tēūl
(július hat)ig. — (yū·li·ush hot)·ig

Can I see it?
Megnézhetem? — meg·nayz·he·tem

I'll take it.
Kiveszem. — ki·ve·sem

Do I need to pay upfront?
Előre kell fizetnem? — e·lēū·re kell fi·zet·nem

listen for ...		
haan' ay·so·kaa·ro	Hány éjszakára?	How many nights?
kulch	kulcs	key
te·le	tele	full
ūt·le·vayl	útlevél	passport

PRACTICAL

58

Can I pay by ...?	Fizethetek ...?	fi·zet·he·tek ...
credit card	hitelkártyával	hi·tel·kaar·tyaa·vol
travellers cheque	utazási csekkel	u·to·zaa·shi chek·kel

For other methods of payment, see **shopping**, page 68.

requests & queries

kérések és kérdések

When/Where is breakfast served?
Mikor/Hol van a reggeli?   mi·kawr/hawl von o reg·ge·li

Please wake me at (seven).
Kérem, ébresszen fel   kay·rem ayb·res·sen fel
(hét)kor.   (hayt)·kawr

Can I use the ...?	Használhatom a ...?	hos·naal·ho·tawm o ...
kitchen	konyhát	kawn'·haat
laundry	mosodát	maw·shaw·daat
telephone	telefont	te·le·fawnt
washing machine	mosógépet	maw·shāw·gay·pet

Do you have a/an ...?	Van Önöknél ...?	von eu·neuk·nayl ...
elevator	lift	lift
message board	hirdetőtábla	hir·de·tēū·taab·lo
safe	széf	sayf
swimming pool	uszoda	u·saw·do

signs

Fürdőszoba	fewr·dēū·saw·bo	Bathroom
Minden szoba foglalt.	min·den saw·bo fawg·lolt	No Vacancy
Szoba kiadó.	saw·bo ki·o·dāw	Private Room
Van üres szoba.	von ew·resh saw·bo	Vacancy

Do you ... here?	Önök ...?	eu·neuk ...
arrange tours	szerveznek itt túrákat	ser·vez·nek itt tü·raa·kot
change money	váltanak itt pénzt	vaal·to·nok itt paynzt

Could I have a/an ..., please?	Kaphatnék egy ..., kérem?	kop·hot·nayk ej ... kay·rem
mosquito net	szúnyoghálót	sü·nyawg·haa·lāwt
receipt	nyugtát	nyug·taat
official receipt with VAT	ÁFÁ-s számlát	aa·faash saam·laat

Do you have a laundry service?
Lehet Önöknél
mosatni?
le·het eu·neuk·nayl
maw·shot·ni

Can I get another (blanket)?
Kaphatok egy másik
(takaró)t?
kop·ho·tawk ej maa·shik
(to·ko·rāw)t

Could I have my key, please?
Megkaphatnám a
kulcsomat, kérem?
meg·kop·hot·naam o
kul·chaw·mot kay·rem

Is there a message for me?
Van számomra
valami üzenet?
von saa·mawm·ro
vo·lo·mi ew·ze·net

Can I leave a message for someone?
Hagyhatok üzenetet
valakinek?
hoj·ho·tawk ew·ze·ne·tet
vo·lo·ki·nek

I'm locked out of my room.
Kizártam magam a
szobámból.
ki·zaar·tom mo·gom o
saw·baam·bāwl

Who is it?
Ki az?   ki oz

Just a moment.
Egy pillanat.   ej *pil*·lo·not

Come in.
Jöjjön be.   *yeu*·y·yeun be

Come back later, please.
Kérem, jöjjön vissza   *kay*·rem *yeu*·y·yeun *vis*·so
később.   *kay*·shêûbb

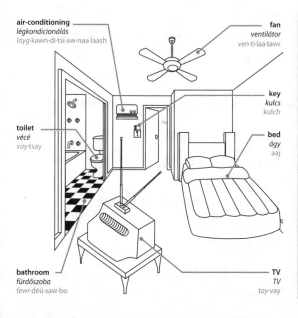

air-conditioning
légkondicionálás
layg·kawn·di·tsi·aw·naa·laash

fan
ventilátor
ven·ti·laa·tawr

key
kulcs
kulch

toilet
vécé
vay·tsay

bed
ágy
aaj

bathroom
fürdőszoba
fewr·dêû·saw·bo

TV
TV
tay·vay

complaints

This (pillow) isn't clean.
Ez a (párna) nem tiszta.   ez o (*paar*·no) nem *tis*·to

It's too …	*Túl …*	túl …
bright	*világos*	*vi*·laa·gawsh
cold	*hideg*	*hi*·deg
dark	*sötét*	*sheu*·tayt
expensive	*drága*	*draa*·go
noisy	*zajos*	*zo*·yawsh
small	*kicsi*	*ki*·chi

The … doesn't work.	*A … nem működik.*	o … nem *mēw*·keu·dik
air-conditioning	*lég-kondicionáló*	*layg*·kawn·di·tsi·aw·naa·lāw
fan	*ventilátor*	*ven*·ti·laa·tawr
toilet	*vécé*	*vay*·tsay

checking out

What time is checkout?
Mikor kell kijelentkezni?   *mi*·kawr kell *ki*·ye·lent·kez·ni

Can I have a late checkout?
Kijelentkezhetek   *ki*·ye·lent·kez·he·tek
később is?   *kay*·shēūbb ish

Can you call a taxi for me (for 11 o'clock)?
Tud hívni nekem egy taxit   tud *heev*·ni *ne*·kem ej *tok*·sit
(tizenegy órára)?   (*ti*·zen·ej *āw*·raa·ro)

I'm leaving now.
Most elutazom.   mawsht *el*·u·to·zawm

Can I leave my bags here?
Itt hagyhatom a   itt *hoj*·ho·tawm o
csomagjaimat?   *chaw*·mog·yo·i·mot

There's a mistake in the bill.
Valami nem stimmel   vo·lo·mi nem *shtim*·mel
a számlával.   o *saam*·laa·vol

This is too expensive.
Ez túl sok.   ez tūl shawk

I didn't have anything from the minibar.
Nem ittam semmit   nem *it*·tom·*shem*·mit
a minibárból.   o *mi*·ni·baar·bāwl

I didn't call (Australia).
Nem hívtam fel   nem *heev*·tom fel
(Ausztráliá)t.   (*o*·ust·raa·li·aa)t

I didn't use the phone.
Nem telefonáltam.   nem *te*·le·faw·naal·tom

Could I have	*Visszakaphatnám*	vis·so·kop·hot·naam
my ..., please?	*..., kérem?*	... *kay*·rem
deposit	*a letétemet*	o *le*·tay·te·met
passport	*az útlevelemet*	oz *üt*·le·ve·le·met
valuables	*az értékeimet*	oz *ayr*·tay·ke·i·met

I'll be back ...	*... visszajövök.*	... *vis*·so·yeu·veuk
in (three) days	*(Három) nap*	(*haa*·rawm) nop
	múlva	*mūl*·vo
on (Tuesday)	*(Kedd)en*	(*ked*)·en

I had a great stay, thank you.
Nagyon jól éreztem   no·dyawn yāwl *ay*·rez·tem
magam, köszönöm.   *mo*·gom *keu*·seu·neum

I'll recommend it to my friends.
Ajánlani fogom a   o·yaan·lo·ni *faw*·gawm o
barátaimnak.   *bo*·raa·to·im·nok

accommodation

camping

Do you have (a) …?	*Van Önöknél …?*	von *eu*·neuk·nayl …
bungalow/cabin	*faház*	*fo*·haaz
caravan	*lakókocsi*	*lo*·kāw·kaw·chi
electricity	*villany*	*vil*·lon'
hot water	*meleg víz*	*me*·leg veez
laundry	*mosoda*	*maw*·shaw·do
shower facilities	*zuhanyozó*	*zu*·ho·nyaw·zāw
site	*hely*	*he*·y
tents for hire	*bérelhető*	*bay*·rel·he·tēū
	sátor	*shaa*·tawr

How much is	*Mennyibe*	*men'*·nyi·be
it per …?	*kerül …?*	*ke*·rewl …
caravan	*lakókocsinként*	*lo*·kāw·kaw·chin·kaynt
person	*személyenként*	*se*·may·yen·kaynt
tent	*sátranként*	*shaat*·ron·kaynt
vehicle	*járművenként*	*yaar*·mēw·ven·kaynt

Can I camp here?
Táborozhatok itt?   *taa*·baw·rawz·ho·tawk itt

Can I park next to my tent?
Parkolhatok a sátram   *por*·kawl·ho·tawk o *shaat*·rom
mellett?   *mel*·lett

Who do I ask to stay here?
Kitől kell megkérdeznem,   *ki*·tēūl kell *meg*·kayr·dez·nem
hogy ittmaradhatok-e?   hawj *itt*·mo·rod·ho·tawk·e

Is the water drinkable?
Iható a víz?   *i*·ho·tāw o veez

Is it coin-operated?
Pénzérmével működik?   *paynz*·ayr·may·vel mēw·keu·dik

Could I borrow a …?
Kölcsönkérhetnék egy …?   *keul*·cheun·kayr·het·nayk ej …

For other camping phrases, see **outdoors**, page 153.

renting

I'm here about	A kiadó ... miatt	o ki·o·dāw ... mi·ott
the ... for rent.	vagyok itt.	vo·dyawk itt
Do you have	Van Önöknél	von eu·neuk·nayl
a/an ... for rent?	kiadó ...?	ki·o·dāw ...
apartment	lakás	lo·kaash
bungalow/cabin	faház	fo·haaz
house	ház	haaz
room	szoba	saw·bo
villa	villa	vil·lo

furnished	bútorozott	bū·taw·raw·zawtt
partly	részben	rays·ben
furnished	bútorozott	bū·taw·raw·zawtt
unfurnished	bútorozatlan	bū·taw·raw·zot·lon

staying with locals

Can I stay at your place?
Lakhatok Önnél? pol	lok·ho·tawk eun·nayl
Lakhatok nálad? inf	lok·ho·tawk naa·lod

Is there anything I can do to help?
Van bármi, amiben	von baar·mi o·mi·ben
segíthetek?	she·geet·he·tek

I have my own ...	Van saját ...	von sho·yaat ...
mattress	matracom	mot·ro·tsawm
sleeping bag	hálózsákom	haa·lāw·zhaa·kawm
towel	törülközőm	teu·rewl·keu·zēüm

Can I do the dishes?
Elmosogathatok?   el·maw·shaw·got·ho·tawk

Can I set/clear the table?
Megteríthetem/   meg·te·reet·he·tem/
Leszedhetem az asztalt?   le·sed·he·tem oz os·tolt

Can I take out the rubbish?
Kivihetem a szemetet?   ki·vi·he·tem o se·me·tet

Thanks for your hospitality.
Köszönöm a   keu·seu·neum o
vendéglátást.   ven·dayg·laa·taasht

If you're dining with your hosts, see **eating out**, page 157, for additional phrases.

dining etiquette

Traditionally, a Hungarian meal begins with the guest of honour saying *Jó étvágyat!* yāw ayt·vaa·dyot (I wish you bon appétit) and ends with the guests thanking the host for the meal. The hostess will wish her guests a hearty appetite at the start of each course, though you shouldn't start eating until she does. You'll probably be offered seconds, but it's also acceptable to ask for a second helping yourself. Hospitality is generally measured by the amount and variety of food served, so sample everything that your hosts have prepared.

Don't rest your elbows on the table as you eat, but do keep your hands visible at all times. If you're taking a break between those hearty Hungarian dishes, show that you're still eating by crossing your knife and fork across your plate. Once you've finished, lay your cutlery on the right side of your plate.

Take care when you make the most accepted Hungarian toast *Egészségedre!* e·gays·shay·ged·re. It literally means 'to your health', but if you mispronounce it the way English speakers often do you could wind up saying 'to your arse'. Ask a Hungarian for advice on pronunciation.

looking for ...

keresés

Where's ...?	Hol van ...?	hawl von ...
a department store	egy áruház	ej *aa*·ru·haaz
the market	a piac	o *pi*·ots
a shopping centre	egy bevásárló-központ	ej be·vaa·shaar·*lāw*·keuz·pawnt
a supermarket	egy élelmiszer-áruház	ej *ay*·lel·mi·ser·aa·ru·haaz

Where can I buy (a padlock)?
Hol tudok venni (egy lakatot)? hawl *tu*·dawk *ven*·ni (ej *lo*·ko·tawt)

For phrases on directions, see **directions**, page 55.
For more shops and services, see the **dictionary**.

making a purchase

egy árucikk megvétele

I'm just looking.
Csak nézegetek. chok *nay*·ze·ge·tek

I'd like to buy (an adaptor plug).
Szeretnék venni (egy adapter dugót). se·ret·nayk *ven*·ni (ej o·dop·ter *du*·gāwt)

How much is it?
Mennyibe kerül? men'·nyi·be *ke*·rewl

Could you write down the price?
Le tudná írni az árat? le *tud*·naa *eer*·ni oz *aa*·rot

Do you have any others?
Van másmilyen is? von *maash*·mi·yen ish

Can I look at it?
Megnézhetem? meg·*nayz*·he·tem

Could I have it wrapped?
Be lehetne csomagolni? be *le*·het·ne *chaw*·mo·gawl·ni

Does it have a guarantee?
Van rajta garancia? von *ro*·y·to *go*·ron·tsi·o

Can I have it sent abroad?
El lehet küldetni külföldre? el *le*·het *kewl*·det·ni *kewl*·feuld·re

Can you order it for me?
Meg tudja rendelni nekem? meg *tud*·yo *ren*·del·ni *ne*·kem

Do you accept …?	*Elfogadnak …?*	*el*·faw·god·nok …
credit cards	*hitelkártyát*	*hi*·tel·kaar·tyaat
debit cards	*bankkártyát*	*bonk*·kaar·tyaat
travellers cheques	*utazási csekket*	*u*·to·zaa·shi *chek*·ket

Could I have a …, please?	*Kaphatnék egy …, kérem?*	*kop*·hot·nayk ej … *kay*·rem?
bag	*zacskót*	*zoch*·kāwt
receipt	*nyugtát*	*nyug*·taat

I'd like …, please.	*Szeretném …, kérem.*	*se*·ret·naym … *kay*·rem
my change	*megkapni a visszajáró pénzt*	*meg*·kop·ni o *vis*·so·yaa·rāw paynzt
to return this	*visszaadni ezt*	*vis*·so·od·ni ezt

local talk

bargain	*olcsó vétel*	*awl*·chāw *vay*·tel
rip-off	*rablás*	*rob*·laash
sale	*árleszállítás*	*aar*·le·saal·lee·taash
specials	*kedvezményes áron adott áruk*	*ked*·vez·may·nyesh *aa*·rawn o·dawtt *aa*·ruk

Can I pick it up later?
    Bejöhetek érte később?   *be*·yeu·he·tek *ayr*·te *kay*·shēübb

It's faulty.
    Hibás.   *hi*·baash

I'd like a refund, please.
    Vissza szeretném kapni a   *vis*·so se·ret·naym *kop*·ni o
    pénzemet, kérem.   *payn*·ze·met *kay*·rem

bargaining

alkudozás

That's too expensive.
    Ez túl drága.   ez tūl *draa*·go

Do you have something cheaper?
    Van valami olcsóbb?   von *vo*·lo·mi *awl*·chāwbb

I'll give you (500 forints).
    Adok Önnek (ötszáz   o·dawk *eun*·nek (*eut*·saaz
    forintot).   *faw*·rin·tawt)

clothes

ruhák

My size is …	A méretem …	o *may*·re·tem …
(40)	(negyvenes)	(*nej*·ve·nesh)
large	nagy	noj
medium	közepes	*keu*·ze·pesh
small	kicsi	*ki*·chi

Can I try it on?
    Felpróbálhatom?   *fel*·prāw·baal·ho·tawm

It doesn't fit.
    Nem jó.   nem yāw

For clothing items, see the **dictionary**.

repairs

Can I have my ... repaired here?	Megjavíttat- hatnám itt ...?	meg·yo·veet·tot- hot·naam itt ...
bag	a táskámat	o taash·kaa·mot
camera	a fényképező- gépemet	o fayn'·kay·pe·zěü- gay·pe·met
shoes	a cipőmet	o tsi·pěü·met
suitcase	a bőröndömet	o běü·reun·deu·met
watch	az órámat	oz āw·raa·mot
When will my ... be ready?	Mikor lesz kész a ...?	mi·kawr les kays o ...
backpack	hátizsákom	haa·ti·zhaa·kawm
camera	fényképező- gépem	fayn'·kay·pe·zěü- gay·pem
glasses	szemüvegem	se·mew·ve·gem
shoes	cipőm	tsi·pěüm
sunglasses	napszemüvegem	nop·se·mew·ve·gem

hairdressing

I'd like (a) ...	Szeretnék egy ...	se·ret·nayk ej ...
blow wave	mosást és szárítást	maw·shaasht aysh saa·ree·taasht
colour	hajfestést	hoy·fesh·taysht
haircut	hajvágást	hoy·vaa·gaasht
my beard trimmed	szakálligazítást	so·kaall·i·go·zee·taasht
shave	borotválást	baw·rawt·vaa·laasht
trim	igazítást	i·go·zee·taasht

Don't cut it too short.
Ne vágja túl rövidre.   ne *vaag*·yo tūl *reu*·vid·re

Please use a new blade.
Kérem, használjon   *kay*·rem *hos*·naal·yawn
új pengét.   ū·y *pen*·gayt

Shave it all off!
Borotválja le az egészet!   *baw*·rawt·vaal·yo le oz *e*·gay·set

I don't want this!
Ezt nem kérem!   ezt nem *kay*·rem

books & reading

Do you have ...?	*Van ...?*	von ...
a book by	*könyvük*	*keun'*·vewk
(György	*(Moldova*	(*mawl*·daw·vo
Moldova)	*Györgytől)*	*dyeurj*·tēūl)
an entertainment	*program-*	*prawg*·rom·
guide	*füzetük*	few·ze·tewk
a *PestiEst*	*Pesti Estjük*	*pesh*·ti *esht*·yewk

Is there an English-	*Van valahol egy*	von *vo*·lo·hawl ej
language ...?	*angol nyelvű ...?*	*on*·gawl *nyel*·vēw ...
bookshop	*könyvesbolt*	*keun'*·vesh·bawlt
section	*részleg*	*rays*·leg

---

print & online resources

The *Budapest Times* (www.budapesttimes.hu) includes a '14-Day Guide' to entertainment each week. Useful freebies for popular listings include *Budapest Funzine* (www.funzine.hu) and *PestiEst* (www.est.hu, in Hungarian). The monthly freebie *Koncert Kalendárium* (www.koncertkalendarium.hu) has more serious offerings: classical concerts, opera, dance and the like.

I'd like a ...	Szeretnék egy ...	se·ret·nayk ej ...
dictionary	szótárt	sáw·taart
newspaper	(angol)	(on·gawl)
(in English)	újságot	úy·shaa·gawt
notepad	jegyzetfüzetet	yej·zet·few·ze·tet

Could you recommend a book for me?
Tudna ajánlani nekem   tud·no o·yaan·lo·ni ne·kem
egy könyvet?   ej keun'·vet

Do you have Lonely Planet guidebooks?
Vannak Lonely Planet   von·nok láwn·li plo·net
útikönyveik?   ú·ti·keun'·ve·ik

music

I'm looking for something by (Zsuzsa Koncz).
(Koncz Zsuzsá)tól   (konts zhu·zhaa)·táwl
keresek valamit.   ke·re·shek vo·lo·mit

What's their best recording?
Melyik a legjobb   me·yik o leg·yawbb
lemezük?   le·me·zewk

Can I listen to this?
Meghallgathatom ezt?   meg·holl·got·ho·tawm ezt

listen for ...

she·geet·he·tek
  Segíthetek?   **Can I help you?**

vo·lo·mi maasht
  Valami mást?   **Anything else?**

nem sho·y·nawsh ninch
  Nem, sajnos nincs.   **Sorry, we don't have any.**

photography

I need ... film.	... filmet szeretnék.	... fil·met se·ret·nayk
APS	APS	o·pay·esh
B&W	fekete-fehér	fe·ke·te·fe·hayr
colour	színes	see·nesh
slide	dia	di·o

Can you load my film?
Bele tudják tenni a filmet   be·le tud·yaak ten·ni o fil·met
a gépembe?   o gay·pem·be

Can you develop this film?
Elő tudják hívni ezt a filmet?   e·lēū tud·yaak heev·ni ezt o fil·met

Can you develop digital photos?
Elő tudnak hívni   e·lēū tud·nok heev·ni
digitális fényképeket?   di·gi·taa·lish fayn'·kay·pe·ket

When will it be ready?
Mikor lesz kész?   mi·kawr les kays

I need (200) speed film.
(Kétszáz)as   (kayt·saaz)·osh
fényérzékenységű   fayn'·ayr·zay·ken'·shay·gēw
filmet szeretnék.   fil·met se·ret·nayk

I need a passport photo taken.
Útlevélképet szeretnék   üt·le·vayl·kay·pet se·ret·nayk
csináltatni.   chi·naal·tot·ni

Can you recharge the battery for my digital camera?
Fel tudják tölteni   fel tud·yaak teul·te·ni
a digitális fényképező-   o di·gi·taa·lish fayn'·kay·pe·zēū·
gépem elemét?   gay·pem e·le·mayt

Can you transfer photos from my camera to CD?
Át tudják vinni a képeket   aat tud·yaak vin·ni o kay·pe·ket
a fényképezőgépemről   o fayn'·kay·pe·zēū·gay·pem·rēul
CD-re?   tsay·day·re

shopping

73

Do you sell memory cards for this camera?

Árulnak	aa·rul·nok
memóriakártyát ehhez	me·māw·ri·o·kaar·tyaat eh·hez
a fényképezőgéphez?	o fayn'·kay·pe·zēū·gayp·hez

Do you sell batteries for this camera?

Árulnak elemet ehhez	aa·rul·nok e·le·met eh·hez
a fényképezőgéphez?	o fayn'·kay·pe·zēū·gayp·hez

I need a cable to connect my camera to a computer.

Szükségem van egy	sewk·shay·gem von ej
vezetékre, hogy hozzá	ve·ze·tayk·re hawj hawz·zaa
tudjam kapcsolni a	tud·yom kop·chawl·ni o
fényképezőgépemet	fayn'·kay·pe·zēū·gay·pe·met
egy komputerhez.	ej kawmp·yū·ter·hez

I need a cable to recharge this battery.

Szükségem van egy	sewk·shay·gem von ej
vezetékre, hogy fel tudjam	ve·ze·tayk·re hawj fel tud·yom
tölteni ezt az elemet.	teul·te·ni ezt oz e·le·met

I'm not happy with these photos.

Nem tetszenek ezek a képek.	nem tet·se·nek e·zek o kay·pek

I don't want to pay the full price.

Nem akarom kifizetni a	nem o·ko·rawm ki·fi·zet·ni o
teljes árat.	tel·yesh aa·rot

---

souvenirs

Traditional Hungarian items that make great gifts include wooden toys and boxes, *matyó* dolls dressed in folk costumes, lace and wine.

I'd like to buy …	… szeretnék venni.	… se·ret·nayk ven·ni
a carved	*Faragott*	fo·ro·gawtt
chess set	*sakk-készletet*	shokk·kays·le·tet
a carved	*Faragott*	fo·ro·gawtt
wooden box	*fadobozt*	fo·daw·bawzt
good Hungarian	*Jó magyar*	yāw mo·dyor
wine	*bort*	bawrt
lace cover	*Csipketerítőt*	chip·ke·te·ree·tēūt
a *matyó* doll	*Matyó babát*	mo·tyāw bo·baat

post office

I want to send a ...	... szeretnék küldeni.	... se·ret·nayk kewl·de·ni
fax	Faxot	fok·sawt
letter	Levelet	le·ve·let
parcel	Csomagot	chaw·mo·gawt
postcard	Képeslapot	kay·pesh·lo·pawt
I want to buy a/an...	... szeretnék venni.	... se·ret·nayk ven·ni
airmail envelope	Légipostai borítékot	lay·gi·pawsh·to·i baw·ree·tay·kawt
ordinary envelope	Sima borítékot	shi·mo baw·ree·tay·kawt
stamp	Bélyeget	bay·ye·get

Please send it by air/surface mail to (Australia).
Kérem, küldje — kay·rem kewld·ye
légipostán/simán — lay·gi·pawsh·taan/shi·maan
(Ausztráliá)ba. — (o·ust·raa·li·aa)·bo

It contains (souvenirs).
(Emléktárgyak) — (em·layk·taar·dyok)
vannak benne. — von·nok ben·ne

listen for ...

itt eer·yo o·laa
Itt írja alá. — **Sign here, please.**

od·yo i·de oz ūt·le·ve·layt
Adja ide az útlevelét. — **Your passport, please.**

customs declaration	vámnyilatkozat	vaam·nyi·lot·kaw·zot
domestic	belföldi	bel·feul·di
envelope	boríték	baw·ree·tayk
fragile	törékeny	teu·ray·ken'
international	nemzetközi	nem·zet·keu·zi
mail	posta	pawsh·to
mailbox	postaláda	pawsh·to·laa·do
PO box	postafiók	pawsh·to·fi·āwk
postcode	postai	pawsh·to·i
	irányítószám	i·raa·nyee·tāw·saam

Where's the poste restante section?

| Hol a poste restante | hawl o pawst res·tont |
| részleg? | rays·leg |

I want to rent a PO box.

| Postafiókot | pawsh·to·fi·āw·kawt |
| szeretnék bérelni. | se·ret·nayk bay·rel·ni |

Is there any mail for me?

| Van levelem? | von le·ve·lem |

snail mail

airmail	légiposta	lay·gi·pawsh·to
express mail	expressz	eks·press
registered mail	ajánlott	o·yaan·lawtt
sea mail	hajóval	ho·yāw·vol
	szállított posta	saal·lee·tawtt pawsh·to
surface mail	szárazföldön	saa·roz·feul·deun
	szállított posta	saal·lee·tawtt pawsh·to

phone

What's your phone number?

Mi a telefonszáma? pol	mi o *te*·le·fawn·saa·ma	
Mi a telefonszámod? inf	mi o *te*·le·fawn·saa·mawd	

Where's the nearest public phone?

Hol a legközelebbi   hawl o *leg*·keu·ze·leb·bi
nyilvános telefon?   *nyil*·vaa·nawsh *te*·le·fawn

Do you have a phone book?

Van telefonkönyvük?   von *te*·le·fawn·keun'·vewk

I want to ...	*Szeretnék ...*	*se*·ret·nayk ...
buy a phonecard	*telefonkártyát venni*	*te*·le·fawn·kaar·tyaat *ven*·ni
call (Singapore)	*(Szingapúr)ba telefonálni*	*(sin*·go·pūr)·bo *te*·le·faw·naal·ni
make a (local) call	*(helyi) telefonbeszélgetést folytatni*	*(he*·yi) *te*·le·fawn·be·sayl·ge·taysht *faw*·y·tot·ni
speak for (three) minutes	*(három) percig beszélni*	*(haa*·rawm) *per*·tsig be·sayl·ni

How much does ... cost?	*Mennyibe kerül ...?*	*men'*·nyi·be *ke*·rewl ...?
a (three)-minute call	*egy (három)perces beszélgetés*	ej *(haa*·rawm)·per·tsesh be·sayl·ge·taysh
each extra minute	*minden további perc*	*min*·den *taw*·vaab·bi perts

I want to make a collect/reverse-charge call.

'R' beszélgetést   *er*·be·sayl·ge·taysht
szeretnék kérni.   *se*·ret·nayk *kayr*·ni

The number is ...

A szám ...   o saam ...

What's the code for (New Zealand)?

Mi (Új-Zéland) hívószáma?   mi (*ūy*·zay·lond) *hee*·vāw·saa·mo

It's engaged.
Foglalt.   fawg·lolt

The connection's bad.
Rossz az összeköttetés.   rawss oz eus·se·keut·te·taysh

I've been cut off.
Megszakadt a   meg·so·kott o
beszélgetés.   be·sayl·ge·taysh

Hello.
Halló!   hol·lāw

Can I speak to …?
Beszélhetek …val?   be·sayl·he·tek …·vol

It's …
… vagyok.   … vo·dyawk

Is … there?
… ott van?   … awtt von

Can I leave a message?
Hagyhatok egy üzenetet?   hoj·ho·tawk ej ew·ze·ne·tet

---

listen for …

ej *pil*·lo·not
Egy pillanat.   **One moment.**

ki *be*·sayl
Ki beszél?   **Who's calling?**

ki·vel *o*·kor *be*·sayl·ni
Kivel akar beszélni?   **Who do you want to speak to?**

ninch itt
Nincs itt.   **He/She isn't here.**

ninch *itt*·hawn
Nincs itthon.   **He/She isn't home.**

ninch bent
Nincs bent.   **He/She isn't at work.**

tay·vesh
Téves.   **Wrong number.**

Please tell him/her I called.
Kérem, mondja meg neki, *kay·rem mawnd·yo meg ne·ki*
hogy hívtam. *hawj heev·tom*

My number is …
A telefonszámom … *o te·le·fawn·saa·mawm …*

I don't have a contact number.
Nincs telefonom. *ninch te·le·faw·nawm*

I'll call back later.
Később visszahívom. *kay·sheübb vis·so·hee·vawm*

mobile phone/cellphone

mobiltelefon

I'd like a …	Szeretnék egy …	*se·ret·nayk ej …*
charger for	töltőt a	*teul·teüt o*
my phone	telefonomhoz	*te·le·faw·nawm·hawz*
mobile phone/	mobiltelefont	*maw·bil·te·le·fawnt*
cellphone	bérelni	*bay·rel·ni*
for hire		
(prepaid)	(előre kifizetett)	*(e·leü·re ki·fi·ze·tett)*
SIM card	SIM-kártyát	*sim·kaar·tyaat*

What are the rates?
Milyen díjak vannak? *mi·yen dee·yok von·nok*

(30) forints per (30) seconds.
(Harminc) *(hor·mints)*
másodpercenként *maa·shawd·per·tsen·kaynt*
(harminc) forint. *(hor·mints) faw·rint*

the internet

Where's the local Internet café?
Hol van a legközelebbi   hawl von o leg·keu·ze·leb·bi
internet kávézó?   in·ter·net kaa·vay·zāw

I'd like to ...	Szeretném ...	se·ret·naym ...
check my	megnézni az	meg·nayz·ni oz
email	e-mailjeimet	ee·mayl·ye·i·met
get Internet	rámenni az	raa·men·ni oz
access	internetre	in·ter·net·re
use a printer	használni egy	hos·naal·ni ej
	nyomtatót	nyawm·to·tāwt
use a scanner	használni egy	hos·naal·ni ej
	szkennert	sken·nert

Do you have ...?	Van ...?	von ...
Macs	Macintosh	me·kin·tawsh
	számítógépük	saa·mee·tāw·gay·pewk
PCs	PC-jük	pay·tsay·yewk
a Zip drive	Zip-meghajtójuk	zip·meg·hoy·tāw·yuk

How much	Mennyibe	men'·nyi·be
per ...?	kerül ...?	ke·rewl ...
hour	óránként	āw·raan·kaynt
(five) minutes	(öt) percenként	(eut) per·tsen·kaynt
page	oldalanként	awl·do·lon·kaynt

How do I log on?
Hogyan kell bejelentkezni?   haw·dyon kell be·ye·lent·kez·ni

Please change it to the English-language setting.
Kérem, változtassa át   kay·rem vaal·tawz·tosh·sho aat
a beállításokat angol   o be·aal·lee·taa·shaw·kot on·gawl
nyelvűre.   nyel·vēw·re

It's crashed.
Összeomlott.   eus·se·awm·lawtt

I've finished.
Készen vagyok.   kay·sen vo·dyawk

Credit cards are widely accepted in Hungary and travellers cheques are accepted in banks, foreign exchange offices and major hotels. ATMs (automated teller machines) accepting most credit and cash cards are found everywhere in Hungary.

Where's a/an …?	*Hol van egy …?*	hawl von ej …
ATM	*bankautomata*	bonk·o·u·taw·mo·to
foreign	*valutaváltó*	vo·lu·to·vaal·tāw
exchange office	*ügynökség*	ewj·neuk·shayg

What time does the bank open?
Mikor nyit a bank?   mi·kawr nyit o bonk

Can I use my credit card to withdraw money?
Vehetek fel pénzt a   ve·he·tek fel paynzt o
hitelkártyámmal?   hi·tel·kaar·tyaam·mal

---

listen for …

i·go·zawl·vaan' *igazolvány*	identification
ūt·le·vayl *útlevél*	passport
ezt *teult·she* ki *Ezt töltse ki.*	Please fill out this form.
itt *eer·yo* o·laa *Itt írja alá.*	Sign here, please.
ej kish *prawb·*lay·mo von *Egy kis probléma van.*	There's a problem.
ezt nem *tud·*yuk *el·*in·tayz·ni *Ezt nem tudjuk elintézni.*	Sorry, we can't do that.
nem *tu·*dunk *she·*gee·te·ni *Nem tudunk segíteni.*	Sorry, we can't help you.

Where can I ...?	Hol tudok ...?	hawl *tu*·dawk ...
I'd like to ...	Szeretnék ...	*se*·ret·nayk ...
cash a	beváltani egy	be·vaal·to·ni ej
cheque	csekket	chek·ket
change a	beváltani egy	be·vaal·to·ni ej
travellers	utazási	u·to·zaa·shi
cheque	csekket	chek·ket
change money	pénzt váltani	paynzt vaal·to·ni
get a cash	készpénz-	kays·paynz·
advance	előleget	e·leū·le·get
	felvenni	fel·ven·ni
open an	számlát	saam·laat
account	nyitni	nyit·ni
transfer money	pénzt átutalni	paynzt aat·u·tol·ni
withdraw	pénzt	paynzt
money	kivenni	ki·ven·ni

What's the ...?	Mennyi ...?	men'·nyi ...
buying	a vételi	o vay·te·li
rate	árfolyam	aar·faw·yom
charge	a díj	o dee·y
exchange rate	a valutaárfolyam	o vo·lu·to·aar·faw·yom
selling rate	az eladási	oz el·o·daa·shi
	árfolyam	aar·faw·yom
withdrawal	a készpénzfelvétel	o kays·paynz·fel·vay·tel
fee	díja	dee·yo

Has my money arrived yet?

*Megérkezett
már a pénzem?*

meg·ayr·ke·zett maar
o *payn*·zem

How long will it take to arrive?

*Mennyi idő múlva
érkezik meg?*

men'·nyi *i*·dēū *mūl*·vo
ayr·ke·zik meg

When you enter a bank, first find the ticket dispenser.

Where's the ticket dispenser?

Hol van sorszámkiadó	hawl von *shawr*·saam·ki·o·dāw
automata?	o·u·taw·mo·to

Select the service you want, take a ticket, then wait for your number to be called. These are some of the phrases that the ticket dispenser might flash at you:

Válasszon feladatot!   vaa·los·sawn *fel*·o·do·tawt
  Select a task.

Várja meg, míg   vaar·yo meg meeg
kijön a jegy!   *ki*·yeun o yej
  Wait for the ticket to pop out.

Vegye el a jegyét!   ve·dye el o *ye*·dyayt
  Take your ticket.

Várjon, míg   vaar·yawn meeg
szólítják a számát!   sāw·leet·yaak o *saa*·maat
  Wait until your number is called.

Here are signs you're likely to find on the tellers' windows.

... forint   ... *faw*·rint
felettibe- és kifizetés   fe·let·ti·be aysh *ki*·fi· ze·taysh
  Deposits & Withdrawals
  Exceeding ... Forints

Forint be- és kifizetés   *faw*·rint be aysh *ki*·fi·ze·taysh
  Forint Deposits & Withdrawals

Lakossági   lo·kawsh·shaa·gi
számlavezetés   saam·lo·ve·ze·taysh
  Personal Accounts

Vállalkozói   vaal·lol·kaw·zāw·i
számlavezetés   saam·lo·ve·ze·taysh
  Business Accounts

Valuta be- és kifizetés,   vo·lu·to be aysh *ki*·fi·ze·taysh
Utasbiztosítás   u·tosh·biz·taw·shee·taash
  Foreign Currency Deposits & Withdrawals,
  Travel Insurance

The ATM took my card.
A bankautomata
lenyelte a kártyámat.

o *bonk*·o·u·taw·mo·to
le·nyel·te o *kaar*·tyaa·mot

I've forgotten my PIN.
Elfelejtettem az
azonosító kódomat.

el·fe·le·y·tet·tem oz
o·zaw·naw·shee·tāw *kāw*·daw·mot

general signs

Bejárat	*e*·yaa·rot	Entrance
Belépés ingyenes	*be*·lay·paysh *in*·dye·nesh	Free Admission
Belépni tilos	*be*·layp·ni *ti*·lawsh	No Entry
Dohányzás	*daw*·haan'·zaash	Smoking
Felvonó	*fel*·vaw·nāw	Elevator
Férfiak	*fayr*·fi·ok	Men
Foglalt	*fawg*·lolt	Reserved
Hideg	*hi*·deg	Cold
Hozzányúlni tilos	*hawz*·zaa·nyūl·ni *ti*·lawsh	Do Not Touch
Információ	*in*·fawr·maa·tsi·āw	Information
Kijárat	*ki*·yaa·rot	Exit
Meleg	*me*·leg	Hot
Mosdó	*mawsh*·dāw	Toilets
Nők	nēūk	Women
Nyitva	*nyit*·vo	Open
Tilos	*ti*·lawsh	Prohibited
Tilos a dohányzás	*ti*·lawsh o *daw*·haan'·zaash	No Smoking
Véskijárat	*vays*·ki·yaa·rot	Emergency Exit
Veszély	*ve*·say·y	Danger
WC	*vay*·tsay	Toilets
Zárva	*zaar*·vo	Closed

I'd like a/an ...	Szeretnék egy ...	se·ret·nayk ej ...
audio set	fejhallgatót	fe·y·holl·go·tāwt
catalogue	katalógust	ko·to·lāw·gusht
guide	idegenvezetőt	i·de·gen·ve·ze·tēũt
guidebook	angol nyelvű	on·gawl nyel·vēw
in English	útikönyvet	ū·ti·keun'·vet
(local) map	(itteni) térképet	(it·te·ni) tayr·kay·pet

Do you have	Van	von
information	információja a ...	in·fawr·maa·tsi·āw·yo o ...
on ... sights?	nevezetességekről?	ne·ve·ze·tesh·shay·gek·rēūl
cultural	kulturális	kul·tu·raa·lish
historical	történelmi	teur·tay·nel·mi
religious	vallási	vol·laa·shi

I'd like to see ...
Szeretnék látni ...　　　　se·ret·nayk laat·ni ...

What's that?
Az mi?　　　　oz mi

Who built/made it?
Ki építette/készítette?　　　　ki ay·pee·tet·te/kay·see·tet·te

How old is it?
Hány éves?　　　　haan' ay·vesh

Could you take a photograph of me?
Le tudna fényképezni　　　　le tud·no fayn'·kay·pez·ni
engem?　　　　en·gem

Can I take a photograph?
Fényképezhetek?　　　　fayn'·kay·pez·he·tek

Can I take a photograph of you?
Lefényképezhetem Önt?　　　　le·fayn'·kay·pez·he·tem eunt

I'll send you the photograph.
Majd elküldöm Önnek　　　　moyd el·kewl·deum eun·nek
a képet.　　　　o kay·pet

getting in

What time does it open/close?
Mikor nyit/zár?   mi·kawr nyit/zaar

What's the admission charge?
Mennyibe kerül a   men'·nyi·be ke·rewl o
belépőjegy?   be·lay·pēū·yej

Is there a	*Van kedvezmény*	von ked·vez·mayn'
discount for ...?	*... számára?*	... saa·maa·ro
children	*gyerekek*	dye·re·kek
families	*családok*	cho·laa·dawk
groups	*csoportok*	chaw·pawr·tawk
older people	*idős emberek*	i·dēūsh em·be·rek
pensioners	*nyugdíjasok*	nyug·dee·yo·shawk
students	*diákok*	di·aa·kawk

---

listen for ...

ezt nem *vi*·he·ti be
Ezt nem viheti be.   **You can't take this in.**

nem *so*·bod *fayn'*·kay·pez·ni
Nem szabad fényképezni.   **Photographs aren't allowed.**

o *taash*·kaat o *ru*·ho·taar·bon kell *hoj*·ni
A táskát a ruhatárban   **You must leave the bag in**
kell hagyni.   **the cloakroom.**

tours

túrák

Can you recommend a …?	*Tud ajánlani egy …?*	tud o·yaan·lo·ni ej …
boat-trip	*hajókirándulást*	ho·yāw·ki·raan·du·laasht
day trip	*egynapos kirándulást*	ej·no·pawsh ki·raan·du·laasht
sightseeing tour	*városnéző túrát*	vaa·rawsh·nay·zēū tū·raat
tour	*túrát*	tū·raat

When's the next …?	*Mikor van a következő …?*	mi·kawr von o keu·vet·ke·zēū …
boat-trip	*hajókirándulás*	ho·yāw·ki·raan·du·laash
day trip	*egynapos kirándulás*	ej·no·pawsh ki·raan·du·laash
sightseeing tour	*városnéző túra*	vaa·rawsh·nay·zēū tū·ro
tour	*túra*	tū·ro

Is ... included?	Benne van az árban ...?	ben·ne von oz aar·bon ...
accommodation	a szállás	o saal·laash
food	az ennivaló	oz en·ni·vo·lāw
transport	a közlekedés	o keuz·le·ke·daysh

Are meals included?
Benne vannak az árban az étkezések?
ben·ne von·nok oz aar·bon oz ayt·ke·zay·shek

The guide will pay.
Az idegenvezető fog fizetni.
oz i·de·gen·ve·ze·tēū fawg fi·zet·ni

The guide has paid.
Az idegenvezető már fizetett.
oz i·de·gen·ve·ze·tēū maar fi·ze·tett

How long is the tour?
Mennyi ideig tart a túra?
men'·nyi i·de·ig tort o tū·ra

What time should we be back?
Mikorra érünk vissza?
mi·kawr·ro ay·rewnk vis·so

I'm with them.
Velük vagyok.
ve·lewk vo·dyawk

I've lost my group.
Elvesztettem a csoportomat.
el·ves·tet·tem o chaw·pawr·taw·mot

talk to the animals

Just in case you've ever wondered, Hungarian cats speak the same language as English cats: they both say *miau* mi·aa·u. Cows are bilingual, since they say both *mú* mū and *bú* bū. A dog, however, says *vau-vau* vo·u vo·u, not 'woof-woof' and a horse says *nyihaha* nyi·ho·ho. Mice are finally given the power of speech and squeak *cin-cin-cin* tsin·tsin·tsin, but if you were stuck in a conversation with a Hungarian pig it could only say *röf-röf-röf* reuf·reuf·reuf.

I'm attending a …	Egy …veszek részt.	ej … ve·sek rayst
conference	konferencián	kawn·fe·ren·tsi·aan
course	tanfolyamon	ton·faw·yo·mawn
meeting	értekezleten	ayr·te·kez·le·ten
trade fair	vásáron	vaa·shaa·rawn

I'm with …	… vagyok.	… vo·dyawk
(EasTron)	(Az EasTronnal)	(oz eest·rawn·nol)
my colleague	A kollégámmal	o kawl·lay·gaam·mol
my colleagues	A kollégáimmal	o kawl·lay·gaa·im·mol
a group	Másokkal	maa·shawk·kol

I'm alone.
Egyedül vagyok.   e·dye·dewl vo·dyawk

I have an appointment with …
Megbeszélésem van …val.   meg·be·say·lay·shem von …·vol

I'm staying at …, room …
A …ban lakom, a … számú   o …·bon lo·kawm o … saa·mū
szobában.   saw·baa·bon

I'm here for (two) days/weeks.
(Két) napig/hétig vagyok itt.   (kayt) no·pig/hay·tig vo·dyawk itt

Here's my …	Itt van …	itt von …
address	a címem	o tsee·mem
business card	a névjegyem	o nayv·ye·dyem
email address	az e-mail címem	oz ee·mayl tsee·mem
fax number	a faxszámom	o foks·saa·mawm
mobile/cell number	a mobilszámom	o maw·bil·saa·mawm
phone number	a telefonszámom	o te·le·fawn·saa·mawm
work number	a munkahelyi telefonszámom	o mun·ko·he·yi te·le·fawn·saa·mawm

What's your ...?	Mi ...?	mi ...
address	a címe	o *tsee*·me
email address	az e-mail címe	oz *ee*·mayl *tsee*·me
fax number	a faxszáma	o *foks*·saa·ma
mobile/cell number	a mobilszáma	o *maw*·bil·saa·ma
phone number	a telefonszáma	o te·le·fawn·saa·ma
work number	a munkahelyi telefonszáma	o *mun*·ko·he·yi te·le·fawn·saa·ma

Where's the ...?	Hol van ...?	hawl von ...?
business centre	a business centre	o *biz*·nis tsen·ter
conference	a konferencia	o *kawn*·fe·ren·tsi·o
meeting	az értekezlet	oz *ayr*·te·kez·let

I need (a/an) ...	... van szükségem.	... von sewk·shay·gem
computer	Egy komputerre	ej *kawmp*·yü·ter·re
Internet connection	Egy Internet kapcsolatra	ej *in*·ter·net kop·chaw·lot·ro
interpreter	Tolmácsra	*tawl*·maach·ro
more business cards	Több névjegyre	teubb *nayv*·yej·re

I need some space to set up.
Szükségem van egy kis helyre, hogy be tudjak rendezkedni. — sewk·shay·gem von ej kish *he*·y·re hawj be *tud*·yok ren·dez·ked·ni

I need to send a fax.
Faxot kell küldenem. — fok·sawt kell *kewl*·de·nem

That went very well.
Ez nagyon jól ment. — ez *no*·dyawn yāwl ment

Shall we go for a drink/meal?
Elmenjünk inni/enni valamit? — el·men·yewnk *in*·ni/*en*·ni *vo*·lo·mit

It's on me.
Én fizetek. — ayn *fi*·ze·tek

senior & disabled travellers
idősebb és fogyatékos utazók

I have a disability.
Fogyatékos vagyok.　　　　faw·dyo·tay·kawsh vo·dyawk

I need assistance.
Segítségre van　　　　she·geet·shayg·re von
szükségem.　　　　sewk·shay·gem

What services do you have for people with a disability?
Milyen szolgáltatásaik　　mi·yen sawl·gaal·to·taa·sho·ik
vannak fogyatékosok　　von·nok faw·dyo·tay·kaw·shawk
számára?　　　　saa·maa·ro

Are there disabled toilets?
Van itt fogyatékosok　　von itt faw·dyo·tay·kaw·shawk
számára kialakított　　saa·maa·ro ki·o·lo·kee·tawtt
vécé?　　　　vay·tsay

Are there disabled parking spaces?
Vannak fogyatékosok　　von·nok faw·dyo·tay·kaw·shawk
számára fenntartott　　saa·maa·ro fenn·tor·tawtt
parkolóhelyek?　　　por·kaw·lāw·he·yek

Is there wheelchair access?
Oda lehet jutni　　aw·do le·het yut·ni
tolókocsival?　　taw·lāw·kaw·chi·vol

How wide is the entrance?
Milyen széles a bejárat?　mi·yen say·lesh o be·yaa·rot

I'm deaf.
Süket vagyok.　　shew·ket vo·dyawk

I have a hearing aid.
Hallókészülékem van.　hol·lāw·kay·sew·lay·kem von

I can't see well.
Nem látok jól.　　nem laa·tawk yāwl

I'm blind.
Vak vagyok.　　vok vo·dyawk

Are guide dogs permitted?
Beengedik a vakvezető kutyákat? — be·en·ge·dik o *vok*·ve·ze·tēū ku·tyaa·kot

How many steps are there?
Hány lépcső van? — haan' *layp*·chēū von

Is there a lift/elevator?
Van lift? — von lift

Are there rails in the bathroom?
Vannak fogódzók a fürdőszobában? — von·nok *faw*·gāwd·zāwk o fewr·dēū·saw·baa·bon

Could you call me a disabled taxi?
Tudna hívni nekem egy mozgássérültek számára átalakított taxit? — tud·no *heev*·ni *ne*·kem ej mawz·gaash·shay·rewl·tek saa·maa·ro aat·o·lo·kee·tawtt *tok*·sit

Could you help me cross the street safely?
Segítene biztonságosan átmenni az úttesten? — she·gee·te·ne biz·tawn·shaa·gaw·shon aat·men·ni oz *üt*·tesh·ten

Is there somewhere I can sit down?
Leülhetek valahol? — le·ewl·he·tek *vo*·lo·hawl

guide dog	*vakvezető kutya*	*vok*·ve·ze·tēū *ku*·tyo
older person	*idős ember*	*i*·dēūsh *em*·ber
person with a disability	*fogyatékos*	*faw*·dyo·tay·kawsh
person with a physical disability	*mozgássérült*	*mawz*·gaash·shay·rewlt
ramp	*rámpa*	*raam*·po
walking frame	*járókeret*	*yaa*·rāw·ke·ret
walking stick	*bot*	bawt
wheelchair	*tolókocsi*	*taw*·lāw·kaw·chi

travelling with children

utazás gyerekekkel

Is there a ...?	Van ...?	von ...
baby change room	babapelenkázó szoba	bo·bo·pe·len·kaa·zāw saw·bo
child-minding service	gyermekmegőrző	dyer·mek·meg·ēūr·zēū
child-sized portion	gyerekadag	dye·rek·o·dog
children's menu	gyerekmenü	dye·rek·me·new
crèche	bölcsőde	beul·chēū·de
discount	kedvezmény	ked·vez·mayn'
for children	gyermekek számára	dyer·me·kek saa·maa·ro
family ticket	családi jegy	cho·laa·di yej
I need a/an ...	Szükségem van egy ...	sewk·shay·gem von ej ...
baby seat	babaülésre	bo·bo·ew·laysh·re
(English-speaking) babysitter	(angolul beszélő) bébiszitterre	(on·gaw·lul be·say·lēū) bay·bi·sit·ter·re
booster seat	gyerekülésre	dye·rek·ew·laysh·re
cot	gyerekágyra	dye·rek·aaj·ro
highchair	etetőszékre	e·te·tēū·sayk·re
potty	bilire	bi·li·re
pram	fekvő babakocsira	fek·vēū bo·bo·kaw·chi·ro
sick bag	hányózacskóra	haa·nyāw·zoch·kāw·ro
stroller	ülő gyerekkocsira	ew·lēū dye·rek·kaw·chi·ro

Where's the nearest ...?	Hol van a legközelebbi ...?	hawl von o leg·keu·ze·leb·bi ...
amusement/ theme park	vidám park	vi·daam pork
drinking fountain	ivókút	i·vāw·kūt
park	park	pork
playground	játszótér	yaat·sāw·tayr
swimming pool	uszoda	u·saw·do
tap	vízcsap	veez·chop
toy shop	játékbolt	yaa·tayk·bawlt

Do you sell ...?	Kapható Önöknél ...?	kop·ho·tāw eu·neuk·nayl ...
baby wipes	babatörlőkendő	bo·bo·teur·lēū·ken·dēū
disposable nappies/ diapers	eldobható pelenka	el·dawb·ho·tāw pe·len·ko
painkillers for infants	fájdalom- csillapító csecsemők számára	faa·y·do·lawm· chil·lo·pee·tāw che·che·mēūk saa·maa·ro
tissues	papírzsebkendő	po·peer·zheb·ken·dēū

Do you hire out (prams)?
Lehet Önöknél (babakocsit) bérelni?
le·het eu·neuk·nayl (bo·bo·kaw·chit) bay·rel·ni

Are there any good places to take children around here?
Vannak itt a közelben olyan helyek, ahova érdemes a gyerekeket elvinni?
von·nok itt o keu·zel·ben aw·yon he·yek o·haw·vo ayr·de·mesh a dye·re·ke·ket el·vin·ni

Is there space for a pram?
Van hely a babakocsinak?
von he·y o bo·bo·kaw·chi·nok

Are children allowed?
Beengedik a gyerekeket?
be·en·ge·dik o dye·re·ke·ket

Where can I change a nappy/diaper?
Hol cserélhetek pelenkát?
hawl che·rayl·he·tek pe·len·kaat

Do you mind if I breast-feed here?
    Megengedi, hogy itt   *meg*·en·ge·di hawj itt
    szoptassak?   *sawp*·tosh·shok

Could I have some paper and pencils, please?
    Kaphatnék néhány   *kop*·hot·nayk *nay*·haan'
    papírlapot és ceruzát?   *po*·peer·lo·pawt aysh *tse*·ru·zaat

Is this suitable for (five)-year-old children?
    Ez megfelelő (öt)éves   ez *meg*·fe·le·lěů (eut)·ay·vesh
    gyerekek számára?   *dye*·rek·ek *saa*·maa·ro

Do you know a dentist who's good with children?
    Ismer olyan fogorvost,   *ish*·mer *aw*·yon *fawg*·awr·vawsht
    aki jól ért a gyerekekhez? o·ki yāwl ayrt o *dye*·re·kek·hez

Do you know a doctor who's good with children?
    Ismer olyan orvost,   *ish*·mer *aw*·yon *awr*·vawsht
    aki jól ért a gyerekekhez? o·ki yāwl ayrt o *dye*·re·kek·hez

If your child is sick, see **health**, page 187.

talking with children

beszélgetés gyerekekkel

How old are you?
    Hány éves vagy?   haan' *ay*·vesh voj

What's your name?
    Hogy hívnak?   hawj *heev*·nok

When's your birthday?
    Mikor van a   *mi*·kawr von o
    születésnapod?   *sew*·le·taysh·no·pawd

Do you go to school/kindergarten?
    Jársz iskolába/   yaars *ish*·kaw·laa·bo/
    óvodába?   *āw*·vaw·daa·bo

What grade are you in?
    Hányadikos vagy?   *haa*·nyo·di·kawsh voj

Do you like ...? *Szeretsz ...?* *se·*rets ...
  school   *iskolába járni*   *ish·*kaw·laa·bo *yaar·*ni
  sport   *sportolni*   *shpawr·*tawl·ni

Do you like your teacher? (kindergarten)
  Szereted az óvó nénit?   *se·*re·ted oz *āw·*vāw *nay·*nit

Do you like your teacher? (primary school, grades 1–4)
  Szereted a tanító   *se·*re·ted o *ta·*nee·tāw
  bácsit/nénit? m/f   *baa·*chit/*nay·*nit

Do you like your teachers? (all grades above grade 4)
  Szereted a tanáraidat?   *se·*re·ted o *to·*naa·ro·i·dot

What do you do after school?
  Mit csinálsz tanítás után?   mit *chi·*naals *to·*nee·taash *u·*taan

Do you learn English?
  Tanulsz angolul?   *to·*nuls *on·*gaw·lul

I come from very far away.
  Én nagyon messziről   ayn *no·*dyawn *mes·*si·rēūl
  jövök.   *yeu·*veuk

---

speaking like a little kid

Children are addressed in the informal *te* te form, and always use it among themselves. When they are talking to adults, kids will typically use the words *néni* nay·ni (auntie) and *bácsi* baa·chi (uncle). So mum's friend at the thermal baths would be *Mária néni* maa·ri·o nay·ni (Auntie Mária), and dad's chess partner would be *János bácsi* yaa·nawsh baa·chi (Uncle János). Primary teachers can be called 'auntie' and 'uncle' in just the same way. Younger school students will also address them as *Tanító néni* ta·nee·tāw nay·ni (Auntie Teacher) or *Tanító bácsi* ta·nee·tāw baa·chi (Uncle Teacher), but as they get older they're more likely to use the more official *Tanár úr* to·naar ūr (Mr Teacher) and *Tanárnő* to·naar·nēū (Madame Teacher).

basics

Yes.	*Igen.*	*i·*gen
No.	*Nem.*	nem
Please.	*Kérem.* pol	*kay·*rem
	Kérlek. inf	*kayr·*lek
Thank you	*(Nagyon)*	*(no·*dyawn)
(very much).	*Köszönöm.*	*keu·*seu·neum
You're welcome.	*Szívesen.*	*see·*ve·shen
Excuse me.	*Elnézést kérek.*	*el·*nay·zaysht *kay·*rek
(to get attention)		
Excuse me.	*Bocsánat.*	*baw·*chaa·not
(to get past)		
Sorry.	*Sajnálom.*	*shoy·*naa·lawm

greetings & goodbyes

üdvözlések és búcsúzások

On first introduction, Hungarians usually shake hands and say their full names. The family name is said first followed by the first name. As you become more familiar with people, they may suggest you call them by their first name.

Note that when you want to say 'Hello', 'Hi', or 'Bye', the word will change depending on whether you are speaking to one person or more than one. Look for the symbols sg (singular) or pl (plural) to determine which word to use.

between friends

These two names are used between male friends:

mate/pal	*haver*	*ho·*ver
my old man	*öregem*	*eu·*re·gem

meeting people

*sāw·*leet·shawn/*sāw·*leetsh (*zhu·*zhaa·nok)

Szólítson/Szólíts (Zsuzsának). pol/inf	Please, call me (Zsuzsának).

Hello.	Szervusz. sg	*ser·*vus
	Szervusztok. pl	*ser·*vus·tawk
Hi.	Szia/Sziasztok. sg/pl	*si·*o/*si·*os·tawk

Good ...	Jó ... kívánok.	yāw ... kee·vaa·nawk
afternoon/day	napot	no·pawt
evening	estét	esh·tayt
morning	reggelt	reg·gelt

How are you?

Hogy van? pol	hawj von
Hogy vagy? inf	hawj voj

Fine. And you?

Jól. És Ön/te? pol/inf	yāwl aysh eun/te

What's your name?

Mi a neve/neved? pol/inf	mi o *ne·*ve/*ne·*ved

My name is ...

A nevem ...	o *ne·*vem ...

I'd like to introduce you to ...

Szeretném/Szeretnélek	se·ret·naym/se·ret·nay·lek
bemutatni ...nak. pol/inf	be·mu·tot·ni ...nok

This is my ...	Ez a ...	ez o ...
colleague	kollégám m	kawl·lay·gaam
	kolléganőm f	kawl·lay·go·nēūm
daughter	lányom	laa·nyawm
friend	barátom m	bo·raa·tawm
	barátnőm f	bo·raat·nēūm
husband	férjem	fayr·yem
partner	barátom m	bo·raa·tawm
(intimate)	barátnőm f	bo·raat·nēūm
son	fiam	fi·om
wife	feleségem	fe·le·shay·gem

For other family members, see **family**, page 105.

I'm pleased to meet you.	*Örvendek.*	eur·ven·dek
See you later.	*Viszontlátásra.*	vi·sawnt·laa·taash·ro
Bye.	*Viszlát.* pol	vis·laat
	Szia/Sziasztok. inf sg/pl	si·o/si·os·tawk
Good night.	*Jó éjszakát.*	yāw ay·y·so·kaat

titles & addressing people

titulusok és megszólítások

Mr	*Úr*	ūr
Mrs/Miss	*Asszony/Kisasszony*	os·sawn'/kish·os·sawn'
Sir/Madam	*Uram/Asszonyom*	u·rom/os·saw·nyawm
Doctor (medical)	*Doktor úr* m	dawk·tawr ūr
	Doktornő f	dawk·tawr·nēū
Teacher	*Tanár úr* m	to·naar ūr
	Tanárnő f	to·naar·nēū

Your best option for addressing a married woman is to call her *Asszonyom* os·saw·nyawm which is similar to the term 'Ma'am' in the US. Use the term *Kisasszony* kish·os·sawn' for a woman who is either unmarried or under 30. Note that there is no term for 'Ms' in Hungarian.

The correct way to address a married woman in Hungarian is a thorny question. Before World War II there used to be precise titles which reflected a person's social rank. After the war, everyone was addressed as 'comrade' – *elvtársnő* elv·taarsh·nēū for women and *elvtárs* elv·taarsh for men. So Mrs Kovács would be called *Kovács elvtársnő* kaw·vaach elv·taarsh·nēū (lit: Kovács comrade).

These forms are obsolete, but while men may now be referred to as *Úr* ūr (Mr), there is no truly satisfactory term for 'Mrs'. Mrs Kovács might be called *Kovácsné* kaw·vaach·nay, which is her husband's surname plus *-né* ·nay, but this could be considered impolite. Or she could be called *Kovácsné asszony* kaw·vaach·nay os·sawn' (lit: Kovács-Mrs married-woman) although this is often far too formal.

making conversation

társalgás

Hungarians are fairly open and direct people and like to talk about just about everything. Work, religion, love and politics are popular topics for discussion, but be aware that conversations about Hungarian politics can become very heated. Money is also a touchy subject. Hungarians will rarely discuss how much they earn or even talk about the price they paid for something. As a visitor you might find yourself doing most of the talking, since curious locals like to quiz foreigners all about their country of origin.

What a beautiful day!
Milyen szép nap van!   *mi*·yen sayp nop von

Nice/Awful weather, isn't it?
Szép/Szörnyű idő van, nem?   sayp/*seur*·nyēw *i*·dēū von nem

What's new?
Mi újság?   mi *ūy*·shaag

Where are you going?
Hova megy/mész? pol/inf   *haw*·vo mej/mays

What are you doing?
Mit csinál/csinálsz? pol/inf   mit *chi*·naal/*chi*·naals

Do you like it here?
Tetszik Önnek/   *tet*·sik *eun*·nek/
neked itt? pol/inf   *ne*·ked itt

---

local talk

Hey!	*Hé!*	hay
Great!	*Nagyszerű!*	*noj*·se·rēw
Sure.	*Persze, biztosan.*	*per*·se *biz*·taw·shon
Maybe.	*Talán.*	to·laan
No way!	*Szó sem lehet róla!*	sāw shem *le*·het *rāw*·lo
Just joking.	*Csak vicceltem.*	chok *vits*·tsel·tem
Just a minute.	*Egy pillanat.*	ej *pil*·lo·not
It's OK.	*Oké.*	o·kay
No problem.	*Nem probléma.*	nem *prawb*·lay·mo
I understand.	*Világos.*	*vi*·laa·gawsh
I'm ready.	*Kész vagyok.*	kays *vo*·dyawk

Are you ready?
Kész van/vagy? pol/inf   kays von/voj

Listen up!
Figyeljen/Figyelj! pol/inf   *fi*·dyel·yen/*fi*·dyel·y

Take a look at this!
Ezt nézze/nézd meg! pol/inf   ezt *nayz*·ze/nayzd meg

I don't want any.
Nem kérek.   nem *kay*·rek

Leave me alone!
Hagyjon/Hagyj békén! pol/inf   *hoj*·yawn/*hoj*·y bay·kayn

I love it here.
Nagyon tetszik nekem itt.   no·dyawn *tet*·sik *ne*·kem itt

What's this called?
Ezt hogy hívják?   ezt hawj *heev*·yaak

That's (beautiful), isn't it!
Ugye (szép)!   *u*·dye (sayp)

Do you live here?
Ön itt lakik? pol   eun itt *lo*·kik
Te itt laksz? inf   te itt loks

Are you here on holiday?
Ön szabadságon van itt? pol   eun *so*·bod·shaa·gawn von itt
Te szabadságon vagy itt? inf   te *so*·bod·shaa·gawn voj itt

I'm here …   … *vagyok itt.*   … *vo*·dyawk itt
  for a holiday   *Szabadságon*   *so*·bod·shaa·gawn
  on business   *Üzleti ügyben*   *ewz*·le·ti *ewj*·ben
  to study   *Tanulás céljából*   *to*·nu·laash *tsayl*·yaa·bāwl

How long are you here for?
Mennyi ideig marad/   men'·nyi *i*·de·ig *mo*·rod/
maradsz itt? pol/inf   *mo*·rods itt

I'm here for (four) weeks/days.
(Négy) hétig/napig   (nayj) *hay*·tig/*no*·pig
maradok itt.   *mo*·ro·dawk itt

SOCIAL

102

nationalities

Where are you from?
Ön honnan jön? pol — eun *hawn*·non yeun
Te honnan jössz? inf — te *hawn*·non yeuss

I'm from ... *Én ... jövök.* — ayn ... *yeu*·veuk
  Australia *Ausztráliából* — o·ust·raa·li·aa·bāwl
  Canada *Kanadából* — ko·no·daa·bāwl
  Singapore *Szingapúrból* — sin·go·pūr·bāwl

For more countries, see the **dictionary**. Be sure to add the ending *-ból* ·bawl when telling someone where you're from.

age

How old are you?
Hány éves? pol — haan' *ay*·vesh
Hány éves vagy? inf — haan' *ay*·vesh voj

How old are your children?
Hány évesek a gyerekei/ — haan' *ay*·ve·shek o *dye*·re·ke·i/
gyerekeid? pol/inf — *dye*·re·ke·id

I'm ... years old.
... éves vagyok. — ... *ay*·vesh *vo*·dyawk

He/She is ... years old.
... éves. — ... *ay*·vesh

Too old!
Túl öreg! — tūl *eu*·reg

I'm younger than I look.
Fiatalabb vagyok, mint — fi·o·to·lobb *vo*·dyawk mint
amennyinek látszom. — o·men·nyi·nek *laat*·sawm

For your age, see **numbers & amounts**, page 29.

meeting people

103

occupations & studies

What's your occupation?

Mi a foglalkozása/		mi o *fawg*·lol·kaw·zaa·sho/
foglalkozásod? pol/inf		*fawg*·lol·kaw·zaa·shawd

I'm a/an ...	*... vagyok.*	*... vo*·dyawk
barrister/	*Ügyvéd*	*ewj*·vayd
solicitor		
car mechanic	*Autószerelő*	*o*·u·tāw·se·re·lēū
chef	*Szakács*	*so*·kaach
clerk	*Tisztviselő*	*tist*·vi·she·lēū
doctor	*Orvos*	*awr*·vawsh
engineer	*Mérnök*	*mayr*·neuk
entrepreneur	*Vállalkozó*	*vaal*·lol·kaw·zāw
estate agent	*Ingatlanügynök*	*in*·got·lon·ewj·neuk
hairdresser	*Fodrász*	*fawd*·raas
journalist	*Újságíró*	*ūy*·shaag·ee·rāw
lawyer	*Jogász*	*yaw*·gaas
secretary	*Titkár/*	*tit*·kaar/
	Titkárnő m/f	*tit*·kaar·nēū
teacher	*Tanár*	*to*·naar

I work in ...	*... dolgozom.*	*... dawl*·gaw·zawm
administration	*Az állam-*	oz *aal*·lom·
	igazgatásban	i·goz·go·taash·bon
health	*Az*	oz
	egészségügyben	e·gays·shayg·ewj·ben
sales &	*A*	o
marketing	*kereskedelemben*	ke·resh·ke·de·lem·ben

I'm ...	*... vagyok.*	*... vo*·dyawk
retired	*Nyugdíjas*	*nyug*·dee·yosh
self-employed	*Önálló*	*eun*·aal·lāw
unemployed	*Munkanélküli*	*mun*·ko·nayl·kew·li

For more occupations, see the **dictionary**.

What are you studying?

Mit tanul/tanulsz? pol/inf   mit to·nul/to·nuls

I'm studying …	… *tanulok.*	… to·nu·lawk
accounting	*Könyvelést*	keun'·ve·laysht
dentistry	*Fogászatot*	faw·gaa·so·tawt
history	*Történelmet*	teur·tay·nel·met
Hungarian	*Magyart*	mo·dyort
law	*Jogot*	yaw·gawt
linguistics	*Nyelvészetet*	nyel·vay·se·tet
music	*Zenét*	ze·nayt

family

család

Hungarians always know their place in the family hierarchy. To talk about brothers and sisters, Hungarian speakers need to choose the word for 'older brother' or 'younger sister' (or vice versa).

Do you have (a) …?	*Van …?*	von …
children	*gyereke*	dye·re·ke
family	*családja*	cho·laad·yo
grandchildren	*unokája*	u·naw·kaa·yo
husband	*férje*	fayr·ye
partner	*barátja* m	bo·raat·yo
	barátnője f	bo·raat·neū·ye
siblings	*testvére*	tesht·vay·re
wife	*felesége*	fe·le·shay·ge

etiquette tips

Hungarians believe that people who cannot maintain eye contact are insincere and have something to hide. Men usually let women enter a room ahead of them, except restaurants or bars when men are supposed to lead the way.

I have (a/an) …	*Van …*	von …
I don't have (a/any) …	*Nincs …*	ninch …
daughter(s)	*lányom*	*laa*·nyawm
family	*családom*	*cho*·laa·dawm
father	*apám*	*o*·paam
grandchild(ren)	*unokám*	*u*·naw·kaam
grandfather	*nagyapám*	*noj*·o·paam
grandmother	*nagyanyám*	*noj*·o·nyaam
husband	*férjem*	*fayr*·yem
mother	*anyám*	*o*·nyaam
older brother(s)	*bátyám*	*baa*·tyaam
older sister(s)	*nővérem*	*nēū*·vay·rem
partner	*barátom* m	*bo*·raa·tawm
	barátnőm f	*bo*·raat·nēūm
sibling(s)	*testvérem*	*tesht*·vay·rem
son(s)	*fiam*	*fi*·om
wife	*feleségem*	*fe*·le·shay·gem
younger brother(s)	*öcsém*	*eu*·chaym
younger sister(s)	*húgom*	*hū*·gawm

Are you married? (asking a man)
  Nős?   nēūsh

Are you married? (asking a woman)
  Férjnél van?   *fayr*·y·nayl von

I live with someone.
  Együtt élek valakivel.   *e*·dyewtt *ay*·lek *vo*·lo·ki·vel

---

well-wishing

Bon voyage!	*Jó utat!*	yāw *u*·tot
Congratulations!	*Gratulálok!*	*gro*·tu·laa·lawk
Good luck!	*Jó szerencsét!*	yāw *se*·ren·chayt

Happy birthday!
  Boldog születésnapot!   *bawl*·dawg *sew*·le·taysh·no·pawt

Happy name day!
  Boldog névnapot!   *bawl*·dawg *nayv*·no·pawt

Merry Christmas!
  Kellemes karácsonyt!   *kel*·le·mesh *ko*·raa·chawn't

I'm ...	... vagyok.	... vo·dyawk
divorced	*Elvált*	*el·vaalt*
married	*Nős/Férjnél* m/f	*nēūsh/fayr·y·nayl*
single	*Egyedülálló*	*e·dye·dewl·aal·lāw*
widowed	*Özvegy*	*euz·vej*

I'm separated.
Különváltan élek.   *kew·leun·vaal·ton ay·lek*

farewells

In this section, phrases are in the informal *te* te form only. If you're not sure what this means, see the box in **feelings & opinions**, page 117.

Tomorrow is my last day here.
Holnap van az utolsó   *hawl·nop von oz u·tawl·shāw*
napom itt.   *no·pawm itt*

It's been great meeting you.
Örülök, hogy   *eu·reu·lewk hawj*
találkoztunk.   *to·laal·kawz·tunk*

let your body talk

Waving their hands about, gesticulating wildly, nodding their heads, making curious signals with their fingers, rolling their eyes dramatically – Hungarians just don't do any of it. That's not to say you shouldn't, however – it's a sure-fire way of getting people's attention …

meeting people

If you come to (Scotland) you can stay with me.

Ha (Skóciá)ba jössz,	ho (*shkāw*·tsi·aa)·bo yeuss
lakhatsz nálam.	lok·hots *naa*·lom

Keep in touch!

Tartsuk a	*tort*·shuk o
kapcsolatot!	kop·chaw·lo·tawt

What's your ...? *Mi ...?* mi ...

address	*a címed*	o *tsee*·med
email address	*az e-mail címed*	oz *ee*·mail *tsee*·med
phone number	*a telefonszámod*	o *te*·le·fawn·saa·mawd

Here's my ... *Itt ...* itt ...

address	*a címem*	o *tsee*·mem
email address	*az e-mail címem*	oz *ee*·mail *tsee*·mem
phone number	*a telefonszámom*	o *te*·le·fawn·saa·mawm

---

monthy python's hungarian phrasebook

For all those who know and love Monty Python's Hungarian phrasebook sketch, we are proud to present the following phrases. Use them with our blessing at any good Hungarian *dohánybolt daw*·haan'·bawlt (tobacconist).

My hovercraft is full of eels.

A légpárnás hajóm	o *layg*·paar·naash *ho*·yāwm
tele van angolnával.	*te*·le von *on*·gawl·naa·vol

If I said you had a beautiful body, would you hold it against me?

Rossz néven vennéd, ha	rawss *nay*·ven *ven*·nayd ho
azt mondanám, hogy	ozt *mawn*·do·naam hawj
szép tested van?	sayp *tesh*·ted von

interests

érdeklődési kör

In this chapter, phrases are in the informal *te* te form only. If you're not sure what this means, see the box in **feelings & opinions**, page 117.

common interests

közös érdeklődés

What do you do in your spare time?
Mit csinálsz a mit *chi*·naals o
szabadidődben? so·bod·i·dēūd·ben

Do you like ...?	*Szereted ...?*	se·re·ted ...
I (don't) like ...	*(Nem) Szeretem ...*	(nem) se·re·tem ...
computer	*a számítógépes*	o *saa*·mee·tāw·gay·pesh
games	*játékokat*	yaa·tay·kaw·kot
films	*a filmeket*	o *fil*·me·ket
music	*a zenét*	o *ze*·nayt
sport	*a sportot*	o *shpawr*·tawt
thermal baths	*a gyógyfürdőket*	o *dyāwj*·fewr·dēū·ket

as easy as rubik's cube

We can thank a Hungarian for the fad of Christmas 1980 – the Rubik's Cube was the brainchild of inventor Ernő Rubik. Released in Hungary in 1977, the device is known there as *Bűvös Kocka* bēw·veush *kawts*·ko, the 'Magic Cube'. Since then it's estimated that one in eight people have been tormented by the square little devil. Besides starting a worldwide craze for Cubic Rubes (the official name for Cube fans), Mr Rubik is unwittingly responsible for little-known diseases such as 'cubist's thumb' and 'Rubik's wrist'.

interests

Do you like ...?	Szeretsz ...?	se·rets ...
I (don't) like ...	(Nem) Szeretek ...	(nem) se·re·tek ...
chess	sakkozni	shok·kawz·ni
clubbing	diszkóba járni	dis·kaw·bo yaar·ni
cooking	főzni	feúz·ni
dancing	táncolni	taan·tsawl·ni
drawing	rajzolni	roy·zawl·ni
gardening	kertészkedni	ker·tays·ked·ni
going to soccer matches	meccsre járni	mech·re yaar·ni
going to the cinema	moziba járni	maw·zi·bo yaar·ni
going to the theatre	színházba járni	seen·haaz·bo yaar·ni
hiking	kirándulni	ki·raan·dul·ni
painting	festeni	fesh·te·ni
photography	fényképezni	fayn'·kay·pez·ni
reading	olvasni	awl·vosh·ni
shopping	vásárolni	vaa·shaa·rawl·ni
socialising	társaságba járni	taar·sho·shaag·bo yaar·ni
surfing the Internet	szörfözni az interneten	seur·feuz·ni oz in·ter·ne·ten
travelling	utazni	u·toz·ni
walking	sétálni	shay·taal·ni
watching TV	tévét nézni	tay·vayt nayz·ni

For other sporting activities, see **sport**, page 141.

music

Do you ...?		
dance	Táncolsz?	taan·tsawls
go to concerts	Jársz koncertre?	yaars kawn·tsert·re
listen to music	Hallgatsz zenét?	holl·gots ze·nayt
play an instrument	Játszol valamilyen hangszeren?	yaat·sawl vo·lo·mi·yen hong·se·ren
sing	Énekelsz?	ay·ne·kels

In Hungarian, adjectives often become plural to match a plural noun. So you'd say *a filmek jók* o *fil*·mek yāwk, or 'The films are good[s]'. Below is a list of common adjectives and their plural forms:

adjective	singular		plural	
bad	rossz	rawss	rosszak	raws·sok
beautiful	szép	sayp	szépek	say·pek
big	nagy	noj	nagyok	no·dyawk
cold	hideg	hi·deg	hidegek	hi·de·gek
difficult	nehéz	ne·hayz	nehezek	ne·he·zek
dry	száraz	saa·roz	szárazak	saa·ro·zok
easy	könnyű	keun'·nyēw	könnyűek	keun'·nyēw·ek
good	jó	yāw	jók	yāwk
hot	forró	fawr·rāw	forróak	fawr·rāw·ok
long	hosszú	haws·sū	hosszúak	haws·sū·ok
short	rövid	reu·vid	rövidek	reu·vi·dek
small	kicsi	ki·chi	kicsik	ki·chik
wet	nedves	ned·vesh	nedvesek	ned·ve·shek

Which ... do you like?	Milyen ... szeretsz?	mi·yen ... se·rets
bands	zenekarokat	ze·ne·ko·raw·kot
composers	zeneszerzőket	ze·ne·ser·zēū·ket
music	zenét	ze·nayt
singers	énekeseket	ay·ne·ke·she·ket

interests

111

blues	*blues*	blūz
classical music	*klasszikus zene*	*klos*·si·kush *ze*·ne
electronic music	*elektronikus zene*	e·lekt·raw·ni·kush *ze*·ne
Roma music	*cigányzene*	*tsi*·gaan'·ze·ne
Hungarian folk music	*magyar népzene*	*mo*·dyor *nayp*·ze·ne
jazz	*dzsessz*	jess
Klezmer music	*Klezmer-zene*	*klez*·mer·ze·ne
operetta	*operett*	*aw*·pe·rett
pop music	*popzene*	*pawp*·ze·ne
rock music	*rockzene*	*rawk*·ze·ne
traditional music	*hagyományos zene*	*ho*·dyaw·maa·nyawsh *ze*·ne
world music	*nemzetközi zene*	*nem*·zet·keu·zi *ze*·ne

Planning to go to a concert? See **tickets**, page 40, and **going out**, page 123.

cinema & theatre

I feel like going to a/an ...	*Szeretnék elmenni ...*	se·ret·nayk el·men·ni ...
ballet	*egy balettra*	ej *bo*·lett·ro
concert	*egy koncertre*	ej *kawn*·tsert·re
dance house	*egy táncházba*	ej *taants*·haaz·bo
film	*megnézni egy filmet*	*meg*·nayz·ni ej *fil*·met
opera	*egy opera-előadásra*	ej *aw*·pe·ro·e·lёй·o·daash·ro
play	*megnézni egy színdarabot*	*meg*·nayz·ni ej *seen*·do·ro·bawt

SOCIAL

112

Did you like the …?	Tetszett …?	tet·sett …
ballet	a balett	o baw·lett
concert	a koncert	o kawn·tsert
dance house	a táncház	o taants·haaz
film	a film	o film
opera	az opera	oz aw·pe·ro
play	a színdarab	o seen·do·rob

What's showing at the cinema/theatre tonight?
Mit játszanak ma este a moziban/színházban? — mit *yaat*·so·nok mo *esh*·te o *maw*·zi·bon/*seen*·haaz·bon

Is it in English?
Angolul beszél? — on·gaw·lul be·sayl

Does it have (English) subtitles?
(Angol) Feliratos? — (on·gawl) fel·i·ro·tawsh

Is it dubbed?
Szinkronizált? — sink·raw·ni·zaalt

Have you seen …?
Láttad …?   laat·tod …

Who's in it?
Ki játszik benne?   ki yaat·sik ben·ne

It stars …
… játssza a főszerepet.   … jaats·so o feū·se·re·pet

Is this seat taken?
Foglalt ez a hely?   fawg·lolt ez o he·y

I (don't) like …	(Nem) Szeretem …	(nem) se·re·tem …
action movies	az akciófilmeket	oz ok·tsi·āw·fil·me·ket
animated films	a rajzfilmeket	o royz·fil·me·ket
comedies	a vígjátékokat	o veeg·yaa·tay·kaw·kot
documentaries	a dokumentum-filmeket	o daw·ku·men·tum·fil·me·ket
drama	a drámákat	o draa·maa·kot
(Hungarian) cinema	a (magyar) filmeket	o (mo·dyor) fil·me·ket
horror movies	a horrorfilmeket	o hawr·rawr·fil·me·ket
sci-fi	a tudományos-fantasztikus filmeket	o tu·daw·maa·nyawsh·fon·tos·ti·kush fil·me·ket
short films	a rövidfilmeket	o reu·vid·fil·me·ket
thrillers	a krimiket	o kri·mi·ket
war movies	a háborús filmeket	o haa·baw·rūsh fil·me·ket

SOCIAL

feelings

érzelmek

Are you …?	… *vagy?* inf	… voj
Are you …?	…? pol	…
happy	*Boldog*	*bawl*·dawg
hungry	*Éhes*	*ay*·hesh
sad	*Szomorú*	*saw*·maw·rū
thirsty	*Szomjas*	*sawm*·yosh
tired	*Fáradt*	*faa*·rott
I'm (not) …	*(Nem) Vagyok …*	(nem) *vo*·dyawk …
happy	*boldog*	*bawl*·dawg
hungry	*éhes*	*ay*·hesh
sad	*szomorú*	*saw*·maw·rū
thirsty	*szomjas*	*sawm*·yosh
tired	*fáradt*	*faa*·rott

Are you cold?
   Fázik/Fázol? pol/inf   *faa*·zik/*faa*·zawl

I'm (not) cold.
   (Nem) Fázom.   (nem) *faa*·zawm

Are you hot?
   Melege/Meleged van? pol/inf   *me*·le·ge/*me*·le·ged von

I'm hot.
   Melegem van.   *me*·le·gem von

I'm not hot.
   Nincs melegem.   ninch *me*·le·gem

mixed emotions

a little	*egy kicsit*	ej *ki*·chit
I'm a little sad.	*Egy kicsit szomorú vagyok.*	ej *ki*·chit saw·maw·rū vo·dyawk
extremely	*rendkívül*	rend·kee·vewl
I'm extremely sorry.	*Rendkívül sajnálom.*	rend·kee·vewl shoy·naa·lawm
not at all	*egyáltalán nem*	ej·aal·to·laan nem
I don't care at all.	*Egyáltalán nem érdekel.*	ej·aal·to·laan nem ayr·de·kel
very	*nagyon*	no·dyawn
I feel very lucky.	*Nagyon szerencsésnek érzem magam.*	no·dyawn se·ren·chaysh·nek ayr·zem mo·gom

Are you in a hurry?
Siet/Sietsz? pol/inf   shi·et/shi·ets

I'm (not) in a hurry.
(Nem) Sietek.   (nem) shi·e·tek

Are you embarrassed?
Zavarban van/vagy? pol/inf   zo·vor·bon von/zo·vor·bon voj

Are you worried?
Aggódik/Aggódsz? pol/inf   og·gāw·dik/og·gāwds

I'm (not) worried.
(Nem) Aggódom.   (nem) og·gāw·dawm

If you're not feeling well, see **health**, page 187.

opinions

vélemények

Did you like it?
Tetszett?   tet·sett

What do you think of it?
Mit gondol/ gondolsz róla? pol/inf   mit gawn·dawl/ gawn·dawls rāw·lo

I think it's …	Szerintem …	se·rin·tem …
I thought it was …	Szerintem … volt.	se·rin·tem … vawlt
awful	szörnyű	seur·nyēw
(very) bad/	(nagyon) rossz/	(no·dyaywn) rawss/
good	jó	yāw
beautiful	szép	sayp
boring	unalmas	u·nol·mosh
challenging	kihívó	ki·hee·vāw
excellent	kitűnő	ki·tēw·nēū
great	nagyszerű	noj·se·rēw
interesting	érdekes	ayr·de·kesh
original	eredeti	e·re·de·ti
OK	OK	aw·kay
strange	furcsa	fur·cho
too expensive	túl drága	tūl draa·go
unclear	nem világos	nem vi·laa·gawsh

For moments when you'd like to express an opinion, see **art**, page 139, **sport**, page 141, and **interests**, page 109.

---

a pure formality

When you speak to someone in Hungarian you have to decide whether you should address them in the 'polite' or 'informal' way. The polite Ön eun form is generally used with strangers, new acquaintances, older people, officials and service personnel. The 'informal' te te form is used with relatives, friends, colleagues, children and sometimes foreigners. In Hungarian not only some personal pronouns (the equivalents of 'you') but also verbs have separate formal and informal forms. In this book we have always chosen the correct form demanded by the situation that the phrase is used in. For phrases where either form might be appropriate we have given both. Look for the symbols pol (polite) and inf (informal) to find out what form the phrase is in.

feelings & opinions

politics & social issues

Politics can be an inflammatory issue in Hungary and Hungarians tend to be passionate about it. Now that the country has many different parties with radically different platforms and images, there's a lot of debate. Politics, as played out on Hungarian television, is not always a pretty sight. The gloves are off, the game is often rough, and so is the language.

Who do you vote for?

Kire szavaz/szavazol? pol/inf   ki·re so·voz/so·vo·zawl

I support the	*Én a … pártot*	ayn o … paar·tawt
… party.	*támogatom.*	taa·maw·go·tawm
I'm a member	*Én a … párt*	ayn o … paart
of the … party.	*tagja vagyok.*	tog·yo vo·dyawk
communist	*kommunista*	kawm·mu·nish·to
conservative	*konzervatív*	kawn·zer·vo·teev
democratic	*demokrata*	de·mawk·ro·to
green	*zöld*	zeuld
liberal	*liberális*	li·be·raa·lish
(progressive)		
social	*szociál-*	saw·tsi·aal
democratic	*demokrata*	de·mawk·ro·to
socialist	*szocialista*	saw·tsi·o·lish·to

I (don't) like talking politics.

(Nem) Szeretek   (nem) se·re·tek
politikáról beszélni.   paw·li·ti·kaa·rāwl be·sayl·ni

I'm (not) interested in politics.

(Nem) Érdekel a politika.   (nem) ayr·de·kel o paw·li·ti·ko

I've had enough of politics.

Elegem van a   e·le·gem von o
politikából.   paw·li·ti·kaa·bāwl

Did you hear about …?

Hallott/Hallottál   hol·lawtt/hol·lawt·taal
a …ról? pol/inf   o …rāwl

Do you agree with it?
   Egyetért/Egyetértesz   e·dyet·ayrt/e·dyet·ayr·tes
   vele? pol/inf   ve·le

I agree with ...
   Egyetértek ...val.   e·dyet·ayr·tek ...·val

I don't agree with ...
   Nem értek egyet ...val.   nem ayr·tek e·dyet ...·val

How do people feel about ...?
   Hogyan éreznek az   haw·dyon ay·rez·nek oz
   emberek a ...val   em·be·reko ...·val
   kapcsolatban?   kop·chaw·lot·bon

How can we protest against ...?
   Hogyan tiltakozhatunk   haw·dyon til·to·kawz·ho·tunk
   ... ellen?   ... el·len

How can we support ...?
   Hogyan   haw·dyon
   támogathatjuk ...?   taa·maw·got·hot·yuk ...

feelings & opinions

In my country we're concerned about …

Minket otthon …   min·ket *awtt·hawn* …
foglalkoztat/   fawg·lol·kawz·tot/
foglalkoztatnak. sg/pl   fawg·lol·kawz·tot·nok

abortion	*az abortusz* sg	oz *o*·bawr·tus
animal rights	*az állatok jogai* pl	oz *aal*·lo·tawk *yaw*·go·i
corruption	*a korrupció* sg	o *kawr*·rup·tsi·āw
crime	*a bűnözés* sg	o *bēw*·neu·zaysh
discrimination	*a megkülön-*	o *meg*·kew·leun·
	böztetés sg	beuz·te·taysh
drugs	*a kábítószerek* pl	o *kaa*·bee·tāw·se·rek
the economy	*a gazdaság* sg	o *goz*·do·shaag
education	*az oktatás* sg	oz *awk*·to·taash
the environment	*a környezet* sg	o *keur*·nye·zet
equal	*az egyenlő*	oz *e*·dyen·lēū
opportunity	*esélyek* pl	*e*·shay·yek
the European	*az Európai*	oz *e*·u·rāw·po·i
Union	*Unió* sg	*u*·ni·āw
euthanasia	*az eutanázia* sg	oz *e*·u·to·naa·zi·o
globalisation	*a globalizáció* sg	o *glaw*·bo·li·zaa·tsi·āw
the government	*a kormány* sg	o *kawr*·maan'
high taxes	*a magas adók* pl	o *mo*·gosh o·dāwk
human rights	*az emberi jogok* pl	oz *em*·be·ri *yaw*·gawk
immigration	*a bevándorlás* sg	o *be*·vaan·dawr·laash
inequality	*az egyenlőtlenség* sg	oz *e*·dyen·lēūt·len·shayg
party politics	*a pártpolitika* sg	o *paart*·paw·li·ti·ko
poverty	*a szegénység* sg	o *se*·gayn'·shayg
privatisation	*a privatizáció* sg	o *pri*·vo·ti·zaa·tsi·āw
racism	*a fajgyűlölet* sg	o *foy*·dyēw·leu·let
the rights of	*a határon túli*	o *ho*·taa·rawn tū·li
Hungarians	*magyarok*	*mo*·dyo·rawk
living across	*jogai* pl	*yaw*·go·i
the borders		
Roma issues	*a cigánykérdés* sg	o *tsi*·gaan'·kayr·daysh
sexism	*a nemi*	o *ne*·mi
	előítéletek pl	*e*·lēū·ee·tay·le·tek
social welfare	*a közjólét* sg	o *keuz*·yāw·layt
terrorism	*a terrorizmus* sg	o *ter*·raw·riz·mush
unemployment	*a munkanélküliség* sg	o *mun*·ko·nayl·kew·li·shayg

the environment

Is this a protected ...?	Ez egy védett ...?	ez ej vay·dett ...
forest	erdő	er·dēū
park	park	pork
species	faj	foy

Is there a ... problem here?
Van itt probléma ...?   von itt *prawb*·lay·mo ...

What should be done about ...?
Mit kellene tenni ...   mit *kel*·le·ne *ten*·ni ...
kapcsolatban?   *kop*·chaw·lot·bon

how's it going?

If you want to describe 'how' something is done, you need to use an 'adverb of manner'. This is created by adding an ending to the appropriate adjective. As there are a large number to choose from, you might find this list quite useful:

bad	rossz	rawss
badly	rosszul	raws·sul
beautiful	szép	sayp
beautifully	szépen	say·pen
quick	gyors	dyawrsh
quickly	gyorsan	dyawr·shon
difficult	nehéz	ne·hayz
with difficulty	nehezen	ne·he·zen
easy	könnyű	keun'·nyēw
easily	könnyen	keun'·nyen
good	jó	yāw
well	jól	yāwl
slow	lassú	losh·shū
slowly	lassan	losh·shon

feelings & opinions

121

air pollution	a levegő-szennyezéssel	o le·ve·gēū·sen·nye·zaysh·shel
conservation	a természet-védelemmel	o ter·may·set·vay·de·lem·mel
deforestation	az erdőirtással	oz er·dēū·ir·taash·shol
drought	a szárazsággal	o saa·roz·shaag·gol
ecosystem	az ökoszisztémával	oz eu·kaw·sis·tay·maa·vol
endangered species	a veszélyeztetett fajokkal	o ve·say·yez·te·tett fo·yawk·kol
floods	az árvizekkel	oz aar·vi·zek·kel
genetically modified food	a genetikailag módosított élelmiszerekkel	o ge·ne·ti·ko·i·log mäw·daw·shee·tawtt ay·lel·mi·se·rek·kel
global warming	a globális felmelegedéssel	o glaw·baa·lish fel·me·le·ge·daysh·shel
hunting	a vadászattal	o vo·daa·sot·tol
hydro-electricity	a hidro-elektromossággal	o hid·raw·e·lekt·raw·mawsh·shaag·gol
irrigation	az öntözéssel	oz eun·teu·zaysh·shel
nuclear energy	az atomenergiával	oz o·tawm·e·ner·gi·aa·vol
nuclear testing	az atom-kísérletekkel	oz o·tawm·kee·shayr·le·tek·kel
ozone layer	az ózonréteggel	oz âw·zawn·ray·teg·gel
pesticides	a rovarirtó szerekkel	o raw·vor·ir·tāw se·rek·kel
pollution	a környezet-szennyezéssel	o keur·nye·zet·sen'·nye·zaysh·shel
recycling programme	az újra feldolgozási programmal	oz ūy·ro fel·dawl·gaw·zaa·shi prawg·rom·mol
toxic waste	a toxikus hulladékokkal	o tawk·si·kush hul·lo·day·kawk·kol
water supply	a vízellátással	o veez·el·laa·taash·shol

In this chapter, phrases are in the informal *te* te form only. If you're not sure what this means, see the box in **feelings & opinions**, page 117.

where to go

hová menjünk

What's there to do in the evenings?
Mit lehet csinálni   mit *le*·het *chi*·naal·ni
esténként?   esh·tayn·kaynt

Where can I find …?	*Hol találok …?*	hawl *to*·laa·lawk …
clubs	*klubokat*	*klu*·baw·kot
gay venues	*meleg szórakozó-helyeket*	*me*·leg *sāw*·ro·kaw·zāw·he·ye·ket
places to eat	*egy helyet,*	ej *he*·yet
	ahol enni lehet	o·hawl *en*·ni *le*·het
pubs	*pubokat*	*po*·baw·kot

Is there a local … guide?	*Van itt helyi …?*	von itt *he*·yi …
entertainment	*programkalauz*	*prawg*·rom·ko·lo·uz
film	*moziműsor*	*maw*·zi·mēw·shawr
gay	*információs füzet melegek számára*	*in*·fawr·maa·tsi·āwsh *few*·zet *me*·le·gek *saa*·maa·ro
music	*zenei kalauz*	*ze*·ne·i *ko*·lo·uz

As you make your way into Hungary's rich cultural life, don't forget to check out some traditional entertainment. A *tánchǎz* taants·haaz (dance house) is the perfect place for Hungarian folk music and dancing, and is a great way to meet some locals. To entertain your inner child, check out some *cirkusz* tsir·kus (circus performances) or even a bit of *bábszínházba* baab·seen·haaz·bo (puppet theatre).

What's on …?	Mi a program …?	mi o *prawg*·rom …
locally	helyben	*he*·y·ben
this	ezen a	*e*·zen o
weekend	hétvégén	*hayt*·vay·gayn
today	ma	mo
tonight	ma este	mo *esh*·te
I feel like going to a/an …	Szeretnék elmenni egy …	se·ret·nayk *el*·men·ni ej …
ballet	balettra	bo·lett·ro
bar	bárba	baar·bo
café	kávéházba	kaa·vay·haaz·bo
circus	cirkuszba	tsir·kus·bo
concert	koncertre	kawn·tsert·re
dance house	tánczházba	taants·haaz·bo
film	moziba	maw·zi·bo
karaoke bar	karaoke bárba	ko·ro·aw·ke baar·bo
nightclub	éjszakai szórakozóhelyre	ay·so·ko·i sāw·ro·kaw·zāw·he·y·re
opera	operaelőadásra	aw·pe·ro·e·lēū·o·daash·ro
party	partira	por·ti·ro
performance	előadásra	e·lēū·o·daash·ro
play	színházba	seen·haaz·bo
pub	pubba	pob·bo
puppet show	bábszínházba	baab·seen·haaz·bo
restaurant	étterembe	ayt·te·rem·be

For more on eateries, bars and drinks, see **eating out**, page 157.

invitations

What are you doing …?	Mit csinálsz …?	mit *chi*·naals …
now	most	mawsht
this weekend	ezen a hétvégén	e·zen o *hayt*·vay·gayn
tonight	ma este	mo *esh*·te

Would you like to go (for a) …?	Szeretnél elmenni …?	se·ret·nayl el·men·ni …
I feel like going (for a) …	Szeretnék elmenni …	se·ret·nayk el·men·ni …
coffee	meginni egy kávét	*meg*·in·ni ej *kaa*·vayt
dancing	táncolni	*taan*·tsawl·ni
drink	inni valamit	*in*·ni vo·lo·mit
meal	enni valamit	*en*·ni vo·lo·mit
out somewhere	valahová	vo·lo·haw·vaa
walk	sétálni	*shay*·taal·ni

going by the figures

When you look for addresses in Budapest, you'll see that many of them start with a roman numeral, eg *V Ferenciek tere 5*. This numeral indicates the district. If you see a four-digit post code in the address, look at the second or third number to find out which district you want.

My round.
Ezt én fizetem.   ezt ayn *fi*·ze·tem

Do you know a good restaurant?
Ismersz egy jó éttermet?   *ish*·mers ej yāw *ayt*·ter·met

Would you come to the concert with me?
Eljönnél velem   *el*·yeun·nayl *ve*·lem
a koncertre?   o *kawn*·tsert·re

We're having a party.
Parti van nálunk.   *por*·ti von *naa*·lunk

Come!
Gyere el!   *dye*·re el

responding to invitations

Sure!
Persze!   *per*·se

Yes, I'd love to.
Igen, szeretnék.   *i*·gen se·ret·nayk

Where shall we go?
Hova menjünk?   *haw*·vo *men*·yewnk

No, I'm afraid I can't.
Nem, attól tartok, nem   nem *ot*·tāwl *tor*·tawk nem
tudok.   *tu*·dawk

Sorry, I can't sing/dance.
Sajnos nem tudok   *sho*·y·nawsh nem *tu*·dawk
énekelni/táncolni.   *ay*·ne·kel·ni/*taan*·tsawl·ni

How about tomorrow?
Lehetne holnap?   *le*·het·ne *hawl*·nop

There are two Hungarian words for the Romany people –
cigány tsi·gaan' (gypsy) and *roma* raw·mo (Roma). In this
phrasebook we have chosen to use 'Roma' instead of the
pejorative term 'gypsy'. Although the rights of the Roma
were inscribed in the 1989 constitution, you may be sur-
prised by the high levels of racism expressed by many
Hungarians.

arranging to meet

találkozó megbeszélése

What time will we meet?
Mikor találkozunk?   mi·kawr to·laal·kaw·zunk

Where will we meet?
Hol találkozunk?   hawl to·laal·kaw·zunk

Let's meet at ...   *Találkozzunk ...*   to·laal·kawz·zunk ...
  (eight) o'clock   *(nyolc) órakor*   (nyawlts) āw·ro·kawr
  the (entrance)   *a (bejárat)nál*   o (be·yaa·rot)·naal

I'll pick you up.
Elmegyek érted.   el·me·dyek ayr·ted

Are you ready?
Készen vagy?   kay·sen voj

I'm ready.
Készen vagyok.   kay·sen vo·dyawk

I'll be coming later.
Én később jövök.   ayn kay·shēūbb yeu·veuk

Where will you be?
Hol leszel?   hawl le·sel

If I'm not there by (nine), don't wait for me.
Ha nem vagyok ott   ho nem vo·dyawk awtt
(kilenc)ig, ne várj rám.   (ki·lents)·ig ne vaar·y raam

OK!
OK!   *aw·*kay

I'll see you then.
Ott találkozunk.   awtt *to·*laal·kaw·zunk

See you later.
Viszontlátásra.   *vi·*sawnt·laa·taash·ro

See you tomorrow.
A holnapi viszontlátásra.   o *hawl·*no·pi *vi·*sawnt·laa·taash·ro

I'm looking forward to it.
Előre örülök neki.   e·*lēū·*re *eu·*rew·leuk *ne·*ki

Sorry I'm late.
Sajnálom, hogy elkéstem.   *sho·*y·naa·lawm hawj *el·*kaysh·tem

Never mind.
Nem baj.   nem *bo·*y

For other times, see **time & dates**, page 33.

drugs

kábítószerek

I don't take drugs.
Én nem szedek kábítószert.   ayn nem *se·*dek *kaa·*bee·tāw·sert

I take ... occasionally.
Alkalomadtán ... szedek.   *ol·*ko·lawm·od·taan ... *se·*dek

Do you want to have a smoke?
Akarsz egyet szívni?   *o·*kors e·dyet *seev·*ni

Do you have a light?
Van tüzed?   von *tew·*zed

For other drugs, see the **dictionary**.

In this chapter, phrases are in the informal *te* te form only. If you're not sure what this means, see the box in **feelings & opinions**, page 117.

asking someone out

Where would you like to go (tonight)?
Hova szeretnél   *haw*·vo *se*·ret·nayl
menni (ma este)?   *men*·ni (mo *esh*·te)

Would you like to do something (tomorrow)?
Szeretnél valamit   *se*·ret·nayl *vo*·lo·mit
csinálni (holnap)?   *chi*·naal·ni (*hawl*·nop)

Yes, I'd love to.
Igen, szeretnék.   *i*·gen *se*·ret·nayk

Sorry, I can't.
Sajnos nem tudok.   *sho*·y·nawsh nem *tu*·dawk

pick-up lines

Do you know what you're missing? Me!
Tudod, mi hiányzik   *tu*·dawd mi *hi*·aa·ny·zik
mellőled?   *mel*·lēū·led
Én!   ayn

I fancy you.
Rád vagyok kattanva.   raad *vo*·dyawk *kot*·ton·vo

Can I invite you for a drink?
Meghívhatlak egy italra?   *meg*·heev·hot·lok ej *i*·tol·ro

You're good-looking.
Csinos vagy.　　　　chi·nawsh voj

You have beautiful eyes.
Szép a szemed.　　　　sayp o se·med

You look like someone I know.
Emlékeztetsz valakire, akit　　em·lay·kez·tets vo·lo·ki·re o·kit
ismerek.　　　　ish·me·rek

You're a fantastic dancer.
Fantasztikusan táncolsz.　　fon·tos·ti·ku·shon taan·tsawls

Shall we dance?
Táncolunk egyet?　　　　taan·tsaw·lunk e·dyet

local talk

He/She is a babe.
Jó pasi/nő.　　　　yāw po·shi/nēū

He/She is a good-looking guy/girl.
Helyes csaj/srác.　　　he·yesh cho·y/shraats

He/She is hot.
Szexi.　　　　sek·si

He/She gets around.
Jól ismerik.　　　yāwl ish·me·rik

He/She is ugly.
Csúnya.　　　　chū·nyo

I like him/her.
Rá vagyok zizzenve.　　raa vo·dyawk ziz·zen·ve

Can I …?

dance with you	*Táncolhatok veled?*	*taan·tsawl·ho·tawk ve·led*
give you a lift home	*Hazavihetlek?*	*ho·zo·vi·het·lek*
sit here	*Ideülhetek?*	*i·de·ewl·he·tek*
walk you home	*Hazakísérhetlek?*	*ho·zo·kee·shayr·het·lek*

rejections

No, thank you.
Köszönöm, nem.   keu·seu·neum nem

I'd rather not.
Inkább nem.   in·kaabb nem

I'm here with my girlfriend/boyfriend.
*A barátnőmmel/
barátommal vagyok
itt.*   o bo·raat·nēūm·mel/
bo·raa·tawm·mol vo·dyawk
itt

Excuse me, I have to go now.
Bocsánat, mennem kell.   baw·chaa·not men·nem kell

I don't have the time now.
Most nem érek rá.   mawsht nem ay·rek raa

Maybe another time.
Talán máskor.   to·laan maash·kawr

Go away!
Menj innen!   men·y in·nen

Go to hell!
Menj a fenébe!   men·y o fe·nay·be

Leave me alone!
Hagyj békén!   hoj·y ay·kayn

romance

131

getting closer

I like you very much.
  Nagyon kedvellek.   *no*·dyawn *ked*·vel·lek

You're great.
  Fantasztikus vagy.   *fon*·tos·ti·kush voj

You're wonderful.
  Csodálatos vagy.   *chaw*·daa·lo·tawsh voj

Can I hold your hand?
  Megfoghatom a kezed?   *meg*·fawg·ho·tawm o *ke*·zed

Can I kiss you?
  Megcsókolhatlak?   *meg*·chāw·kawl·hot·lok

Do you want to come inside for a while?
  Nem akarsz bejönni   nem o·kors *be*·yeun·ni
  egy kicsit?   ej *ki*·chit

Do you want a massage?
  Akarod, hogy   *o*·ko·rawd hawj
  megmasszírozzalak?   *meg*·mos·see·rawz·zo·lok

Can I stay over?
  Itt maradhatok   itt *mo*·rod·ho·tawk
  éjszakára?   *ay*·so·kaa·ro

---

don't get too excited

No, these words are not quirky sexual invitations, so don't think you've got lucky if someone says them to you. *Ifjúság* *if*·ūy·shaag, pronounced rather like 'if-you-shag', actually means 'young people', and *mi újság* mi *ūy*·shaag, which sounds a bit like the caveman's invitation 'me-you-shag', is really 'What's up?'.

sex

Kiss me.
Csókolj meg! — chāw·kawl·y meg

I want you.
Akarlak. — o·kor·lok

Let's go to bed.
Feküdjünk le! — fe·kewd·yewnk le

Touch me here.
Tedd ide a kezed! — tedd i·de o ke·zed

Do you like this?
Jó neked így? — yāw ne·ked eej

I (don't) like that.
Ezt (nem) szeretem. — ezt (nem) se·re·tem

Don't!
Ne! — ne

I think we should stop now.
Azt hiszem, itt abba kellene hagynunk. — ozt hi·sem itt ob·bo kel·le·ne hoj·nunk

Do you have a condom?
Van óvszered? — von āwv·se·red

Let's use a condom.
Használjunk óvszert! — hos·naal·yunk āwv·sert

I won't do it without protection.
Nem csinálom védekezés nélkül. — nem chi·naa·lawm vay·de·ke·zaysh nayl·kewl

It's my first time.
Nekem ez az első. — ne·kem ez oz el·shēū

It helps to have a sense of humour.
Jó, ha van az embernek humorérzéke. — yāw ho von oz em·ber·nek hu·mawr·ayr·zay·ke

romance

133

Oh my god!	Úristen!	ūr·ish·ten
That's great.	Ez nagyon jó.	ez no·dyawn yāw
Easy tiger!	Csak lassan!	chok losh·shon

That was …	Ez … volt.	ez … vawlt
amazing	csodálatos	chaw·daa·lo·tawsh
romantic	romantikus	raw·mon·ti·kush
wild	vad	vod

love

Will you …?	Akarsz …?	o·kors …
go out with me	járni velem	yaar·ni ve·lem
meet my	talákozni a	to·laal·kawz·ni o
parents	szüleimmel	sew·le·im·mel

I think we're good together.
Azt hiszem, jól összeillünk.   ozt hi·sem yāwl eus·se·il·lewnk

I love you.
Szeretlek.   se·ret·lek

Will you marry me? (asking a man)
Elveszel feleségül?   el·ve·sel fe·le·shay·gewl

Will you marry me? (asking a woman)
Akarsz a feleségem lenni?   o·kors o fe·le·shay·gem len·ni

The word for friend *barát/barátnő* m/f bo·raat/bo·raat·nēū is also the word for 'partner'. Only context and body language will tell you which meaning is intended. Some people use the term *párom* paa·rawm (lit: couple-my) for partner but this sounds a bit soppy and old-fashioned. If you're in a schmoopy mood, try using some of these endearments:

my darling	*drágám*	draa·gaam
my dear	*kedvesem*	ked·ve·shem
my heart	*szívem*	see·vem
my only one	*egyetlenem*	e·dyet·le·nem
my star	*csillagom*	chil·lo·gawm

problems

problémák

I don't think it's working out.
Azt hiszem, ez nem megy.   ozt *hi*·sem ez nem mej

I've had enough of you.
Elegem van belőled.   e·le·gem von be·lēū·led

Let's stop seeing each other.
Ne találkozzunk többet.   ne to·laal·kawz·zunk *teub*·bet

Are you seeing someone else?
Valaki mással jársz?   vo·lo·ki *maash*·shol yaars

He's just a friend.
Ő csak egy barátom.   ēū chok ej bo·raa·tawm

She's just a friend.
Ő csak egy barátnőm.   ēū chok ej bo·raat·nēūm

We're just friends.
Csak barátok vagyunk.   chok bo·raa·tawk *vo*·dyunk

I never want to see you again.
Soha többé nem   shaw·ho *teub*·bay nem
akarlak látni.   o·kor·lok *laat*·ni

romance

135

We'll work it out.
Majd kitalálunk valamit.   moyd ki·to·laa·lunk vo·lo·mit

leaving

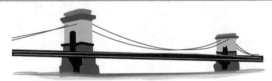

távozás

I don't want to leave you.
Nem akarlak elhagyni.   nem o·kor·lok el·hoj·ni

I have to leave (tomorrow).
(Holnap) el kell utaznom.   (hawl·nop) el kell u·toz·nawm

It hurts me very much that I have to leave.
Nagyon fáj, hogy el kell   no·dyawn faa·y hawj el kell
mennem.   men·nem

I'll ...

keep in touch	*Keresni foglak.*	ke·resh·ni fawg·lok
miss you	*Hiányozni fogsz.*	hi·aa·nyawz·ni fawgs
visit you	*Meg foglak*	meg fawg·lok
	látogatni.	laa·taw·got·ni
write to you	*Írni fogok neked.*	eer·ni faw·gawk ne·ked

say it with flowers

If you're wooing your beloved with flowers, remember that only red roses are suitable for floral romancing (not white or yellow). Carnations are only suitable for a funeral, as are bunches with an odd number of flowers in them.

SOCIAL

136

religion

vallás

What's your religion?
Ön milyen vallású? pol   eun *mi*·yen *vol*·laa·shū
Te milyen vallású vagy? inf   te *mi*·yen *vol*·laa·shū voj

I'm not religious.
Nem vagyok vallásos.   nem *vo*·dyawk *vol*·laa·shawsh

I'm ...	*Én ... vagyok.*	ayn ... *vo*·dyawk
agnostic	*agnosztikus*	*o*·gnaws·ti·kush
Buddhist	*buddhista*	*budd*·hish·to
Calvinist	*református*	*re*·fawr·maa·tush
Catholic	*katolikus*	*ko*·taw·li·kush
Christian	*keresztény*	*ke*·res·tayn'
Hindu	*hinduista*	*hin*·du·ish·to
Jewish	*zsidó*	*zhi*·dāw
Lutheran	*evangélikus*	*e*·von·gay·li·kush
Muslim	*muszlim*	*mus*·lim
Orthodox	*ortodox*	*awr*·taw·dawks
Protestant	*protestáns*	*praw*·tesh·taansh

I (don't) **believe in ...**	*(Nem) Hiszek ...*	(nem) *hi*·sek ...
astrology	*az asztrológiában*	oz *ost*·raw·lāw·gi·aa·bon
fate	*a végzetben*	o *vayg*·zet·ben
fortune-telling	*a jóslásban*	o *yāwsh*·laash·bon
God	*istenben*	*ish*·ten·ben

Where can I ...?	Hol ...?	hawl ...
attend	hallgathatok	holl·got·ho·tawk
mass	misét	mi·shayt
attend	vehetek részt	ve·he·tek rayst
a service	istentiszteleten	ish·ten·tis·te·le·ten
pray/worship	imádkozhatok	i·maad·kawz·ho·tawk

cultural differences

Is this a local custom?
Ez egy helyi vagy nemzeti szokás?
ez ej he·yi voj nem·ze·ti saw·kaash

Is this a Roma custom?
Ez egy roma szokás?
ez ej raw·mo saw·kaash

I don't want to offend you.
Nem akarom megsérteni.
nem o·ko·rawm meg·shayr·te·ni

I'd rather not join in.
Én inkább nem vennék részt ebben.
ayn in·kaabb nem ven·nayk rayst eb·ben

I'll try it.
Megpróbálom.
meg·praw·baa·lawm

I didn't mean to do/say anything wrong.
Nem akartam semmi rosszat csinálni/mondani.
nem o·kor·tom shem·mi raws·sot chi·naal·ni/mawn·do·ni

I'm sorry, it's against my ...	Sajnálom, ez ... ellen van.	shoy·naa·lawm ez ... el·len von
beliefs	a meggyőződésem	o meg·dyēū·zēū·day·shem
principles	az elveim	oz el·ve·im
religion	a vallásom	o vol·laa·shawm

This is ...	Ez ...	ez ...
fun	jó mulatság	yāw mu·lot·shaag
interesting	érdekes	ayr·de·kesh
new to me	új nekem	ūy ne·kem

When's the gallery/museum open?

Mikor van nyitva a	*mi·kawr von nyit·vo o*
galéria/múzeum?	*go·lay·ri·o/mü·ze·um*

What kind of art are you interested in?

Milyen művészet	*mi·yen mēw·vay·set*
érdekli/érdekel? pol/inf	*ayr·dek·li/ayr·de·kel*

What's in the collection?

Mit tartalmaz	*mit tor·tol·moz*
a gyűjtemény?	*o dyēw·y·te·mayn'*

What do you think of (Pál Szinyei Merse)?

Mit gondol/gondolsz	*mit gawn·dawl/gawn·dawls*
(Szinyei Merse Pál)ról? pol/inf	*(sin·nye·i mer·she paal)·rāwl*

It's an exhibition of ...

Ez egy ... kiállítás.	*ez ej ... ki·aal·lee·taash*

I'm interested in ...

Érdekel ...	*ayr·de·kel ...*

I like the works of ...

Szeretem ... munkáit.	*se·re·tem ... mun·kaa·it*

It reminds me of ...

...ra emlékeztet.	*...ro em·lay·kez·tet*

artwork	*műalkotás*	*mēw·ol·kaw·taash*
design	*terv*	*terv*
drawing	*rajz*	*royz*
etching	*rézkarc*	*rayz·korts*
exhibit	*kiállítási tárgy*	*ki·aal·lee·taa·shi taarj*
folk architecture	*népi építészet*	*nay·pi ay·pee·tay·set*

folk art	*népművészet*	*nayp·mēw·vay·set*
graphic art	*grafika*	*gro·fi·ko*
installation	*megrendezés*	*meg·ren·de·zaysh*
opening	*megnyitó*	*meg·nyi·tāw*
painter	*festő*	*fesh·tēū*
painting (canvas)	*festmény*	*fesht·mayn'*
painting (the art)	*festészet*	*fesh·tay·set*
permanent	*állandó*	*aal·lon·dāw*
collection	*gyűjtemény*	*dyēw·y·te·mayn'*
print	*nyomat*	*nyaw·mot*
sculptor	*szobrász*	*sawb·raas*
sculpture	*szobrászat*	*sawb·raa·sot*
statue	*szobor*	*saw·bawr*
studio	*műterem*	*mēw·te·rem*
style	*stílus*	*shtee·lush*
technique	*technika*	*teh·ni·ko*

... art/architecture	... *művészet/*	... *mēw·vay·set/*
	építészet	*ay·pee·tay·set*
Art Nouveau	*szecessziós*	*se·tses·si·āwsh*
Baroque	*barokk*	*bo·rawkk*
Classicist	*klasszicista*	*klos·si·tsish·to*
Gothic	*gótikus*	*gāw·ti·kush*
Hungarian	*magyar*	*mo·dyor*
Hungarian	*magyar*	*mo·dyor*
Secessionist	*szecesszionista*	*se·tses·si·aw·nish·to*
impressionist	*impresszionista*	*imp·res·si·aw·nish·to*
modern	*modern*	*maw·dern*
Realist	*realista*	*re·o·lish·to*
Romanesque	*román*	*raw·maan*
	stílusú	*shtee·lu·shū*
Romantic	*romantikus*	*raw·mon·ti·kush*
Eclectic	*eklektikus*	*ek·lek·ti·kush*
Renaissance	*reneszánsz*	*re·ne·saans*
Socialist	*szocialista*	*saw·tsi·o·lish·to*
Realist	*realista*	*re·o·lish·to*

In this chapter, phrases are in the informal *te* te form only. If you're not sure what this means, see the box in **feelings & opinions**, page 117.

sporting interests

sport iránti érdeklődés

What sport do you play?
Mit sportolsz? mit *shpawr*·tawls

What sport do you follow?
Milyen sport érdekel? *mi*·yen shpawrt *ayr*·de·kel

I play/do ...	*Én ...*	ayn ...
athletics	*atlétizálok*	ot·lay·ti·zaa·lawk
basketball	*kosárlabdázom*	kaw·shaar·lob·daa·zawm
football (soccer)	*futballozom*	fut·bol·law·zawm
hunting	*vadászom*	vo·daa·sawm
karate	*karatézom*	ko·ro·tay·zawm
kayaking	*kajakozom*	ko·yo·kaw·zawm
tennis	*teniszezem*	te·ni·se·zem
volleyball	*röplabdázom*	reup·lob·daa·zawm
water polo	*vízilabdázom*	vee·zi·lob·daa·zawm
windsurfing	*szörfözöm*	seur·feu·zeum
I follow ...	*Érdekel ...*	ayr·de·kel ...
athletics	*az atlétika*	oz ot·lay·ti·ko
basketball	*a kosárlabda*	o kaw·shaar·lob·do
football (soccer)	*a futball*	o fut·boll
tennis	*a tenisz*	o te·nis

I like ...	Szeretek ...	se·re·tek ...
badminton	tollaslabdázni	tawl·losh·lob·daaz·ni
fishing	horgászni	hawr·gaas·ni
hiking	kirándulni	ki·raan·dul·ni
swimming	úszni	üs·ni
table tennis	pingpongozni	ping·pawn·gawz·ni

I ...	Én ...	ayn ...
cycle	biciklizem	bi·tsik·li·zem
run	futok	fu·tawk
walk	sétálok	shay·taa·lawk

Who's your favourite ...?	Ki a kedvenc ...?	ki o ked·vents ...
sportsperson	sportolód	shpawr·taw·lāwd
team	csapatod	cho·po·tod

Do you like (football)?
Szereted (a futball)t?   se·re·ted (o fut·boll)t

Yes, very much.
Igen, nagyon.   i·gen no·dyawn

Not really.
Nem igazán.   nem i·go·zaan

I like watching it.
Szeretem nézni.   se·re·tem nayz·ni

For more sports, see the **dictionary**.

going to a game

elmenni egy mérkőzésre

Would you like to go to a game?
Szeretnél elmenni egy   se·ret·nayl el·men·ni ej
mérkőzésre?   mayr·kēü·zaysh·re

Who are you supporting?
Kinek szurkolsz?   ki·nek sur·kawls

What's the score?	*Mi az állás?*	mi oz *aal*·laash
draw/even	*döntetlen*	*deun*·tet·len
love/zero	*nulla*	*nul*·lo
match-point	*Már csak egy pont kell a győzelemhez.*	maar chok ej pawnt kell o *dyēū*·ze·lem·hez

Who's ...?	*Ki ...?*	ki ...
playing	*játszik*	*yaat*·sik
winning	*nyer*	nyer

That was a ... game!	*Ez ... játék volt.*	ez ... *yaa*·tayk vawlt
bad	*pocsék*	*paw*·chayk
boring	*unalmas*	*u*·nol·mosh
great	*nagyszerű*	*noj*·se·rēw

playing sport

sportolás

Do you want to play?
Akarsz játszani?
o·kors *yaat*·so·ni

Can I join in?
Beszállhatok?
be·saall·ho·tawk

That would be great.
Az nagyon jó lenne.
oz no·dyawn yāw *len*·ne

I can't.
Nem tudok.
nem *tu*·dawk

I have an injury.
Megsérültem.
meg·shay·rewl·tem

Can I take lessons?
Lehet leckéket venni?
le·het *lets*·kay·ket *ven*·ni

Your/My point.
Egy pont oda/ide.
ej pawnt *aw*·do/*i*·de

Kick/Pass it to me!
Add ide nekem!
odd *i*·de *ne*·kem

What a …!	Micsoda …!	mi·chaw·do …
goal	gól	gāwl
hit	ütés	ew·taysh
kick	rúgás	rü·gaash
pass	átadás	aat·o·daash
performance	teljesítmény	tel·ye·sheet·mayn'

You're a good player.
Jól játszol.　　　　　　yāwl yaat·sawl

Thanks for the game.
Köszönöm a játékot.　keu·seu·neum o yaa·tay·kawt

Where's a good place to …?	Hol lehet jól …?	hawl le·het yāwl …
fish	horgászni	hawr·gaas·ni
go horse riding	lovagolni	law·vo·gawl·ni
run	futni	fut·ni
ski	síelni	shee·el·ni

Where's the nearest …?	Hol van a legközelebbi …?	hawl von o leg·keu·ze·leb·bi …
golf course	golfpálya	gawlf·paa·yo
gym	sportterem	shpawrt·te·rem
swimming pool	uszoda	u·saw·do
tennis court	teniszpálya	te·nis·paa·yo
thermal bath	termálfürdő	ter·maal·fewr·dēū

Do I have to be a member to attend?
Tagnak kell lenni ahhoz,　tog·nok kell len·ni oh·hawz
hogy az ember　　　　　　hawj oz em·ber
bemehessen?　　　　　　be·me·hesh·shen

Is there a women-only session?
Van csak nők számára　　von chok nēūk saa·maa·ro
fenntartott foglalkozás?　fenn·tor·tawtt fawg·lol·kaw·zaash

Where are the changing rooms?
Hol vannak az öltözők?　hawl von·nok oz eul·teu·zēūk

What's the	Mennyibe kerül	men'·nyi·be ke·rewl
charge per ...?	egy ...?	ej ...
day	nap	nop
game	játszma	yaats·mo
hour	óra	āw·ro
visit	látogatás	laa·taw·go·taash

Can I hire a ...?	Lehet ... bérelni?	le·het ... bay·rel·ni
ball	labdát	lob·daat
bicycle	biciklit	bi·tsik·lit
court	pályát	paa·yaat
racquet	ütőt	ew·tēūt

extreme sports

extrém sportok

I'd like to	Szeretnék	se·ret·nayk
go ...	elmenni ...	el·men·ni ...
abseiling	egy sziklához	ej sik·laa·hawz
	és kötélen	aysh keu·tay·len
	leereszkedni	le·e·res·ked·ni
bungee jumping	kötélugrani	keu·tayl·ug·ro·ni
caving	barlangászni	bor·lon·gaas·ni
game fishing	sporthorgászni	shpawrt·hawr·gaas·ni
hang-gliding	sárkányrepülni	shaar·kaan'·re·pewl·ni
mountain biking	hegyibiciklizni	he·dyi·bi·tsik·liz·ni
parasailing	ejtőernyő-vitorlázni	ey·tēū·er·nyēū·vi·tawr·laaz·ni
rock climbing	sziklát mászni	sik·laat maas·ni
skydiving	zuhanó ejtőernyőzni	zu·ho·nāw ey·tēū·er·nyēūz·ni
snow-boarding	hódeszkázni	hāw·des·kaaz·ni
white-water rafting	vadvízi evezésre	vod·vee·zi e·ve·zaysh·re

Is the equipment secure?
*Biztonságos a
felszerelés?*

*biz·tawn·shaa·gawsh o
fel·se·re·laysh*

Is this safe?
Ez biztonságos?

ez biz·tawn·shaa·gawsh

fishing

Where are the good spots?
Hol vannak a jó helyek?

hawl von·nok o yāw he·yek

Do I need a fishing permit?
*Kell, hogy legyen
horgászengedélyem?*

*kell hawj le·dyen
hawr·gaas·en·ge·day·yem*

Do you do fishing tours?
*Önök szerveznek
horgásztúrákat?*

*eu·neuk ser·vez·nek
hawr·gaas·tū·raa·kot*

What's the best bait?
Mi a legjobb csali?

mi o leg·yawbb cho·li

Are they biting?
Harapnak a halak?

ho·rop·nok o ho·lok

What kind of fish are you landing?
Milyen halat fogtál?

mi·yen ho·lot fawg·taal

How much does it weigh?
Mennyi a súlya?

men'·nyi o shū·yo

bait	csali	cho·li
burley	beetetőcsali	be·e·te·tēū·cho·li
flare	villantó	vil·lon·tāw
float	úszó	ū·sāw
hook/hooks	horog/horgok	haw·rawg/hawr·gawk
life jacket	mentőmellény	men·tēū·mel·layn'
(fishing) line	(horgász)zsinór	(hawr·gaas·)zhi·nāwr
lures	műcsali	mēw·cho·li
(fishing) rod	(horgász)bot	(hawr·gaas·)bawt
sinkers	ólom	āw·lawm

horse riding

Can you recommend a riding school?
Tudsz ajánlani egy   tuds o·yaan·lo·ni ej
lovaglóiskolát?   law·vog·lāw·ish·kaw·laat

How much is a (one)-hour ride?
Mennyibe kerül egy   men'·nyi·be ke·rewl ej
(egy)órás lovaglás?   (ej)·āw·raash law·vog·laash

How much is a (one)-hour lesson?
Mennyibe kerül egy   men'·nyi·be ke·rewl ej
(egy)órás lecke?   (ej)·āw·raash lets·ke

How much is a (three)-day riding tour?
Mennyibe kerül   men'·nyi·be ke·rewl
egy (három)napos   ej (haa·rawm)·no·pawsh
lovastúra?   law·vosh·tū·ro

How long is the ride?
Mennyi ideig tart   men'·nyi i·de·ig tort
a lovaglás?   o law·vog·laash

I'm an experienced rider.
Tapasztalt lovas vagyok. to·pos·tolt law·vosh vo·dyawk

I'm not an experienced rider.
Nem vagyok   nem vo·dyawk
tapasztalt lovas.   to·pos·tolt law·vosh

Can I hire a hat and boots?
Lehet lovaglókalapot   le·het law·vog·lāw·ko·lo·pawt
és csizmát bérelni?   aysh chiz·maat bay·rel·ni

bit	*zabla*	*zob·lo*
bridle	*kantár*	*kon·taar*
canter	*könnyű vágta*	*keun'·nyēw vaag·to*
carriage	*kocsi*	*kaw·chi*
crop	*ostornyél*	*awsh·tawr·nyayl*
gallop	*vágta*	*vaag·to*
groom	*lovász*	*law·vaas*
horse	*ló*	*lāw*

pony	*póni*	*pāw·ni*
reins	*gyeplő*	*dyep·lēū*
saddle	*nyereg*	*nye·reg*
stable	*istálló*	*ish·taal·lāw*
stirrup	*kengyel*	*ken·dyel*
trot	*ügetés*	*ew·ge·taysh*
walk	*léptetés*	*layp·te·taysh*

ice-skating

Is there a skating rink here?
Van itt korcsolyapálya? von itt *kawr·chaw·yo·paa·yo*

Do you like ice-skating?
Szeretsz korcsolyázni? se·rets *kawr·chaw·yaaz·ni*

Do you feel like ice-skating?
Van kedved korcsolyázni? von *ked·ved kawr·chaw·yaaz·ni*

I (don't) like ice-skating.
(Nem) Szeretek (nem) se·re·tek
korcsolyázni. *kawr·chaw·yaaz·ni*

I can skate (well).
(Jól) Tudok korcsolyázni. (yāwl) *tu·dawk kawr·chaw·yaaz·ni*

I can't skate.
Nem tudok korcsolyázni. nem *tu·dawk kawr·chaw·yaaz·ni*

I'll teach you ice-skating.
Megtanítalak *meg·to·nee·to·lok*
korcsolyázni. *kawr·chaw·yaaz·ni*

Can I hire skates?
Lehet korcsolyát bérelni? le·het *kawr·chaw·yaat bay·rel·ni*

Isn't it dangerous?
Nem veszélyes? nem *ve·say·yesh*

It's dangerous to skate here, the ice is too thin.
Veszélyes itt korcsolyázni, *ve·say·yesh* itt *kawr·chaw·yaaz·ni*
a jég nem elég vastag. o yayg nem *e·layg vosh·tog*

Hold on to me!
Kapaszkodj belém!   ko·pos·kawd·y be·laym

Slow down!
Lassabban!   losh·shob·bon

ice skates	*korcsolya*	kawr·chaw·yo
skating boots	*korcsolyacipő*	kawr·chaw·yo·tsi·pēū
skating rink	*korcsolyapálya*	kawr·chaw·yo·paa·yo

football/soccer

When does *Mikor ...?*   mi·kawr ...
the match ...?
    start   *kezdődik a meccs*   kez·dēū·dik o mech
    finish   *lesz vége a*   les vay·ge o
    meccsnek   mech·nek

What's the score?
Hogy áll a mérkőzés?   hawj aall o mayr·kēū·zaysh

Which one is the better team?
Melyik a jobb csapat?   me·yik o yawbb cho·pot

Who's their coach?
Ki az edzőjük?   ki oz ed·zēū·yewk

Who's winning?
Ki áll nyerésre?   ki aall nye·raysh·re

Who's playing whom?
Ki játszik kivel?   ki yaat·sik ki·vel

Who scored the most goals?
Ki lőtte a legtöbb gólt?   ki lēūt·te o leg·teubb gāwlt

Who won?
Ki nyert?   ki nyert

Who plays for (Fradi)?
Ki játszik (a Fradi)ban?   ki yaat·sik (o fro·di)·bon

He's a great (player).
Ő nagyon jó (játékos).   ēū no·dyawn yāw (yaa·tay·kawsh)

sport

149

He played brilliantly in the match against (Italy).

Nagyszerűen játszott	noj·se·rēw·en yaat·sawtt
az (Olaszország)	oz (aw·los·awr·saag)
elleni meccsen.	el·le·ni mech·en

Which team is at the top of the league?

Melyik a bajnokcsapat?	me·yik o boy·nawk·cho·pot

What a great/terrible team!

Milyen jó/szörnyű csapat!	mi·yen yāw/seur·nyēw cho·pot

ball	*labda*	lob·do
coach	*edző*	ed·zēü
corner (kick)	*szöglet*	seug·let
expulsion	*kiállítás*	ki·aal·lee·taash
extension	*hosszabbítás*	haws·sob·bee·taash
fan	*szurkoló*	sur·kaw·lāw
feint(ing)	*cselezés*	che·le·zaysh
first/second	*első/második*	el·shēü/maa·shaw·dik
half	*félidő*	fayl·i·dēü
field	*futballpálya*	fut·boll·paa·yo
footballer	*futballista*	fut·bol·lish·to
foul	*szabálytalanság*	so·baa·y·to·lon·shaag
free kick	*szabadrúgás*	so·bod·rū·gaash
goal (structure)	*kapu*	ko·pu
goalkeeper	*kapus*	ko·push
manager	*menedzser*	me·ne·jer
offside	*les*	lesh
penalty	*büntető*	bewn·te·tēü
player	*játékos*	yaa·tay·kawsh
red card	*piros lap*	pi·rawsh lop
referee	*bíró*	bee·rāw
striker	*középcsatár*	keu·zayp·cho·taar
team	*futballcsapat*	fut·boll·cho·pot
throw in	*bedobás*	be·daw·baash
yellow card	*sárga lap*	shaar·go lop

Goal!
Gól!   gāwl

Go, (Fradi), go!
Hajrá (Fradi)!   ho·y·raa (fro·di)

You must be blind! (lit: glasses for the referee)
Szemüveget a bírónak!   sem·ew·ve·get o bee·rāw·nok

tennis

tenisz

I'd like to play tennis.
Szeretnék teniszezni.   se·ret·nayk te·ni·sez·ni

Can we play at night?
Játszhatunk este?   jaats·ho·tunk esh·te

I need my racquet restrung.
Újra kell húroztatnom   üy·ro kell hū·rawz·tot·nawm
az ütőmet.   oz ew·tēū·met

ace	ász	aas
advantage	előny	e·lēūn'
clay	agyag	o·dyog
fault	szabálytalan	so·baa·y·to·lon
	adogatás	o·daw·go·taash
game, set,	játszma, szet,	yaats·mo set
match	meccs	mech
grass court	füves pálya	few·vesh paa·yo
hard court	kemény pálya	ke·mayn' paa·yo
net	háló	haa·lāw
play doubles	párosban	paa·rawsh·bon
	játszani	yaat·so·ni
racquet	ütő	ew·tēū
serve	szerva	ser·vo
set	szet	set
tennis ball	teniszlabda	te·nis·lob·do

sport

151

water sports

Where's the nearest ...?	Hol van a legközelebbi ...?	hawl von a leg·keu·ze·leb·bi ...
indoor pool	fedett uszoda	fe·dett u·saw·do
lake	tó	tāw
outdoor pool	szabadtéri uszoda	so·bod·tay·ri u·saw·do
changing rooms	öltöző	eul·teu·zēū
locker	öltözőszekrény	eul·teu·zēū·sek·rayn'
swimming cap	úszósapka	ū·sāw·shop·ko
swimming costume	fürdőruha	fewr·dēū·ru·ho

Can I hire (a) ...?	Lehet ... bérelni?	le·het ... bay·rel·ni
boat	csónakot	chāw·no·kawt
canoe	kenut	ke·nut
kayak	kajakot	ko·yo·kawt
life jacket	mentőmellényt	men·tēū·mel·layn't
sailboard	vitorlás szörfdeszkát	vi·tawr·laash seurf·des·kaat
water-skis	vízisít	vee·zi·sheet
wetsuit	szörfruhát	seurf·ru·haat

Are there any water hazards?
  Vannak erre vízi veszélyek? von·nok er·re vee·zi ve·say·yek

guide	vezető	ve·ze·tēū
motorboat	motorcsónak	maw·tawr·chāw·nok
oar(s)	evező(k)	e·ve·zēū(k)
sailing boat	vitorlás hajó	vi·tawr·laash ho·yāw
windsurfing	széllovaglás	sayl·law·vog·laash

hiking

gyalogtúrázás

Where can I ...?	Hol ...?	hawl ...
buy supplies	tudok készleteket venni	tu·dawk kays·le·te·ket ven·ni
find someone who knows this area	találok valakit, aki ismeri ezt a környéket	to·laa·lawk vo·lo·kit o·ki ish·me·ri ezt o keur·nyay·ket
get a map	tudok térképet venni	tu·dawk tayr·kay·pet ven·ni
hire hiking gear	bérelhetek túrafelszerelést	bay·rel·he·tek tū·ro·fel·se·re·laysht

Is the track ...?	A túristaút ...?	o tū·rish·to·ūt ...
(well-) marked	(jól) ki van jelölve	(yāwl) ki von ye·leul·ve
open	nyitva van	nyit·vo von
scenic	szép kilátást kínál	sayp ki·laa·taasht kee·naal

How ...?	Milyen ...?	mi·yen ...
high is the climb	magasra kell mászni	mo·gosh·ro kell maas·ni
long is the trail	hosszú a túraösvény	haws·sū o tū·ro·eush·vayn'

Do we need to take ...?	Kell magunkkal vinni ...?	kell mo·gunk·kol vin·ni ...
bedding	ágyneműt	aaj·ne·mēwt
food	ennivalót	en·ni·vo·lāwt
water	vizet	vi·zet

Do we need a guide?
Van szükségünk vezetőre?   von sewk·shay·gewnk ve·ze·tēū·re

Are there guided treks?
Vannak túravezető által   von·nok tū·ro·ve·ze·tēū aal·tol
vezetett túrák?   ve·ze·tett tū·raak

Is it safe?
Biztonságos?   biz·tawn·shaa·gawsh

Is the water OK to drink?
Iható a víz?   i·ho·tāw o veez

Is there a hut?
Van ott menedékház?   von awtt me·ne·dayk·haaz

When does it get dark?
Mikor sötétedik?   mi·kawr sheu·tay·te·dik

Which is	*Melyik*	me·yik
the ... route?	*a ... útvonal?*	o ... üt·vaw·nol
easiest	*legkönnyebb*	leg·keun·nyebb
most	*legérdekesebb*	leg·ayr·de·ke·shebb
interesting		
shortest	*legrövidebb*	leg·reu·vi·debb

Where can I	*Hol találom ...?*	hawl to·laa·lawm ...
find the ...?		
camp ground	*a kempinget*	o kem·pin·get
nearest	*a legközelebbi*	o leg·keu·ze·leb·bi
village	*falut*	fo·lut
showers	*a zuhanyozót*	o zu·ho·nyaw·zāwt
toilets	*a vécét*	o vay·tsayt

Where have you come from?
Honnan jössz?   hawn·non yeuss

How long did it take?
Mennyi ideig tartott?   men'·nyi i·de·ig tor·tawtt

Can I go through here?
Át tudok menni itt?   aat tu·dawk men·ni itt

I'm lost.
Eltévedtem.   el·tay·ved·tem

beach

Hungary is a landlocked nation which boasts some of the biggest lakes in Europe. Sunbathing is a popular pastime on lakeside beaches, so don't forget to put on some *naptej* nop·te·y (sunscreen)!

Where's	*Hol van*	hawl von
the ... beach?	*a ... strand?*	o ... shtrond
best	*legjobb*	leg·yawbb
nearest	*legközelebbi*	leg·keu·ze·leb·bi
nudist	*nudista*	nu·dish·to
public	*szabad*	so·bod

Is it safe to dive/swim here?
Lehet itt biztonságosan   le·het itt biz·tawn·shaa·gaw·shon
fejest ugrani/úszni?   fe·yesht ug·ro·ni/ūs·ni

Do we have to pay?
Kell fizetni?   kell fi·zet·ni

How much	*Mennyibe kerül*	men'·nyi·be ke·rewl
for a/an ...?	*egy ...?*	ej ...
chair	*szék*	sayk
hut	*kabin*	ko·bin
umbrella	*napernyő*	nop·er·nyēū

---

signs

Fejest ugrani tilos!	fe·yesht ug·ro·ni ti·lawsh	**No Diving**
Úszni tilos!	ūs·ni ti·lawsh	**No Swimming**

---

weather

What's the weather like?
Milyen az idő?   mi·yen oz i·dēū

What will the weather be like tomorrow?
Milyen lesz az idő holnap?   mi·yen les oz i·dēū hawl·nop

It's ...	Az idő ...	oz i·dēü ...
cloudy	felhős	fel·hēüsh
cold	hideg	hi·deg
fine	jó	yāw
freezing	jéghideg	yayg·hi·deg
hot	nagyon meleg	no·dyawn me·leg
sunny	napos	no·pawsh
warm	meleg	me·leg
windy	szeles	se·lesh

It's ...	Esik ...	e·shik ...
It will be ...	Esni fog ...	esh·ni fawg ...
raining	az eső	oz e·shēü
snowing	a hó	o hāw

flora & fauna

növény- és állatvilág

What ... is that?	Az milyen ...?	oz mi·yen ...
animal	állat	aal·lot
flower	virág	vi·raag
plant	növény	neu·vayn'
tree	fa	fo

Is it ...?		
common	Nagyon elterjedt?	no·dyawn el·ter·yett
dangerous	Veszélyes?	ve·say·esh
endangered	Veszélyeztetett?	ve·say·yez·te·tett
poisonous	Mérgező?	mayr·ge·zēü
protected	Védett?	vay·dett

local plants & animals		
deer	szarvas	sor·vosh
fox	róka	rāw·ko
poppy	pipacs	pi·poch
roe deer	őz	ēūz
wild boar	vaddisznó	vod·dis·nāw

SOCIAL

156

key language

breakfast	*reggeli*	reg·ge·li
lunch	*ebéd*	e·bayd
dinner	*vacsora*	vo·chaw·ro
morning tea	*tízórai*	teez·āw·ro·i
afternoon tea	*uzsonna*	u·zhawn·no
snack	*snack*	snekk
eat v	*enni*	en·ni
drink v	*inni*	in·ni
I'd like ...	*Szeretnék ...*	se·ret·nayk ...
I'm starving!	*Nagyon éhes vagyok!*	no·dyawn ay·hesh vo·dyawk

finding a place to eat

Where would you go for ...?	*Hová menne ...?*	haw·vaa men·ne ...
a celebration	*megünnepelni valamit*	meg·ewn·ne·pel·ni vo·lo·mit
a cheap meal	*ha olcsón akarna enni*	ho awl·chāwn o·kor·no en·ni
delicious cakes	*finom süteményért*	fi·nawm shew·te·may·nyayrt
local specialities	*helyi speciali-tásokért*	he·yi shpe·tsi·o·li·taa·shaw·kayrt

Can you recommend a … ?	Tud/Tudsz ajánlani egy …? pol/inf	tud/tuds o·yaan·lo·ni ej …
bar	bárt	baart
beer cellar	sörözőt	sheu·reu·zēūt
bistro	gyorséttermet	dyawrsh·ayt·ter·met
café	kávézót	kaa·vay·zāwt
pastry shop	cukrászdát	tsuk·raas·daat
pub	pubot	pu·bawt
restaurant	éttermet	ayt·ter·met
self-service restaurant	önkiszolgálót	eun·ki·sawl·gaa·lāwt
village inn	fogadót	faw·ga·dāwt
village tavern	csárdát	chaar·daat
wine cellar	borozót	baw·raw·zāwt
I'd like to reserve a table for …	Szeretnék asztalt foglalni …	se·ret·nayk os·tolt fawg·lol·ni …
(two) people	(két) főre	(kayt) fēū·re
(eight) o'clock	(nyolc) órára	(nyawlts) āw·raa·ro

I'd like …, please.	Legyen szíves, hozzon egy …	le·dyen see·vesh hawz·zawn ej …
a children's menu	gyerekmenüt	dye·rek·me·newt
the drink list	itallapot	i·tol·lo·pawt
a half portion	fél adagot	fayl o·do·gawt
the menu (in English)	(angol nyelvű) étlapot	(on·gawl nyel·vēw) ayt·lo·pawt

eat, drink & be merry

You can buy both food and alcohol in Hungarian pubs, inns and taverns. If you want to eat traditional fare with your drinks then beer and wine cellars are your best bet.

I'd like ...	Szeretnék ...	se·ret·nayk ...
a table for	egy asztalt (öt)	ej os·tolt (eut)
(five)	személyre	se·may·re
the non-	a nem	o nem·
smoking	dohányzó	daw·haan'·zāw
section	részben ülni	rays·ben ewl·ni
the smoking	a dohányzó	o daw·haan'·zāw
section	részben ülni	rays·ben ewl·ni

Are you still serving food?
Még szolgálnak fel   mayg *sawl*·gaal·nok fel
ennivalót?   en·ni·vo·lāwt

How long is the wait?
Mennyi ideig kell várni?   men'·nyi i·de·ig kell vaar·ni

at the restaurant

az étteremben

What would you recommend?
Mit ajánlana?   mit o·yaan·lo·no

What's in that dish?
Mit tartalmaz ez a fogás?   mit tor·tol·moz ez o faw·gaash

What's that called?
Azt hogy hívják?   ozt hawj heev·yaak

I'll have that.
Azt kérem.   ozt kay·rem

Does it take long to prepare?
Sokáig tart az   shaw·kaa·ig tort oz
elkészítése?   el·kay·see·tay·she

Is it self-serve?
Önkiszolgáló?   eun·ki·sawl·gaa·lāw

Is service included in the bill?
A kiszolgálás díja   o ki·sawl·gaa·laash dee·ya
benne van a számlában?   ben·ne von o saam·laa·bon

eating out

159

*te·le vo·*dyunk	*Tele vagyunk.*	We're full.
*zaar·vo vo·*dyunk	*Zárva vagyunk.*	We're closed.
ej *pil·lo·*not	*Egy pillanat.*	One moment.
mit *hawz·*ho·tawk	*Mit hozhatok?*	What can I get for you?
o/oz ...	*A/az ...*	I suggest the ...
o·*yaan·*lawm	*ajánlom.*	
se·re·ti ...	*Szereti ...?*	Do you like ...?
haw·dyon *le·*dyen	*Hogyan legyen*	How would you
el·*kay·*seet·ve	*elkészítve?*	like that cooked?
*tesh·*shayk	*Tessék!*	Here you go!
yāw *ayt·*vaa·dyot	*Jó étvágyat!*	Enjoy your meal!

Are these complimentary?
Ezek ingyen vannak?   e·zek *in·*dyen *von·*nok

How much will that be?
Mennyi lesz?   men'·nyi les

I didn't order that.
Nem rendeltem ilyet.   nem *ren·*del·tem *i·*yet

There's a mistake in the bill.
Valami hiba van a   vo·lo·mi *hi·*bo von o
számlában.   saam·laa·bon

I'd like to see the manager, please.
Szeretnék beszélni az   se·ret·nayk *be·*sayl·ni oz
üzletvezetővel, kérem.   ewz·let·ve·ze·tēū·vel *kay·*rem

I'd like a ...	**... szeretnék.**	**... se·ret·nayk**
local	*Valamilyen helyi*	vo·lo·mi·yen *he·*yi
speciality	*specialitást*	shpe·tsi·o·li·taasht
sandwich	*Egy szendvicset*	ej *send·*vi·chet

I'd like ...	**... szeretném.**	**... se·ret·naym**
that dish	*Azt az ételt*	ozt oz *ay·*telt
the chicken	*A csirkét*	o *chir·*kayt
the menu	*Az étlapot*	oz *ayt·*lo·pawt

I'd like it with …	… kérem.	… kay·rem
black pepper	Borssal	bawrsh·shol
cheese	Sajttal	shoyt·tol
garlic	Fokhagymával	fawk·hoj·maa·vol
hot paprika	Erős paprikaával	e·rēŭsh pop·ri·kaa·vol
ketchup	Ketchuppal	ke·cheup·pel
nuts	Mogyoróval	maw·dyaw·rāw·vol
oil	Olajjal	aw·lo
salt	Sóval	shāw·vol
sugar	Cukorral	tsu·kawr·rol
tomato sauce	Paradicsom-szósszal	po·ro·di·chawm·sāws·sol
vinegar	Ecettel	e·tset·tel

I'd like it without …	… nélkül kérem.	… nayl·kewl kay·rem
black pepper	Bors	bawrsh
cheese	Sajt	shoyt
garlic	Fokhagyma	fawk·hoj·mo
hot paprika	Erős paprika	e·rēŭsh pop·ri·ko
ketchup	Ketchup	ke·cheup
nuts	Mogyoró	maw·dyaw·rāw
oil	Olaj	aw·loy
salt	Só	shāw
sugar	Cukor	tsu·kawr
tomato sauce	Paradicsom-szósz	po·ro·di·chawm·sāws
vinegar	Ecet	e·tset

For other specific meal requests, see vegetarian & special meals, page 171.

lashings of goulash

Hungary's most famous dish is goulash, the beef soup known locally as *gulyásleves* gu·yaash·le·vesh. The word originally came from the *gulyás* gu·yaash (herdsmen/cowboys) who made it from their hard-earned *hús* hŭsh (meat).

étvágygerjesztők	ayt·vaaj·ger·yes·tēük	appetisers
saláták	sho·laa·taak	salads
levesek	le·ve·shek	soups
hideg/meleg	hi·deg/me·leg	cold/hot entrees
előételek	e·lēū·ay·te·lek	
köretek	keu·re·tek	garnishes
savanyúságok	sho·vo·nyū·shaa·gok	pickles
főételek	fēū·ay·te·lek	main courses
húsételek	hūsh·ay·te·lek	meat dishes
vegetáriánus	ve·ge·taa·ri·aa·nush	vegetarian
ételek	ay·te·lek	dishes
tészták	tays·taak	pastas
pizzák	piz·zaak	pizzas
desszertek	des·ser·tek	desserts
italok	i·to·lawk	drinks
üdítőitalok	ew·dee·tēū·i·to·lawk	soft drinks
aperitifek	o·pe·ri·ti·fek	apéritifs
röviditalok	reu·vid·i·to·lawk	spirits
sörök	sheu·reuk	beers
borok	baw·rawk	wines
fehér borok	fe·hayr baw·rawk	white wines
pezsgő borok	pezh·gēū baw·rawk	sparkling wines
vörös borok	veu·reush baw·rawk	red wines
csemegeborok	che·me·ge·baw·rawk	dessert wines
emésztést	e·mays·taysht	digestifs
serkentő italok	sher·ken·tēū i·to·lawk	

FOOD

162

For more words you might see in a menu, see the **menu decoder**, page 175.

at the table

Please bring a ...	Kérem, hozzon egy ...	kay·rem hawz·zawn ej ...
cloth	rongyot	rawn·dyawt
glass	poharat	paw·ho·rot
serviette	szalvétát	sol·vay·taat
wineglass	borospoharat	baw·rawsh·paw·ho·rot

This is ...	Ez ...	ez ...
(too) cold	(túl) hideg	(tūl) hi·deg
spicy	fűszeres	fēw·se·resh
superb	nagyszerű	noj·se·rēw

Please bring the bill.
Kérem, hozza a számlát.
kay·rem hawz·zo o saam·laat

I'm full.
Jóllaktam.
yāwl·lok·tom

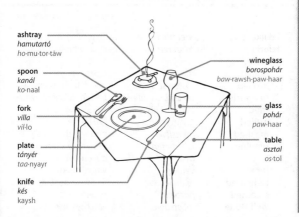

ashtray
hamutartó
ho·mu·tor·tāw

spoon
kanál
ko·naal

fork
villa
vil·lo

plate
tányér
taa·nyayr

knife
kés
kaysh

wineglass
borospohár
baw·rawsh·paw·haar

glass
pohár
paw·haar

table
asztal
os·tol

eating out

163

talking food

beszélgetés az ételekről

I love this dish.
Szeretem ezt az ételt.   se·re·tem ezt oz *ay*·telt

I love the local cuisine.
Szeretem a helyi konyhát.   se·re·tem o *he*·yi *kawn'*·haat

That was delicious!
Ez nagyon finom volt!   ez *no*·dyawn *fi*·nawm vawlt

My compliments to the chef.
Gratulálok a szakácsnak.   *gro*·tu·laa·lawk o *so*·kaach·nok

methods of preparation

ételkészítési módszerek

I'd like it …	*… szeretném.*	*… se*·ret·naym
I don't want it …	*Nem szeretném …*	nem *se*·ret·naym …
boiled	*forralva*	*for*·rol·vo
broiled	*roston sülve*	*rawsh*·tawn *shewl*·ve
deep-fried	*bő zsírban sütve*	beü *zheer*·bon *shewt*·ve
fried	*zsírban sütve*	*zheer*·bon *shewt*·ve
grilled	*grillezve*	*gril*·lez·ve
mashed	*pürésítve*	*pew*·ray·sheet·ve
medium	*közepesen*	*keu*·ze·pe·shen
	átsütve	*aat*·shewt·ve
rare	*véresen*	*vay*·re·shen
re-heated	*felmelegítve*	*fel*·me·le·geet·ve
steamed	*párolva*	*paa*·rawl·vo
well-done	*jól átsütve*	yāwl *aat*·shewt·ve

FOOD

in the bar

As well as drinking in a *bárt* baart (bar) or *pub* pob (pub), your other option is a *kocsma* kawch·ma. Your average *kocsma* is cheaper and grungier than a *pub* but doesn't serve food.

Excuse me.
  Bocsánat.   *baw·*chaa·not

I'm next.
  Én következem.   ayn *keu·*vet·ke·zem

I'll have ...
  ... kérek.   ... *kay·*rek

Same again, please.
  Legyen szíves ugyanezt   *le·*dyen *see·*vesh *u·*dyon·ezt
  még egyszer.   mayg *ej·*ser

I'll buy you a drink.
  Fizetek neked egy italt. *fi·*ze·tek *ne·*ked ej *i·*tolt

What would you like?
  Mit kérsz?   mit kayrs

It's my round.
  Ezt most én fizetem.   ezt mawsht ayn *fi·*ze·tem

No ice, thanks.
  Köszönöm, nem kérek jeget. *keu·*seu·neum nem *kay·*rek *ye·*get

How much is that?
  Az mennyibe kerül?   oz *men'·*nyi·be *ke·*rewl

Do you serve meals here?
  Lehet itt enni?   *le·*het itt *en·*ni

---

listen for ...

mit kayr
  Mit kér?   **What are you having?**
ozt *hi·*sem *e·*le·get *i·*vawtt
  Azt hiszem, eleget ivott. **I think you've had enough.**
u·tawl·*shāw* ren·de·laysh nem·shaw·kaa·ro zaa·runk
  Utolsó rendelés,   **Last orders.**
  nemsokára zárunk.

nonalcoholic drinks

… mineral water	… ásványvíz	… *aash*·vaan'·veez
sparkling	szénsavas	*sayn*·sho·vosh
still	szénsavmentes	*sayn*·shov·men·tesh
orange juice	narancslé	*no*·ronch·lay
soft drink	üdítőital	*ew*·dee·tēū·i·tal
(hot) water	(forró) víz	(*fawr*·rāw) veez
(cup of) tea …	(csésze) tea …	(*chay*·se) *te*·o …
(cup of) coffee …	(csésze) kávé …	(*chay*·se) *kaa*·vay …
with milk	tejjel	*ey*·yel
with sugar	cukor	*tsu*·kawr
with honey	mézzel	*mayz*·zel
with lemon	citrommal	*tsit*·rawm·mol
decaffeinated coffee	koffeinmentes	*kawf*·fe·in·men·tesh
double black	dupla fekete	*dup*·lo *fe*·ke·te
iced coffee	jeges	*ye*·gesh
single black	szimpla fekete	*simp*·lo *fe*·ke·te
strong coffee	erős	*e*·rēūsh
weak coffee	gyenge	*dyen*·ge
white coffee	tejjel	*tey*·yel

alcoholic drinks

Remember to sample some *pálinka paa*·lin·ko, a Hungarian brandy made from fruit like plums and cherries. You could also try *unikum u*·ni·kum, a kind of bitter schnapps made from over 40 roots and herbs which claims medicinal properties.

beer	sör	sheur
brandy	brandy	*bren*·di
champagne	pezsgő	*pezh*·gēū
cocktail	koktél	*kawk*·tayl

a ... of beer	egy ... sör	ej ... sheur
can	dobozos	daw·baw·zawsh
glass	pohár	paw·haar
pint	fél liter	fayl li·ter
small bottle	kis üveg	kish ew·veg
large bottle	nagy üveg	noj ew·veg
jug	korsó	kawr·shāw

a bottle/glass	egy üveg/	ej ew·veg/
of ... wine	pohár ... bor	paw·haar ... bawr
dessert	csemege	che·me·ge
red	vörös	veu·reush
rosé	világos	vi·laa·gawsh
	vörös	veu·reush
sparkling	pezsgő	pezh·gēū
white	fehér	fe·hayr

a shot of ...	egy kupica ...	ej ku·pi·tso ...
gin	gin	jin
pálinka	pálinka	paa·lin·ko
rum	rum	rum
tequila	tequila	te·ki·lo
unicum	unikum	u·ni·kum
vodka	vodka	vawd·ko
whisky	whisky	vis·ki

putting on the spritz

A popular way of adding zing to wine in Hungary is by mixing up a *fröccs* freuch (spritzer). Two common versions of this bubbly refresher are the *házmester* haaz·mesh·ter (lit: concierge), 30mL of wine mixed with 20mL of soda water, and the *hosszúlépés* haws·sū·lay·paysh (lit: long-step) made with 10mL of wine and 20mL of soda water.

eating out

167

drinking up

Cheers! (to one person)
Egészségére! pol — e·gays·shay·gay·re
Egészségedre! inf — e·gays·shay·ged·re

Cheers! (to more than one person)
Egészségükre! pol — e·gays·shay·gewk·re
Egészségetekre! inf — e·gays·shay·ge·tek·re

This is hitting the spot.
Ez nagyon jól esik. — ez *no·*dyawn yāwl e·shik

I feel fantastic!
Nagyszerűen érzem magam! — noj·se·rēw·en *ayr·*zem *mo·*gom

I think I've had one too many.
Azt hiszem, eggyel többet — ozt *hi·*sem *ej·*dyel *teub·*bet
ittam a kelleténél. — it·tom o *kel·*le·tay·nayl

I'm feeling drunk.
Úgy érzem, részeg vagyok. — üj *ayr·*zem *ray·*seg *vo·*dyawk

I feel ill.
Rosszul érzem magam. — raws·sul *ayr·*zem *mo·*gom

Where's the toilet?
Hol a vécé? — hawl o *vay·*tsay

I'm tired, I'd better go home.
Fáradt vagyok, jobb, — faa·rott *vo·*dyawk yawbb
ha hazamegyek. — ho ho·zo·me·dyek

Can you call a taxi for me?
Tud hívni nekem egy taxit? — tud *heev·*ni *ne·*kem ej *tok·*sit

I don't think you should drive.
Azt hiszem, jobb, ha nem — ozt *hi·*sem yawbb ho nem
vezet. — *ve·*zet

What's the local speciality?
   Mi az itteni specialitás?   mi oz it·te·ni *shpe*·tsi·o·li·taash

What's that?
   Az mi?   oz mi

Can I taste it?
   Megkóstolhatom?   meg·kāwsh·tawl·ho·tawm

How much is (a kilo of cheese)?
   Mennyibe kerül   men'·nyi·be ke·rewl
   (egy kiló sajt)?   (ej ki·lāw shoyt)

I'd like …	*Kérek …*	kay·rek …
(20) decagrams	*(húsz) dekát*	(hūs) de·kaat
half a dozen	*fél tucatot*	fayl tu·tso·tawt
a dozen	*egy tucatot*	ej tu·tso·tawt
half a kilo	*fél kilót*	fayl ki·lāwt
a kilo	*egy kilót*	ej ki·lāwt
a bottle/jar	*egy üveggel*	ej ew·veg·gel
a packet	*egy csomaggal*	ej chaw·mog·gol
a piece	*egy darabot*	ej do·ro·bawt
a slice	*egy szeletet*	ej se·le·tet
a tin	*egy dobozzal*	ej daw·bawz·zol

I'd like …	*… kérem.*	… kay·rem
that one	*Azt*	ozt
this one	*Ezt*	ezt

how would you like that?		
cooked	*főtt*	fēütt
cured	*pácolt*	paa·tsawlt
dried	*szárított*	saa·ree·tawtt
fresh	*friss*	frish
frozen	*fagyasztott*	fo·dyos·tawtt
raw	*nyers*	nyersh
smoked	*füstölt*	fewsh·teult

I'd like ...	... kérek.	... kay·rek
just a little	Csak egy kicsit	chok ej ki·chit
more	Többet	teub·bet
some ...	Egy kis ...	ej kish ...

Do you have ...?	Van Önöknél ...?	von eu·neuk·nayl ...
anything	valami	vo·lo·mi
cheaper	olcsóbb	awl·chāwbb
other kinds	másfajta	maash·foy·to

Where can I find	Hol találom	hawl to·laa·lawm
the ... section?	a ...?	o ...
dairy	tejtermékeket	tey·ter·may·ke·ket
fish	halakat	ho·lo·kot
frozen goods	fagyasztott árut	fo·dyos·tawtt aa·rut
fruit and	gyümölcsöket	dyew·meul·cheu·ket
vegetable	és zöldségeket	aysh zeuld·shay·ge·ket
meat	húsokat	hū·shaw·kot
poultry	szárnyasokat	saar·nyo·shaw·kat

Could I please borrow a (frying pan)?
Kölcsönkérhetnék   keul·cheun·kayr·het·nayk
egy (serpenyőt)?   ej (sher·pe·nyēūt)

I need a (chopping board).
Szükségem van egy   sewk·shay·gem von ej
(vágódeszkára).   (vaa·gāw·des·kaa·ro)

listen for ...

she·geet·he·tek	Segíthetek?	Can I help you?
mit kayr	Mit kér?	What would you like?
maash·vo·lo·mit	Másvalamit?	Anything else?
ninch	Nincs.	There isn't any.

ordering food

rendelés

Is there a ...	Van a közelben	von o *keu*·zel·ben
restaurant	... étterem?	... *ayt*·te·rem
near here?		
Do you have	Vannak Önöknél	*von*·nok *eu*·neuk·nayl
... food?	... ételek?	... *ay*·te·lek
halal	iszlám rítus	*is*·laam *ree*·tush
	szerint levágott	se·rint *le*·vaa·gawtt
kosher	kóser	*kāw*·sher
vegetarian	vegetáriánus	ve·ge·taa·ri·aa·nush

I don't eat ...	Én nem eszem ...	ayn nem *e*·sem ...
butter	vajat	*vo*·yot
eggs	tojást	*taw*·yaasht
fish	halat	*ho*·lot
fish stock	halászlékockát	ho·laas·lay·kawts·kaat
meat stock	húsleveskockát	*hūsh*·le·vesh·kawts·kaat
oil	olajat	*aw*·lo·yot
pork	disznóhúst	*dis*·nāw·hūsht
poultry	szárnyast	*saar*·nyosht
red meat	marha·vagy	*mor*·ho voj
	birkahúst	*bir*·ko·hūsht

Could you	Tudná készíteni	tud·no kay·see·te·ni
prepare a meal	egy ételt	ej *ay*·telt
without ...?	... nélkül?	... nayl·kewl
butter	vaj	vo·y
eggs	tojás	*taw*·yaash
fish	hal	hol
fish stock	halászlékocka	ho·laas·lay·kawts·ko
meat stock	húsleveskocka	hūsh·le·vesh·kawts·ko
oil	olaj	*aw*·lo·y
pork	disznóhús	dis·nāw·hūsh
poultry	szárnyashús	saar·nyosh·hūsh
red meat	marha- vagy	mor·ho voj
	birkahús	bir·ko·hūsh

Is this ...?	Ez ...?	ez ...
decaffeinated	koffeinmentes	kawf·fe·in·men·tesh
free of	állati	aal·la·ti
animal	termékektől	ter·may·kek·tēūl
produce	mentes	men·tesh
free-range	szabadon	so·bo·dawn
	tenyésztett	te·nyays·tett
genetically	genetikailag	ge·ne·ti·ko·i·log
modified	módosított	māw·daw·shee·tott
gluten-free	sikérmentes	shi·kayr·men·tesh
low fat	alacsony	o·lo·chawn'
	zsírtartalmú	zheer·tor·tol·mū
low in	alacsony	o·lo·chawn'
sugar	cukortartalmú	tsu·kawr·tor·tol·mū
organic	organikus	awr·go·ni·kush
salt-free	sótlan	shāwt·lon

special diets & allergies

I'm on a special diet.
Különleges diétán   kew·leun·le·gesh *di*·ay·taan
vagyok.   vo·dyawk

I'm (a) ...	*... vagyok.*	... vo·dyawk
Buddhist	*Buddhista*	budd·hish·to
Hindu	*Hindu vallású*	hin·du vol·laa·shū
Jewish	*Zsidó vallású*	zhi·dāw vol·laa·shū
Muslim	*Muszlim*	mus·lim
vegan	*Tejterméket és*	te·y·ter·may·ket aysh
	tojást sem	taw·yaasht shem
	fogyasztó	faw·dyos·tāw
	vegetáriánus	ve·ge·taa·ri·aa·nush
vegetarian	*Vegetáriánus*	ve·ge·taa·ri·aa·nush

The word 'vampire' is said to have its origins in the old Magyar word *vampir*. 'Vampyre' was first used in English in 1734, in *The Travels of Three English Gentlemen from Venice to Hamburgh*. As the anonymous author wrote, 'These Vampyres are supposed to be the Bodies of deceased Persons, animated by evil Spirits, which come out of the Graves, in the Night-time, suck the Blood of many of the Living, and thereby destroy them.' To talk about their contemporary Hungarian cousins, use the word *vámpír* vaam·peer.

I'm allergic to ...	*Allergiás vagyok a ...*	ol·ler·gi·aash vo·dyawk o ...
dairy produce	*tejtermékekre*	te·y·ter·may·kek·re
eggs	*tojásra*	taw·yaash·ro
gelatine	*zselatinra*	zhe·lo·tin·ro
gluten	*sikérre*	shi·kayr·re
honey	*mézre*	mayz·re
MSG	*monoszódium glutamátra*	maw·naw·sāw·di·um glu·to·maat·ro
nuts	*diófélékre*	di·āw·fay·layk·re
peanuts	*mogyoróra*	maw·dyaw·rāw·ro
seafood	*tenger gyümölcseire*	ten·ger dyew·meul·che·i·re
shellfish	*kagylókra és rákokra*	koj·lāwk·ro aysh raa·kawk·ro

This miniguide to Hungarian cuisine lists dishes and ingredients in alphabetical order in Hungarian. It's designed to help you get the most out of your gastronomic experience by providing you with food terms that you may see on menus etc.

A

alma *ol*·mo *apple*

— **pongyolában** *pawn*·dyaw·laa·bon *apple rings dipped in batter, deep-fried, sprinkled with cinnamon & sugar & served hot*

almaleves *ol*·mo·le·vesh *refreshing chilled soup made from apples, lemon peel, cinnamon, cloves, sugar & sour cream*

almás palacsinta *ol*·maash *po*·lo·chin·to *pancakes made from a batter with grated apples*

almás pite *ol*·maash *pi*·te *apple pie with chopped walnuts*

angolos *on*·gaw·lawsh *rare*

ásványvíz *aash*·vaan'·veez *mineral water*

aszalt szilva *o*·solt *sil*·vo *prunes*

asztali bor *os*·to·li *bawr table wine*

B

babérlevél *bo*·bayr·le·vayl *bay leaf*

bableves csülökkel *bob*·le·vesh *chew*·leuk·kel *dried bean soup with smoked pork knuckle, carrot, parsley root, onion, garlic, sour cream & paprika*

banán *bo*·naan *banana*

barackpálinka *bo*·rotsk·paa·lin·ko *apricot brandy*

bélszínszeletek Budapest módra *bayl*·seen·se·le·tek *bu*·do·pesht *mäwd*·ro *fried beef tenderloin topped with a tomato-based sauce containing onion, smoked bacon, goose liver, mushrooms, capsicum, paprika & oil*

birsalma *birsh*·ol·mo *quince*

borjúhús *bawr*·yū·hūsh *veal*

borjúkotlett magyaróvári módra *bawr*·yū·kawt·lett *mo*·dyor·äw·vaa·ri *mäwd*·ro *fried veal cutlets in tomato sauce, topped with chopped fried mushrooms, slices of ham & cheese & grilled*

borjúmáj *bawr*·yū·maa·y *calf liver*

borókabogyó *baw*·räw·ko·baw·dyäw *juniper berries*

bors bawrsh *black pepper*

borsó *bawr*·shäw *peas*

borsszem *bawrsh*·sem *peppercorns*

bő zsírban sült *beū zheer*·bon shewlt *deep-fried*

bugaci paraszt-saláta *bu*·go·tsi *po*·rost·sho·laa·to *salad made from green peppers, tomato, cucumber, onion, grated kaskaval & chopped parsley*

burgonya *bur*·gaw·nyo *potato (also known as krumpli)*

C

citrom *tsit*·rawm *lemon*

cukor *tsu*·kawr *sugar*

Cs

csemegepaprika *che*·me·ge·pop·ri·ko *aromatic, medium-coarse, light red, mild paprika*

cseresznye *che*·res·nye *cherries*

cseresznyepálinka *che*·res·nye·paa·lin·ko *cherry brandy*

cseresznyés rétes *che*·res·nyaysh *ray*·tesh *strudel filled with sweet cherries, ground walnuts, cinnamon & sugar*

csípős paprika *chee*·pēūsh *pop*·ri·ko *spicy paprika – light brown to ochre & yellow in colour*

csirke *chir*·ke *chicken*

csöves kukorica *cheu*·vesh *ku*·kaw·ri·tso *corn on the cob*

csuka *chu·ko* pike (fish)
— **tejfölös tormával** *te·y·feu·leush tawr·maa·vol* boiled pike pieces in a horseradish, butter lemon & sour cream sauce cooked with carrot, onion & parsley root

csúsztatott palacsinta *chús·to·tawtt po·lo·chin·to* rich pancakes in a stack sprinkled with grated chocolate

D

daragaluska *do·ro·go·lush·ko* dumplings made from eggs & semolina

debreceni kolbász *deb·re·tse·ni kawl·baas* Debrecen sausage

debreceni krumpli egytál *deb·re·tse·ni krump·li ej·taal* smoked bacon & Debrecen sausages fried with onions, sprinkled with paprika & served with crispy fried potato slices

dió *di·áw* walnut

diós bukta *di·áwsh buk·to* rich pastry roll stuffed with ground walnuts, sugar, sultanas, cinnamon & a vanilla filling

diós metélt *di·áwsh me·taylt* freshly cooked pasta tossed with butter, ground walnuts & sugar

diós palacsinta *di·áwsh po·lo·chin·to* pancakes rolled around a nut cream filling

diós rétes *di·áwsh ray·tesh* strudel with a ground walnut, raisin, sugar & grated lemon rind filling

diótorta *di·áw·tawr·to* sponge cake layered with a rich sweet cream with ground walnuts & rum

disznóhús *dís·náw·húsh* pork

dobostorta *daw·bawsh·tawr·to* the crowning glory of Hungarian cakes – sponge cake layered with chocolate custard cream, decorated on top with a glazed sponge layer cut into segments

doroszmai molnárponty *daw·raws·mo·i mawl·naar·pawnt'* carp fillets larded with smoked bacon & cooked with mushrooms, capsicum, tomato, paprika & sour cream

E

ecet *e·tset* vinegar
ecetes *e·tse·tesh* pickled

édes *ay·desh* sweet
— **paprika** *pop·ri·ko* sweet paprika – dark red, medium-coarse, mild paprika

édes-nemes paprika *ay·desh·ne·mesh pop·ri·ko* finely ground bright red paprika with a sweet aromatic flavour

Eger *e·ger* wine producing region famous for its Pinot Noir wines

egres *eg·resh* gooseberry

egri bikavér *eg·ri bi·ko·vayr* 'Eger bull's blood' – Hungary's best known dry red wine from the Eger winegrowing region

Esterházy-rostélyos *es·ter·haa·zi rawsh·tay·yawsh* 'Esterházy roast beef' – roast beef slices served with buttered carrots, parsley & onion in a sour cream, mustard, caper & lemon juice sauce

F

fácán *faa·tsaan* pheasant
fahéj *fo·hay* cinnamon
fehérbor *fe·hayr·bawr* white wine
fekete ribizli *fe·ke·te ri·biz·li* blackcurrants
félédes bor *fayl·ay·desh bawr* semisweet wine
félédes paprika *fayl·ay·desh pop·ri·ko* pleasantly spicy, medium-coarse, light red paprika
félszáraz bor *fayl·saa·roz bawr* semidry wine
fenyőpereszke *fe·nyéű·pe·res·ke* blewit mushroom – type of wild mushroom with a pleasant aroma
fogas *faw·gosh* zander (fish)
— **jóasszony módra** *yáw·os·sawn' máwd·ro* zander fillets cooked in a white wine, mushroom, parsley, butter & cream sauce
fogoly *faw·gaw·y* partridge
fokhagyma *fawk·hoj·mo* garlic
forralt *fawr·rolt* boiled
főételt *féű·ay·tel* main course
földi szeder *feul·di se·der* blackberry
földieper *feul·di·e·per* strawberry
főzelék *féű·ze·layk* side dish of vegetables sautéed in fat & cooked in stock
friss *frish* fresh
fürj *fewr·y* quail
füstölt *fewsh·teult* smoked

G

galuska *go·lush·ko* dumplings made from eggs, salt & flour – popular accompaniment to **pörkölt** & also used to garnish soups (see also **nokedli**)

gesztenye *ges·te·nye* chestnut
gesztenyekrém *ges·te·nye·kraym*
  sweet cream based on chestnut purée
  spread on sponge cake layers
gesztenyepüré *ges·te·nye·pew·ray*
  chestnut purée – often used in desserts
gesztenyés palacsinta
  ges·te·nyaysh po·lo·chin·to
  pancakes with a sweet chestnut-cream
  filling topped with chocolate sauce
gesztenyével töltött pulyka
  ges·te·nyay·vel teul·teutt pu·y·ko
  turkey larded with bacon & stuffed with
  a roast Spanish chestnut, bread, pork,
  egg & cream stuffing
gomba *gawm·bo* mushroom
gombaleves *gom·bo·le·vesh* mushroom &
  caramelised onion soup seasoned with
  paprika
gombás libamáj *gawm·baash li·bo·maa·y*
  goose liver fried with goose fat, mush-
  rooms, onion, garlic, cream, wine &
  parsley
görögdinnye *geu·reug·din·nye*
  watermelon
gránátoskocka *graa·naa·tawsh·kawts·ko*
  see grenadírmas
grenadírmas *gre·no·deer·morsh* 'march
  of the grenadiers' – potatoes with sweet
  paprika, onion & pasta – served with
  sour gherkins (**gránátoskocka**)
gulyásleves *gu·yaash·le·vesh*
  goulash soup – beef soup with carrot,
  parsley root, capsicum, tomato, celery,
  potatoes & pasta
gumós zeller *gu·mawsh zel·ler* celeriac

Gy

gyömbér *dyeum·bayr* ginger
gyömbéres mézeskalács *dyeum·bay·resh*
  may·zesh·ko·laach gingerbread – tradi-
  tional treat from the town of Debrecen
gyulai kolbász *dyu·lo·i kawl·baas* hard-
  smoked sausage seasoned with paprika,
  pepper, cumin, garlic & bacon
gyümölcs *dyew·meulch* fruit

H

hagyma *hoj·mo* onion
hagymás tört krumpli
  hoj·maash teurt krump·li potatoes
  served with fried onions

hajdúkáposzta *ho·y·dü·kaa·paws·to*
  cured pork knuckles cooked with potato,
  sauerkraut, onion, ground paprika,
  garlic & garnished with smoked bacon
hal *hol* fish
halászlé vegyes halból
  ho·laas·lay ve·dyesh hol·bäwl fish soup
  with onion, tomato & a dose of paprika,
  giving it a bright red colour
harcsa *hor·cho* catfish
házi *haa·zi* homemade
házinyúl *haa·zi·nyül* rabbit
hirtelen sült *hir·te·len shewlt* sautéed
hortobágyi palacsinta
  hawr·taw·baa·dyi po·lo·chin·to ground
  meat rolled in savoury pancakes, topped
  with a sour cream & paprika sauce
hortobágyi ürügulyás
  hawr·taw·baa·dyi ew·rew·gu·yaash
  mutton stew with capsicum, tomato,
  potato, onions & garlic
hús *hüsh* meat

J

jól átsütött *yäwl aat·shew·teutt* well-done
juhtúrós puliszka *yuh·tü·räwsh pu·lis·ko*
  polenta baked with melted butter &
  ewe's milk cheese

K

kacsa *ko·cho* duck
kacsapecsenye *ko·cho·pe·che·nye*
  duck roasted with apples, quinces &
  marjoram inside
kacsasült káposztás cvekedlivel töltve
  *ko·cho·shewlt kaa·paws·taash
  tsve·ked·li·vel teult·ve* roast duck stuffed
  with chopped salted cabbage, noodles,
  duck fat, eggs & marjoram
kalács *ko·laach* plaited glazed loaf
kapor *ko·pawr* dill
káposzta *kaa·paws·to* cabbage
káposztás kocka *kaa·paws·taash
  kawts·ko* white cabbage stir-fried in
  sweetened butter then tossed with
  pepper & freshly cooked pasta
kapribogyó *kop·ri·baw·dyaw* capers
kapros túrós palacsinta *kop·rawsh
  tü·räwsh po·lo·chin·to* pancakes with a
  sweetened quark, egg & dill filling

karalábé *ko-ro-laa-bay* kohlrabi
karalábéfőzelék *ko-ro-laa-bay-fēū-ze-layk* creamed kohlrabi with parsley, butter, marrow stock, flour & milk
karalábéleves *ko-ro-laa-bay-le-vesh* kohlrabi soup with sour cream & parsley
karfiol *kor-fi-awl* cauliflower
karfiolleves *kor-fi-awl-le-vesh* soup of cauliflower, parsley, sour cream & paprika
kaskaval *kosh-ko-vaal* semihard cheese made from ewe's milk
kávékrém *kaa-vay-kraym* sweet coffee cream spread on sponge cakes
kékhátú galambgomba *kayk-haa-tū go-lomb-gawm-bo* green agaric mushroom
kenyér *ke-nyayr* bread
kifli *kif-li* crescent-shaped bread roll
kolbász *kawl-baas* thick sausage
kolozsvári rakott káposzta *kaw-lawzh-vaa-ri ro-kawtt kaa-paws-to* sauerkraut braised in butter layered with rice, sliced boiled eggs & sausage, sour cream & paprika then oven-baked
korhelyleves *kawr-he-y-le-vesh* stew of smoked ham shank, sauerkraut, paprika & onion topped with sliced Debrecen sausage
koriander *kaw-ri-on-der* coriander
köret *keu-ret* garnish
körte *keur-te* pear
közepesen átsütött *keu-ze-pe-shen aat-shew-teutt* medium
krumpli *krump-li* potato (also known as burgonya)
kürtőskalács *kewr-tēūsh-ko-laach* Transylvanian cake made by wrapping dough around a roller, coating it with a honey, egg yolk, sugar, almond (or walnut) glaze & roasting it on a spit

L

lángos *laan-gawsh* deep-fried potato cakes topped with cabbage, ham, garlic juice, cream, sour cream, or dill
lé *lay* juice (of meat or fruit)
lebbencs *leb-bench* wafer-thin sheets of pasta sometimes added to soups
lecsó *le-chāw* dish of stewed tomato, peppers, onions, oil & paprika
lekváros szelet *lek-vaa-rawsh se-let* sponge cake layered with strawberry jam
lencse *len-che* lentils

lencseleves nemesvámosi módra *len-che-le-vesh ne-mesh-vaa-maw-shi māwd-ro* lentils cooked in a stock made from smoked ribs, combined with onions, capsicum, tomato, celery leaves & sour cream
leves *le-vesh* soups play an important part in Hungarian cuisine & are inevitably served at lunch (the main meal of the day)
liba *li-bo* goose
libamáj *li-bo-maa-y* goose liver
libamájpástétom *li-bo-maa-y-paash-tay-tawm* goose liver pâté
libazsír *li-bo-zheer* goose fat
lila tölcsérpereszke *li-lo teul-chayr-pe-res-ke* lilac blewit mushroom – wild mushroom with a pungent flavour

M

máj *maa-y* liver
májgaluska *maa-y-go-lush-ko* liver dumplings – egg dumplings made from day-old bread, chicken, veal or pork livers & fried with onion
majonézes krumplisaláta *mo-yaw-nay-zesh krump-li-sho-laa-to* potato salad with mayonnaise
majoranna *mo-yaw-ron-no* marjoram
májusi pereszke *maa-yu-shi pe-res-ke* May blewit mushroom – wild mushroom with a delicate aroma & pleasant taste
mák *maak* poppy seeds
mákos és diós beigli *maa-kawsh aysh di-āwsh be-y-gli* poppy seed & nut rolls traditionally served at Christmas
mákos guba mézzel *maa-kawsh gu-bo mayz-zel* pudding made from poppy seeds, pastry & honey
mákos kifli *maa-kawsh kif-li* croissant-shaped bread roll topped with poppy seeds
mákos metélt *maa-kawsh me-taylt* see mákos tészta
mákos palacsinta *maa-kawsh po-lo-chin-to* sweet pancakes with a vanilla sugar & poppy seed filling
mákos rétes *maa-kawsh ray-tesh* strudel with a poppy seed & apple filling
mákos tészta *maa-kawsh tays-to* sweet pasta dish of poppy seeds, sugar & lemon rind tossed with freshly cooked pasta (also *mákos metélt*)

málna *maal-no raspberry*

mandula *mon-du-lo almond*

marcipán *mor-tsi-paan marzipan –
shaped into elaborate floral cake deco-
rations, or used as the basis for candies
filled with fruit & coated in chocolate*

marhahús *mor-ho-húsh beef*

mazsola *mo-zhaw-lo sultana*

mecseki betyárgombócleves
*me-che-ki be-tyaar-gawm-báwts-le-vesh
soup made from meat stock, carrot,
parsley root, celeriac, lard, flour, sour
cream, egg yolk & thyme*

meggy *mejj morello cherry*

meggyes rétes *mej-dyesh ray-tesh strudel
with a morello cherry & walnut filling*

meggyleves *mejj-le-vesh chilled soup of
morello cherries, water, sour cream, dry
red wine, egg yolk, sugar, grated lemon
peel & cinnamon – can be gooseberries,
blackberries, raspberries or redcurrants*

menü *me-new set menu*

méz *mayz honey*

mezei nyúl *me-ze-i nyúl hare*

mézeskalács *may-zesh-ko-laach
honey cake*

minőségi bor *mi-néü-shay-gi bawr
vintage wine*

mogyoró *maw-dyaw-ráw hazelnut*

mustár *mush-taar mustard*

N

nagy őzlábgomba *noj éüz-laab-gawm-bo
parasol mushroom – flavoursome wild
mushroom*

napi ajánlat *no-pi o-yaan-lot daily special*

napraforgómag *nop-ro-fawr-gáw-mog
sunflower seeds*

narancs *no-ronch orange*

nokedli *naw-ked-li see galuska*

nyárson sült *nyaar-shawn shewlt
roasted on a spit*

nyers *nyersh raw*

O

olaj *aw-lo-y oil*

olajban sült *aw-lo-y-bon shewlt fried in oil*

ormánsági töltött dagadó
awr-maan-shaa-gi teul-teutt do-go-dáw
boned pork spare ribs stuffed with bread,
fried onion, bacon, pig's liver & egg

öntött saláta *eun-teutt sho-laa-to
lettuce salad with a fried bacon & garlic,
sour cream & vinegar dressing*

őszibarack *éü-si-bo-rotsk peach*

őszibarackos rétes *éü-si-bo-rots-kawsh
ray-tesh peach strudel*

őzgerinc erdei ízesítéssel
*éüz-ge-rints er-de-i ee-ze-shee-taysh-shel
cured saddle of venison larded with
smoked bacon, flavoured with pepper,
juniper berries, coriander & mustard &
roasted*

P

pacal *po-tsol tripe*

pácolt *paa-tsawlt marinated*

palacsinta *po-lo-chin-to
pancakes – served sweet & savoury as
appetisers, main courses & desserts*

pálinka *paa-lin-ko
brandy made from a variety of fruits*

palóc leves *po-láwts le-vesh
soup made from cubed leg of mutton (or
beef), French beans, potato, onion, lard,
paprika, bay leaf & caraway*

paprika *pop-ri-ko capsicum • red pepper*

paprikás *pop-ri-kaash stew made of lean
meat (such as veal, chicken or rabbit)
capsicum, onion & tomato simmered in
a fatty paprika & sour cream gravy
— krumpli krump-li potatoes, capsicum
& tomatoes cooked in a smoked bacon,
onion, garlic & paprika base*

paradicsom *po-ro-di-chawm tomato*

pecsenye *pe-che-nye roasted*

petrezselyem *pet-re-zhe-yem parsley*

petrezselyemgyökér
pet-re-zhe-yem-dyeu-kayr parsley root

petrezselymes újkrumpli
*pet-re-zhe-y-mesh ú-y-krump-li
new potatoes fried in oil seasoned with
parsley & salt*

pikáns *pi-kaansh savoury*

pils *pilsh pale lager-style beer*

pirospaprika *pi-rawsh-pop-ri-ko
paprika – the quintessential & highly
prized Hungarian spice served in
dishes or placed on the table in
sprinklers to garnish dishes*

pisztráng *pist·raang* trout

pogácsa *paw·gaa·cho* small circular sweet or savoury pastries preferably eaten hot

ponty *pawnt'* carp

pontyszeletek hagymás káposztával *pawnt'·se·le·tek hoj·maash kaa·paws·taa·vol* carp fillets fried with bacon then topped with sauerkraut, white wine & pepper & baked

pörkölt *peur·keult* diced meat stew with a fatty paprika-laden gravy of onion, capsicum & tomato

prézlis nudli *prayz·lish nud·li* boiled cylindrical noodles made from mashed potato, egg, flour, butter & breadcrumbs

pulyka *pu·y·ko* turkey

püspökkenyér *pewsh·peuk·ke·nyayr* cake consisting of candied fruit, raisins & nuts in a sponge base

R

rántás *raan·taash* heavy roux made of pork lard & flour often added to cooked vegetables or soups

rántott *raan·tawtt* 'crumbed' – coating of meat, fish, cheese or vegetables with flour, beaten eggs and breadcrumbs before deep-frying

— **csirke** *chir·ke* 'crumbed chicken' – chicken pieces are battered & deep-fried after the wings are stuffed with chicken liver

— **karfiol** *kor·fi·awl* crumbed deep-fried cauliflower florets

— **libamájszeletek** *li·bo·maa·y·se·le·tek* crumbed deep-fried goose liver

— **ponty** *pawnt'* crumbed carp fillets – traditional Christmas fare

— **sertésborda** *sher·taysh·bawr·do* Hungarian version of the Wiener Schnitzel but with a crumbed pork cutlet

— **sonkás palacsinta** *shawn·kaash po·lo·chin·to* ground ham flavoured with paprika, folded into pancake squares then crumbed & fried

répa *ray·po* carrot

rétes *ray·tesh* strudel – one of the most famous Hungarian dishes – fillings include poppy seeds, quark with semolina & raisins, peach, cherry & walnut

ribizli *ri·biz·li* redcurrants

rizs *rizh* rice

roston sült *rawsh·tawn shewlt* grilled

rózsapaprika *rāw·zho·pop·ri·ko* spicy, medium-coarse, bright red paprika

S

sajt *sho·y·t* cheese

sárgabarack *shaar·go·bo·rotsk* apricot

sárga rókagomba *shaar·go rāw·ko·gawm·bo* chanterelle mushroom – very tasty mushroom sometimes added to **pörkölt** & **paprikás** dishes

sárgadinnye *shaar·go·din'·nye* honeydew melon

sárgarépafőzelék *shaar·go·ray·po·fēū·ze·layk* diced carrots cooked in butter, sugar, salt, marrow stock, flour & milk

savanyú *sho·vo·nyū* sour

— **káposzta** *kaa·paws·to* sauerkraut

— **nyúlgerinc** *nyūl·ge·rints* saddle of hare larded with bacon & cooked in a piquant sauce of onion, butter, sour cream, sugar, lemon juice & mustard

— **uborka** *u·bawr·ko* pickled gherkins

serpenyős *sher·pe·nyēūsh* pan-fried

sertéshús *sher·taysh·hūsh* pork

só *shāw* salt

somlói galuska *shawm·lāw·i go·lush·ko* decadent dessert made from layered jam rolls topped with raisins, walnuts, jam, cocoa powder & cream then smothered in vanilla custard & rum syrup

sonka *shawn·ko* ham

sonkás kocka *shawn·kaash kots·ko* chopped ham mixed with butter, eggs, sour cream & pasta then baked

sonkával töltött gomba *shawn·kaa·vol teul·teutt gawm·bo* mushroom caps stuffed with smoked ham in paprika-flavoured cheese sauce & grilled

soproni lakodalmas leves *shawp·raw·ni lo·kaw·dol·mosh le·vesh* 'Sopron wedding soup' with chicken, carrot, parsley root, celeriac, cabbage, mushrooms, garlic, onion, ginger & vermicelli

sóska *shāwsh·ko* sorrel

sóskafőzelék *shāwsh·ko·fēū·ze·layk* creamed sorrel with butter, salt, flour, marrow stock, cream & sugar

sovány *shaw·vaan'* lean

sötét trombitagomba *sheu·tayt trawm·bi·to·gawm·bo* trumpet of death mushroom – tasty wild mushroom

spárga *shpaar*-go *asparagus*

spárgás bárányborda *shpaar*-gaash
*baa·raan'·bawr·do lamb cutlets with
asparagus tips & mushrooms*

spenót *shpe*-nåwt *spinach*

stíriai metélt *shtee*-ri·o·i *me*-taylt
*boiled quark & sour cream dumplings
baked with butter, sugar, sour cream,
egg yolks & lemon rind*

sült *shewlt baked*

— **csirke** *chir*-ke *roast chicken*

— **újkrumpli** *ü·y*-krump-li
new potatoes fried whole or in slices

sütemény *shew*-te-mayn' *pastry*

Sz

szaft *soft juice (of meat or fruit)*

szaftos *sof*-tawsh *juicy (meat or fruit)*

szalonna *so*-lawn-no *bacon*

szalonnás rántotta
so-lawn-naash *raan*-tawt-to
*egg poured over fried onions, chopped
bacon & sausages then scrambled*

száraz bor *saa*-roz bawr *dry wine*

szárazbab *saa*-roz-bob *dried beans*

szárított *saa*-ree-tawtt *dried*

szegedi tarhonyás hús
se-ge-di *tor*-haw-nyaash húsh
*diced pork cooked with onion,
paprika, capsicum, tomato & fried
pasta pellets*

szegfűszeg *seg*-féw-seg *cloves*

székely gulyás *say*-ke-y *gu*-yaash
*stew of sautéed pork, bacon, onion,
sauerkraut, paprika & sour cream*

szeletelt *se*-le-telt *chopped*

szentgyörgyhegyi palacsinta
sent-dyeurj-he-dyi *po*-lo-chin-to
*rolled walnut-cream-filled pancakes
baked in custard*

szerecsendió *se*-re-chen-di-åw *nutmeg*

szilva *sil*-vo *plums*

szilvapálinka *sil*-vo-paa-lin-ko
plum brandy

szilvás gombóc *sil*-vaash *gawm*-båwts
*potato-based dumplings filled with
pitted plums, sugar cubes & cinnamon
then boiled*

szósz *såws sauce*

szőlő *sèü*-lèü *grapes*

T

tarhonya *tor*-haw-nyo *pearl-like grains of
pasta made from flour, eggs & salt*

tarhonyaleves *tor*-haw-nyo-le-vesh
*soup with tarhonya, tomato, capsicum,
potato, onion, paprika & parsley*

tej *te*-y *milk*

tejföl *te*-y-feul *sour cream*

tejszínhab *te*-y-seen-hob *whipped cream*

tekert mákos kifli *te*-kert *maa*-kawsh *kif*-li
poppy seed roll in the shape of a knot

téliszalámi *tay*-li-so-laa-mi
*smoked pork salami made with a secret
blend of spices*

tészta *tays*-to *pasta – each dish is made
with specially shaped pasta*

tócsi *tåw*-chi *potato pancakes flavoured
with caraway seed*

tojás *taw*-yaash *egg*

tokaji aszú *taw*-ko-yi o-sü *prized sweet
dessert wine made from aszú grapes
infected with 'noble rot' (Botrytis cinera)*

tokaji aszú eszencia *taw*-ko-yi o-sü
e-sen-tsi-o *very rare variety of tokaji,
mixed with concentrated sugar essence
then matured in oak for at least 15 years*

tokaji furmint *taw*-ko-yi *fur*-mint
*wine made from the Furmint grape &
matured in dry & semisweet styles*

tokány *taw*-kaan'
*meat stewed in white wine, tomato
paste, onion, garlic, oil & seasonings*

torma *tawr*-mo *horseradish*

torta *tawr*-to *cake*

tök *teuk pumpkin*

tökfőzelék *teuk*-féw-ze-layk *creamed
pumpkin mixed with onion, dill, butter,
flour, paprika, capsicum, vinegar &
sour cream*

töltelék *teul*-te-layk *stuffing*

töltött *teul*-teutt *stuffed*

— **csirke** *chir*-ke *chicken stuffed with
bread, fried onion, chicken liver, egg &
seasonings then roasted in melted butter*

— **káposzta** *kaa*-paws-to *sauerkraut
cabbage leaves stuffed with onion, rice &
ground pork & cooked with layered
sauerkraut, meat stock & a paprika roux*

— **paprika** *pop*-ri-ko *capsicums stuffed
with onion, rice & ground pork & topped
with a tomato sauce*

menu decoder

181

— süllőtekercs tejszínes-paprikás mártással shewl·leü·te·kerch te·y·see·nesh·pop·ri·kaash maar·taash·shol rolled zander fillets with mushroom, egg yolk, onion & parsley filling, cooked in a cream & paprika sauce

— tök kapormártással teuk ko·pawr·maar·taash·shol marrow stuffed with minced pork, rice & egg, topped with dill, lemon juice, lemon rind & sour cream sauce & baked

túró tü·rāw quark – smooth cottage cheese usually made from cow's milk

túróscsusza tü·rāwsh·chu·so freshly cooked noodles served with sour cream, dill, quark and fried bacon

túrós pogácsa tü·rāwsh paw·gaa·cho **pogácsa** made from a dough of quark, flour, baking powder, salt & lard

túrós rétes tü·rāwsh ray·tesh strudel with a filling of quark, semolina & raisins

tüdő tew·deü lung

tűzdelt fácán tẽwz·delt faa·tsaan pheasant larded with smoked bacon & roasted in redwine gravy

Ty

tyúkhúsleves tyük·húsh·le·vesh chicken soup with carrot, kohlrabi & parsley & celery roots

U

uborka u·bawr·ko cucumber

unicum u·ni·kum dark bitter herb schnapps with extracts from over 40 different roots & herbs

ürühús ew·rew·húsh mutton

V

vadas libamell vo·dosh li·bo·mell goose breast marinated in vinegar, juniper berries, peppercorns, bay leaves, onion, carrot & parsley root then roasted with bacon, goose fat, mustard & sour cream

vaddisznó vod·dis·nāw wild boar

vadhús vod·húsh venison

vaj vo·y butter

vajas kifli vo·yosh kif·li butter croissant

vajas pogácsa vo·yosh paw·gaa·cho **pogácsa** made from a dough of flour, sugar, butter, yeast, egg yolks & sour cream

vanília vo·nee·li·o vanilla

vargabéles vor·go·bay·lesh dessert with layered ribbon pasta & strudel dough topped with a custard-like quark, sour cream, lemon rind, egg & vanilla sugar mixture

véres vay·reshh rare

virsli virsh·li thin sausage

vörösbor veu·reush·bawr red wine

vörösszárnyú keszeg veu·reush·saar·nyü ke·seg golden shiner (fish)

Z

zeller zel·ler celery

zellerlevél zel·ler·le·vayl celery leaves

zöldbab zeuld·bob green beans

zöldbabfőzelék zeuld·bob·feü·ze·layk cooked green beans, with onion, parsley, butter, flour, garlic, paprika, sour cream & vinegar

zöldbableves zeuld·bob·le·vesh green bean soup

zöldborsóleves zeuld·bawr·shāw·le·vesh soup of garden peas, paprika & parsley, served with egg or liver dumplings

zöldség zeuld·shayg vegetable

zöldségleves zeuld·shayg·le·vesh soup made from onion, carrot, parsley, tomato, capsicum & paprika

Zs

zsemle zhem·le bread roll

zsemlegombóc zhem·le·gawm·bāwts dumplings made from milk-soaked bread, lard, eggs & flour

zsír zheer lard

zsírban sült zheer·bon shewlt fried in lard

zsíros zhee·rawsh fat

emergencies

szükséghelyzetek

Help!	*Segítség!*	she·geet·shayg
Stop!	*Álljon meg!*	aall·yawn meg
Go away!	*Menjen innen!*	men·yen in·nen
Thief!	*Tolvaj!*	tawl·voy
Fire!	*Tűz!*	tēwz
Watch out!	*Vigyázzon!*	vi·dyaaz·zawn

Call the police!
Hívja a rendőrséget!   heev·yo o rend·ēūr·shay·get

Call a doctor!
Hívjon orvost!   heev·yawn awr·vawsht

Call an ambulance!
Hívja a mentőket!   heev·yo o men·tēū·ket

It's an emergency!
Sürgős esetről van szó.   shewr·gēūsh e·shet·rēūl von sāw

There's been an accident!
Baleset történt.   bo·le·shet teur·taynt

Could you please help?
Tudna segíteni?   tud·no she·gee·te·ni

Can I use your phone?
Használhatom a   hos·naal·ho·tawm o
telefonját?   te·le·fawn·yaat

signs

Baleseti	bo·le·she·ti	**Emergency**
ambulancia	om·bu·lon·tsi·yo	**Department**
Kórház	kāwr·haaz	**Hospital**
Rendőrség	rend·ēūr·shayg	**Police Station**

essentials

I'm lost.
Eltévedtem.　　　　　　　*el*·tay·ved·tem

Where are the toilets?
Hol a vécé?　　　　　　hawl o *vay*·tsay

Is it safe …?	*Biztonságos …?*	*biz*·tawn·shaa·gawsh …
at night	*éjszaka*	*ay*·so·ko
for gay people	*melegek számára*	*me*·le·gek *saa*·maa·ro
for travellers	*turisták*	*tu*·rish·taak
	számára	*saa*·maa·ro
for women	*nők számára*	*nēūk saa*·maa·ro
on your own	*egyedül*	*e*·dye·dewl

police

Where's the police station?
Hol a rendőrség?　　　　hawl o *rend*·ēūr·shayg

I want to report an offence.
Bűncselekményt szeretnék　*bēwn*·che·lek·maynyt *se*·ret·nayk
bejelenteni.　　　　　　*be*·ye·len·te·ni

It was him/her.
Ő volt az.　　　　　　　ēū vawlt oz

I have insurance.
Van biztosításom.　　　von *biz*·taw·shee·taa·shawm

I've been …
He/She has been …

assaulted	*Megtámadtak.*	*meg*·taa·mod·tok
raped	*Megerőszakoltak.*	*meg*·e·rēū·so·kawl·tok
ripped off	*Becsaptak.*	*be*·chop·tok
robbed	*Kiraboltak.*	*ki*·ro·bawl·tok

He/She tried　　*Megpróbált …*　*meg*·prāw·baalt …
to … me.

assault	*megtámadni*	*meg*·taa·mod·ni
rape	*megerőszakolni*	*meg*·e·rēū·so·kawl·ni
rob	*kirabolni*	*ki*·ro·bawl·ni

My … was/were stolen.	Ellopták …	el·lawp·taak …
I've lost my …	Elvesztettem …	el·ves·tet·tem …
backpack	a hátizsákomat	o haa·ti·zhaa·kaw·mot
bags	a csomagjaimat	o chaw·mog·yo·i·mot
credit card	a hitelkártyámat	o hi·tel·kaar·tyaa·mot
handbag	a kézitáskámat	o kay·zi·taash·kaa·mot
jewellery	az ékszereimet	oz ayk·se·re·i·met
money	a pénzemet	o payn·ze·met
papers	az irataimat	oz i·ro·to·i·mot
travellers cheques	az utazási csekkjeimet	oz u·to·zaa·shi chekk·ye·i·met
passport	az útlevelemet	oz üt·le·ve·le·met
purse	a pénztárcámat	o paynz·taar·tsaa·mot
wallet	a tárcámat	o taar·tsaa·mot

the police may say …

You're charged with …	A vád Ön ellen …	o vaad eun el·len …
He/She is charged with …	A vád ellene …	o vaad el·le·ne …
assault	testi sértés	tesh·ti shayr·taysh
disturbing the peace	rendzavarás	rend·zo·vo·raash
not having a visa	az, hogy nincs vízuma	oz hawj ninch vee·zu·mo
overstaying your visa	az, hogy túllépte a vízum időtartamát	oz hawj tül·layp·te o vee·zum i·dēū·tor·to·maat
possession (of illegal substances)	az, hogy (illegális anyagok) birtokában volt	oz hawj (il·le·gaa·lish o·nyo·gawk) bir·taw·kaa·bon vawlt
shoplifting	bolti tolvajlás	bawl·ti tawl·voy·laash
theft	lopás	law·paash
It's a … fine.	Ez egy … bírság.	ez ej … beer·shaag
parking	parkolási	por·kaw·laa·shi
speeding	gyorshajtásért járó	dyawrsh·hoy·taa·shayrt yaa·rāw

What am I accused of?
Mivel vádolnak?   mi·vel vaa·dawl·nok

I'm sorry.
Sajnálom.   shoy·naa·lawm

I didn't realise I was doing anything wrong.
Nem voltam tudatában   nem *vawl*·tom *tu*·do·taa·bon
annak, hogy valami   on·nok hawj *vo*·lo·mi
rosszat csinálok.   raws·sot *chi*·naa·lawk

I didn't do it.
Nem csináltam azt.   nem *chi*·naal·tom ozt

Can I pay an on-the-spot fine?
Fizethetek helyszíni   fi·zet·he·tek *hey*·see·ni
bírságot?   beer·shaa·gawt

I want to contact my embassy/consulate.
Kapcsolatba akarok lépni kop·chaw·lot·bo o·ko·rawk *layp*·ni
a követségemmel/   o *keu*·vet·shay·gem·mel/
konzulátusommal.   kawn·zu·laa·tu·shawm·mol

Can I make a phone call?
Telefonálhatok?   te·le·faw·naal·ho·tawk

Can I have a lawyer (who speaks English)?
Kaphatok egy ügyvédet   kop·ho·tawk ej *ewj*·vay·det
(aki beszél angolul)?   (o·ki *be*·sayl *on*·gaw·lul)

This drug is for personal use.
Ez a szer személyes   ez o ser *se*·may·yesh
használatra való.   hos·naa·lot·ro *vo*·lāw

I have a prescription for this drug.
Van receptem ehhez a   von *re*·tsep·tem *e*·hez o
gyógyszerhez.   dyāwj·ser·hez

doctor

orvos

Where's the	Hol a	hawl o
nearest ...?	legközelebbi ...?	leg·keu·ze·leb·bi ...
dentist	fogorvos	fawg·awr·vawsh
doctor	orvos	awr·vawsh
emergency	baleseti	bo·le·she·ti
department	ügyelet	ew·dye·let
hospital	kórház	kāwr·haaz
medical centre	orvosi rendelő	awr·vaw·shi ren·de·lēū
optometrist	szemészet	se·may·set
(night)	(éjszaka	(ay·so·ko
pharmacist	nyitvatartó)	nyit·vo·tor·tāw)
	gyógyszertár	dyāwj·ser·taar

I need a doctor (who speaks English).
(Angolul beszélő) (on·gaw·lul be·say·lēū)
Orvosra van awr·vawsh·ro von
szükségem. sewk·shay·gem

Could I see a female doctor?
Beszélhetnék egy be·sayl·het·nayk ej
orvosnővel? awr·vawsh·nēū·vel

Could the doctor come here?
Ide tudna jönni az orvos? i·de tud·no yeun·ni oz awr·vawsh

Is there an after-hours emergency number?
Van munkaidő után von mun·ko·i·dēū u·taan
hívható telefonszám? heev·ho·tāw te·le·fawn·saam

I've run out of my medication.
Elfogyott az el·faw·dyawtt oz
orvosságom. awr·vawsh·shaa·gawm

This is my usual medicine.
Ezt az orvosságot szedem. ezt oz awr·vawsh·shaa·gawt se·dem

My son/daughter weighs (20) kilos.
A fiam/lányom (húsz) kiló.   o fi·om/laa·nyawm (hūs) ki·lāw

What's the correct dosage?
Mi a helyes adagolás?   mi o he·yesh o·do·gaw·laash

I don't want a blood transfusion.
Nem akarok   nem o·ko·rawk
vérátömlesztést.   vayr·aat·eum·les·taysht

Please use a new syringe/needle.
Kérem, használjon új   kay·rem hos·naal·yawn ū·y
fecskendőt/tűt.   fech·ken·dẽūt/tẽwt

I have my own syringe.
Van saját fecskendőm   von sho·yaat fech·ken·dẽūm
tűm.   tẽwm

I've been vaccinated against …	*Be vagyok oltva … ellen.*	be vo·dyawk awlt·vo … el·len
He/She has been vaccinated against …	*Be van oltva … ellen.*	be von awlt·vo … el·len
hepatitis A/B/C	*hepatitis Á/B/C*	he·po·ti·tis aa/bay/tsay
meningo-encephalitis	*agyhártya- és agyvelőgyulladás*	oj·haar·tyo·aysh oj·ve·lẽū·dyul·lo·daash
tetanus	*tetanusz*	te·to·nus
typhoid	*tífusz*	tee·fus

I need new …	*Új … van szükségem.*	ū·y … von sewk·shay·gem
contact lenses	*kontaktlencsére*	kawn·tokt·len·chay·re
glasses	*szemüvegre*	sem·ew·veg·re

My prescription is …
A receptem …   o re·tsep·tem …

How much will it cost?
Mennyibe kerül?   men'·nyi·be ke·rewl

Can I have a receipt for my insurance?
Kaphatok egy számlát a   kop·ho·tawk ej saam·laat o
biztosítóm részére?   biz·taw·shee·tāwm ray·say·re

Hungarians have great respect for medical practitioners so be sure to address them correctly. A male doctor should be addressed as *Doktor úr* dawk·tawr ūr (Mr Doctor) and a female doctor as *Doktornő* dawk·tawr·nēū (Madame Doctor), even outside of a medical context.

symptoms & conditions

tünetek és állapotok

I'm sick.
Rosszul vagyok.   raws·sul vo·dyawk

My friend is (very) sick.
A barátom/barátnőm   o bo·raa·tawm/bo·raat·nēūm
(nagyon) rosszul van. m/f   (no·dyawn) raws·sul von

My son/daughter is (very) sick.
A fiam/lányom (nagyon)   o fi·om/laa·nyawm (no·dyawn)
rosszul van.   raws·sul von

He/She is having a/an …	... van.	... von
allergic reaction	*Allergiás rohama*	ol·ler·gi·aash raw·ho·mo
asthma attack	*Asztmás rohama*	ost·maash raw·ho·mo
epileptic fit	*Epilepsziás rohama*	e·pi·lep·si·aash raw·ho·mo
heart attack	*Szívrohama*	seev·raw·ho·mo

I've been …		
injured	*Megsérültem.*	meg·shay·rewl·tem
vomiting	*Hányok.*	haa·nyawk

He/She has been …		
injured	*Megsérült.*	meg·shay·rewlt
vomiting	*Hány.*	haan'

health

189

the doctor may say ...

What's the problem?
Mi a probléma?   mi o *prawb*·lay·mo

Where does it hurt?
Hol fáj?   hawl *faa*·y

Do you have a temperature?
Van láza?   von *laa*·zo

How long have you been like this?
Mennyi ideje van ez a   *men*·'nyi *i*·de·ye von ez o
panasza?   *po*·no·so

Have you had this before?
Volt korábban ilyen   vawlt *kaw*·raab·bon *i*·yen
panasza?   *po*·no·so

Are you sexually active?
Él nemi életet?   ayl *ne*·mi *ay*·le·tet

Have you had unprotected sex?
Közösült   *keu*·zeu·shewlt
védekezés nélkül?   *vay*·de·ke·zaysh nayl·kewl

Do you ...?
drink	*Iszik alkoholt?*	*i*·sik *ol*·kaw·hawlt
smoke	*Dohányzik?*	*daw*·haan'·zik
take drugs	*Szed*	sed
	kábítószert?	*kaa*·bee·tāw·sert

Are you ...?
allergic to	*Allergiás*	*ol*·ler·gi·aash
anything	*valamire?*	*vo*·lo·mi·re
on medication	*Szed valamilyen*	sed *vo*·lo·mi·yen
	gyógyszert?	*dyāwj*·sert

How long are you travelling for?
Mennyi ideig utazik?   *men*·'nyi *i*·de·ig *u*·to·zik

You need to be admitted to hospital.
Kórházba kell   *kāwr*·haaz·bo kell
mennie.   *men*·ni·e

You should have it checked when you go home.

Ezt ki kellene vizsgáltatni,	ezt ki kel·le·ne vizh·gaal·tot·ni
amikor hazaér.	o·mi·kawr ho·zo·ayr

You should return home for treatment.

Haza kellene mennie	ho·zo kel·le·ne men·ni·e
orvosi kezelésre.	awr·vaw·shi ke·ze·laysh·re

You're a hypochondriac.

Ön hipochonder.	eun hi·paw·hawn·der

I feel ...

anxious	*Félek.*	fay·lek
depressed	*Depressziós*	dep·res·si·āwsh
	hangulatban	hon·gu·lot·bon
	vagyok.	vo·dyawk
dizzy	*Szédülök.*	say·dew·leuk
hot and cold	*Melegem van*	me·le·gem von
	és fázom is.	aysh faa·zawm ish
nauseous	*Hányingerem van.*	haan'·in·ge·rem von
shivery	*Ráz a hideg.*	raaz o hi·deg

I feel ...

	... érzem magam.	... ayr·zem mo·gom
better	*Jobban*	yawb·bon
strange	*Furcsán*	fur·chaan
weak	*Gyengének*	dyen·gay·nek
worse	*Rosszabbul*	raws·sob·bul

It hurts here.

Itt fáj.	itt faa·y

I'm dehydrated.

Ki vagyok száradva.	ki vo·dyawk saa·rod·vo

I can't sleep.

Nem tudok aludni.	nem tu·dawk o·lud·ni

I think it's the medication I'm on.

Azt hiszem, a gyógyszer	ozt hi·sem o dyāwj·ser
miatt van, amit szedek.	mi·ott von o·mit se·dek

I'm on medication for …

… *gyógyszert szedek.* … *dyāwj·sert se·dek*

He/She is on medication for …

… *gyógyszert szed.* … *dyāwj·sert sed*

I have (a) …

cold	*Meg vagyok fázva.*	meg vo·dyawk faaz·vo
cough	*Köhögök.*	keu·heu·geuk
diabetes	*Cukorbeteg vagyok.*	tsu·kawr·be·teg vo·dyawk
headache	*Fáj a fejem.*	faa·y o fe·yem
sore throat	*Fáj a torkom.*	faa·y o tawr·kawm

He/She has (a) …

cold	*Meg van fázva.*	meg von faaz·vo
cough	*Köhög.*	keu·heug
diabetes	*Cukorbeteg.*	tsu·kawr·be·teg
headache	*Fáj a feje.*	faa·y o fe·ye
sore throat	*Fáj a torka.*	faa·y o tawr·ko

I have (a) … … *van.* … von

asthma	*Asztmám*	ost·maam
constipation	*Székrekedésem*	sayk·re·ke·day·shem
diarrhoea	*Hasmenésem*	hosh·me·nay·shem
fever	*Lázam*	laa·zom
nausea	*Hányingerem*	haan'·in·ge·rem

He/She has (a) … … *van.* … von

asthma	*Asztmája*	ost·maa·ya
constipation	*Székrekedése*	sayk·re·ke·day·she
diarrhoea	*Hasmenése*	hosh·me·nay·she
fever	*Láza*	laa·zo
nausea	*Hányingere*	haan'·in·ge·re

women's health

(I think) I'm pregnant.
   (Azt hiszem) Terhes vagyok. (ozt *hi*·sem) *ter*·hesh *vo*·dyawk

I'm on the pill.
   Fogamzásgátlót szedek.   faw·gom·zaash·gaat·lāwt *se*·dek

I haven't had my period for (six) weeks.
   (Hat) hete nem jött meg (hot) *he*·te nem yeutt meg
   a menstruációm.   o *mensht*·ru·aa·tsi·āwm

I've noticed a lump here.
   Észrevettem itt egy csomót. *ays*·re·vet·tem itt ej *chaw*·māwt

She's having a baby.
   Szül.   sewl

I need ...	... van szükségem.	... von *sewk*·shay·gem
a pregnancy test	*Terhességi tesztre*	*ter*·hesh·shay·gi *test*·re
contraception	*Valamilyen fogamzásgátlóra*	*vo*·lo·mi·yen *faw*·gom·zaash·gaat·lāw·ro
the morning-after pill	*Esemény utáni fogamzásgátló tablettára*	*e*·she·mayn' *u*·taa·ni *faw*·gom·zaash·gaat·lāw *tob*·let·taa·ro

the doctor may say ...

Are you using contraception?
   Használ valamilyen *hos*·naal *vo*·lo·mi·yen
   fogamzásgátlót?   *faw*·gom·zaash·gaat·lāwt

Are you menstruating?
   Menstruál?   *mensht*·ru·aal

When did you last have your period?
   Mikor volt az utolsó *mi*·kawr vawlt oz *u*·tawl·shāw
   vérzése?   *vayr*·zay·she

Are you pregnant?
   Terhes?   *ter*·hesh

You're pregnant.
   Terhes.   *ter*·hesh

health

193

allergies

I'm allergic to ...	*Allergiás vagyok ...*	ol·ler·gi·aash vo·dyawk ...
He/She is allergic to ...	*Allergiás ...*	ol·ler·gi·aash ...
antibiotics	*az anti- biotikumokra*	oz on·ti· bi·aw·ti·ku·mawk·ro
anti- inflammatories	*a gyulladás- gátlókra*	o dyul·lo·daash· gaat·lāwk·ro
aspirin	*az aszpirinre*	oz os·pi·rin·re
bees	*a méhekre*	o may·hek·re
codeine	*a kodeinre*	o ko·de·in·re
penicillin	*a penicillinre*	o pe·ni·tsil·lin·re
pollen	*a virágporra*	o vi·raag·pawr·ro
sulphur- based drugs	*a kén alapanyagú szerekre*	o kayn o·lop·o·nyo·gū se·rek·re

I have a skin allergy.
Bőrallergiám van.   bēūr·ol·ler·gi·aam von

inhaler	*inhalálókészülék*	in·ho·laa·lāw·kay·sew·layk
injection	*injekció*	in·yek·tsi·āw
antihistamines	*antihisztaminok*	on·ti·his·to·mi·nawk

For food-related allergies, see **vegetarian & special meals**, page 173.

parts of the body

testrészek

My ... hurts.
　Fáj ...　　　　　　　　faa·y ...
I can't move my ...
　Nem tudom mozgatni ...　nem tu·dawm mawz·got·ni ...
I have a cramp in my ...
　Begörcsölt ...　　　　　be·geur·cheult ...
My ... is swollen.
　Bedagadt ...　　　　　be·do·gott ...
Ouch!
　Jaj!　　　　　　　　　yo·y

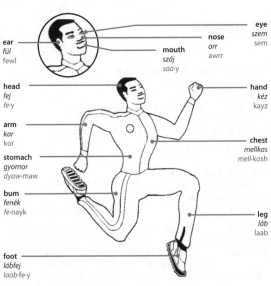

eye
szem
sem

nose
orr
awrr

mouth
száj
saa·y

ear
fül
fewl

head
fej
fe·y

hand
kéz
kayz

arm
kar
kor

chest
mellkas
mell·kosh

stomach
gyomor
dyaw·maw

bum
fenék
fe·nayk

leg
láb
laab

foot
lábfej
laab·fe·y

alternative treatments

I don't use (Western medicine).
Nem használok   nem *hos*·naa·lawk
(nyugati gyógyítást).   (*nyu*·go·ti *dyāw*·dyee·taasht)

I prefer ...	*Jobban szeretem ...*	*yawb*·bon *se*·re·tem ...
Can I see	*Beszélhetek*	*be*·sayl·he·tek
someone who	*valakivel, aki*	*vo*·lo·ki·vel *o*·ki
practices ...	*... alkalmaz.*	... *ol*·kol·moz
acupuncture	*az akupunktúrát*	oz *o*·ku·punk·tū·raat
naturopathy	*a természet-*	o *ter*·may·set·
	gyógyászatot	dyāw·dyaa·so·tawt
reflexology	*a reflexológiát*	o *ref*·lek·saw·lāw·gi·aat

pharmacist

I need something for (a headache).
Kérek valamit (fejfájás)   *kay*·rek *vo*·lo·mit (*fey*·faa·yaash)
ellen.   *el*·len

Do I need a prescription for (antihistamines)?
Kell recept   kell *re*·tsept
(antihisztaminokra)?   (*on*·ti·his·to·mi·nawk·ro)

I have a prescription.
Van receptem.   von *re*·tsep·tem

How many times a day?
Naponta hányszor?   *no*·pawn·to *haan'*·sawr

Will it make me drowsy?
Álmos leszek tőle?   *aal*·mawsh *le*·sek *tēū*·le

antiseptic	*fertőzésgátló*	*fer*·tēū·zaysh·gaat·lāw
contraceptives	*fogamzásgátló*	*faw*·gom·zaash·gaat·lāw
painkillers	*fájdalom-*	*faa*·y·do·lawm·
	csillapító	chil·lo·pee·tāw
thermometer	*lázmérő*	*laaz*·may·rēū

Twice a day (with food).
Naponta kétszer   *no·pawn·to kayt·ser*
(étkezés közben).   *(ayt·ke·zaysh keuz·ben)*

Before/After meals.
Étkezés előtt/után.   *ayt·ke·zaysh e·lēūt/u·taan*

Have you taken this before?
Szedett már ilyet?   *se·dett maar i·yet*

You must complete the course.
Be kell fejeznie   *be kell fe·yez·ni·e*
a sorozatot.   *o shaw·raw·zo·tawt*

dentist

fogorvos

I need a dentist (who speaks English).
(Angolul beszélő)   *(on·gaw·lul be·say·lēū)*
Fogorvosra van   *fawg·awr·vawsh·ro von*
szükségem.   *sewk·shay·gem*

I have a ...	*... a fogam.*	*... o faw·gom*
broken tooth	*Eltörött*	*el·teu·reutt*
cavity	*Lukas*	*lu·kosh*
toothache	*Fáj*	*faa·y*

I need a/an ...	*Kérek ...*	*kay·rek ...*
anaesthetic	*érzéstelenítőt*	*ayr·zaysh·te·le·nee·tēūt*
filling	*tömést*	*teu·maysht*

health

197

the dentist may say ...

Open wide.
Nyissa ki nagyra a száját.   nyish·sho ki noj·ro o saa·yaat

This won't hurt a bit.
Ez egyáltalán nem   ez e·dyaal·to·laan nem
fog fájni.   fog faa·y·ni

Bite down on this.
Harapjon rá.   ho·rop·yawn raa

Don't move.
Ne mozduljon.   ne mawz·dul·yawn

Rinse!
Öblítsen!   eub·leet·shen

Come back, I haven't finished!
Jöjjön vissza, még nem   yeuy·yeun vis·so mayg nem
vagyunk kész.   vo·dyunk kays

I've lost a filling.
Kiesett a tömés.   ki·e·sett o teu·maysh

My dentures are broken.
Eltörött a műfogsorom.   el·teu·reutt o mēw·fawg·shaw·rawm

My gums hurt.
Fáj az ínyem.   faa·y oz ee·nyem

I don't want it extracted.
Nem akarom kihúzatni.   nem o·ko·rawm ki·hū·zot·ni

A few Hungarian words have different masculine and feminine forms, such as 'teacher'. These are marked with ⓜ or ⓕ. You'll also find words marked as adjective ⓐ, noun ⓝ, verb ⓥ, singular sg, plural pl, informal inf and polite pol where necessary. Words which take word endings, such as the Hungarian words for 'about' and 'our', are shown with their different endings. To work out which one to use, look at the **a–z phrasebuilder** and **vowel harmony**, page 14.

A

aboard *a fedélzeten* o·fe·dayl·ze·ten
abortion *abortusz* o·bawr·tus
about -ról/-ről ·rāwl/·rēūl
above *fölött* feu·leutt
abroad *külföldön* kewl·feul·deun
accident *baleset* bol·e·shet
accommodation *szállás* saal·laash
account (bank) *számla* saam·lo
across *át* aat
activist *aktivista* ok·ti·vish·to
actor *színész* see·nays
acupuncture *akupunktúra* o·ku·punk·tū·ro
adaptor *adapter* o·dop·ter
addiction *függőség* fewg·gēū·shayg
address *cím* tseem
administration *adminisztráció*
  od·mi·nist·raa·tsi·āw
admission (price) *belépő* be·lay·pēū
admit *beenged* be·en·ged
adult ⓝ *felnőtt* fel·nēūtt
advertisement *hirdetés* hir·de·taysh
advice *tanács* to·naach
aerobics *aerobic* e·raw·bik
aeroplane *repülőgép* re·pew·lēū·gayp
Africa *Afrika* of·ri·ko
after *után* u·taan
(this) afternoon *(ma) délután*
  (mo) *dayl*·u·taan
aftershave *borotválkozás utáni arcszesz*
  baw·rawt·vaal·kaw·zaash u·taa·ni
  orts·ses
again *megint* me·gint
age ⓝ *kor* kawr
(three days) ago *(három nappal) ezelőtt*
  (haa·rawm nop·pol) ez·e·lēūtt

agree *egyetért* e·dyet·ayrt
agriculture *mezőgazdaság*
  me·zēū·goz·do·shaag
ahead *előre* e·lēū·re
AIDS *AIDS* ayds
air *levegő* le·ve·gēū
air-conditioned *légkondicionált*
  layg·kawn·di·tsi·aw·naalt
air-conditioning *légkondicionálás*
  layg·kawn·di·tsi·aw·naa·laash
airline *légitársaság* lay·gi·taar·sho·shaag
airmail *légiposta* lay·gi·pawsh·to
airplane *repülőgép* re·pew·lēū·gayp
airport *repülőtér* re·pew·lēū·tayr
airport tax *repülőtéri adó*
  re·pew·lēū·tay·ri o·dāw
aisle (plane etc) *folyosó*
  faw·yaw·shāw
alarm clock *ébresztőóra*
  ayb·res·tēū·āw·ro
alcohol *alkohol* ol·kaw·hawl
all *minden* min·den
allergy *allergia* ol·ler·gi·o
alley *köz* keuz
almond *mandula* mon·du·lo
almost *majdnem* moyd·nem
alone *egyedül* e·dye·dewl
already *már* maar
also *is* ish
altar *oltár* awl·taar
altitude *magasság* mo·gosh·shaag
always *mindig* min·dig
ambassador *nagykövet* noj·keu·vet
ambulance *mentő* men·tēū
America *Amerika* o·me·ri·ko
American football *amerikai futball*
  o·me·ri·ko·i *fut*·ball

anaemia *vérszegénység*
vayr·se·gayn'·shayg
anarchist *anarchista* o·nor·hish·to
ancient *régi* ray·gi
and *és* aysh
angry *mérges* mayr·gesh
animal *állat* aal·lot
ankle *boka* baw·ko
another *másik* maa·shik
answer ⓝ *válasz* vaa·los
ant *hangya* hon·dyo
anteroom *előszoba* e·lēū·saw·bo
antibiotics *antibiotikumok*
on·ti·bi·aw·ti·ku·mawk
antinuclear *antinukleáris*
on·ti·nuk·le·aa·rish
antique ⓝ *antik* on·tik
antiseptic ⓐ *antiszeptikus*
on·ti·sep·ti·kush
any *bármilyen* baar·mi·yen
apartment *lakás* lo·kaash
appendix (body) *vakbél* vok·bayl
apple *alma* ol·mo
appointment *megbeszélt időpont*
meg·be·saylt i·dēū·pawnt
apricot *sárgabarack* shaar·go·bo·rotsk
April *április* aap·ri·lish
archaeological *régészeti* ray·gay·se·ti
architect *építész* ay·pee·tays
architecture *építészet* ay·pee·tay·set
argue *vitatkozik* vi·tot·kaw·zik
arm (body) *kar* kor
aromatherapy *aromaterápia*
o·raw·mo·te·raa·pi·o
arrest ⓥ *letartóztatás* le·tor·tāwz·to·taash
arrivals *érkezés* ayr·ke·zaysh
arrive *érkezik* ayr·ke·zik
art *művészet* mēw·vay·set
art gallery *galéria* go·lay·ri·o
artist *művész* mēw·vays
ashtray *hamutartó* ho·mu·tor·tāw
Asia *Ázsia* aa·zhi·o
ask (a question) *kérdez* kayr·dez
ask (for something) *kér* kayr
asparagus *spárga* shpaar·go
aspirin *aszpirin* os·pi·rin
asthma *asztma* ost·mo
at *-nál/-nél* ·naal/·nayl
athletics *atlétika* ot·lay·ti·ko
atmosphere *atmoszféra* ot·maws·fay·ro
aubergine *padlizsán* pod·li·zhaan
August *augusztus* o·u·gus·tush

aunt *nagynéni* noj·nay·ni
Australia *Ausztrália* o·ust·raa·li·o
Australian Rules Football *ausztrál futball*
o·ust·raal fut·ball
Austria *Ausztria* o·ust·ri·o
Austro-Hungarian Empire
Osztrák-Magyar Monarchia
awst·raak·mo·dyor maw·nor·hi·o
automated teller machine (ATM)
bankautomata bonk·o·u·taw·mo·to
autumn *ősz* ēūs
avenue *fasor* fo·shawr
avocado *avokádó* o·vaw·kaa·dāw
awful *borzalmas* bawr·zol·mosh

B

B&W (film) *fekete-fehér* fe·ke·te·fe·hayr
baby *baba* bo·bo
baby food *babaeledel* bo·bo·e·le·del
baby powder *babahintőpor*
bo·bo·hin·tēū·pawr
babysitter *bébiszitter* bay·bi·sit·ter
back (body) *hát* haat
back (position) *vissza* vis·so
backpack *hátizsák* haa·ti·zhaak
bacon *szalonna* so·lawn·no
bad *rossz* rawss
bag *táska* taash·ko
baggage *poggyász* pawd'·dyaas
baggage allowance
ingyen szállítható poggyász
in·dyen saal·leet·ho·tāw pawd'·dyaas
baggage claim *poggyászkiadó*
pawd'·dyaas·ki·o·dāw
bakery *pékség* payk·shayg
balance (account) *egyenleg* e·dyen·leg
balcony *erkély* er·kay
ball (sport) *labda* lob·do
ballet *balett* bo·lett
banana *banán* bo·naan
band (music) *együttes* e·dyewt·tesh
bandage *kötés* keu·taysh
Band-Aid *ragtapasz* rog·to·pos
bank (institution) *bank* bonk
bank account *bankszámla* bonk·saam·lo
banknote *bankjegy* bonk·yej
baptism *keresztelő* ke·res·te·lēū
bar *bár* baar
bar work *bárban végzett munka*
baar·bon vayg·zett mun·ko
barber *borbély* bawr·bay

baseball *baseball* bayz·bāwl
basket *kosár* kaw·shaar
basketball *kosárlabda* kaw·shaar·lob·do
bath ⓝ *fürdő* fewr·dēü
bathing suit *fürdőruha* fewr·dēü·ru·ho
bathroom *fürdőszoba* fewr·dēü·saw·bo
battery (car) *akkumulátor*
  ok·ku·mu·laa·tawr
battery (general) *elem* e·lem
be *lenni* len·ni
beach *strand* shtrond
beach volleyball
  strandon játszott röplabda
  shtron·dawn yaat·sawtt reup·lob·do
bean *bab* bob
beansprout *babcsíra* bob·chee·ro
beautiful *szép* sayp
beauty salon *kozmetikai szalon*
  kawz·me·ti·ko·i so·lawn
because *mert* mert
bed *ágy* aaj
bed linen *ágynemű* aaj·ne·mēw
bedding *ágyfelszerelés*
  aaj·fel·se·re·laysh
bedroom *hálószoba* haa·lāw·saw·bo
bee *méh* mayh
beef *marhahús* mor·ho·hūsh
beer *sör* sheur
beer cellar *söröző* sheu·reu·zēü
beetroot *cékla* tsayk·lo
before *előtt* e·lēütt
beggar *koldus* kawl·dush
behind *mögött* meu·geutt
Belgium *Belgium* bel·gi·um
below *alatt* o·lott
beside *mellett* mel·lett
best *legjobb* leg·yawbb
bet *fogadás* faw·go·daash
better *jobb* yawbb
between *között* keu·zeutt
bible *Biblia* bib·li·o
bicycle *bicikli* bi·tsik·li
big *nagy* noj
bigger *nagyobb* no·dyawbb
biggest *legnagyobb* leg·no·dyawbb
bike chain *biciklilánc* bi·tsik·li·laants
bike lock *biciklizár* bi·tsik·li·zaar
bike path *bicikliút* bi·tsik·li·ūt
bike shop *biciklibolt* bi·tsik·li·bawlt
bill (restaurant etc) *számla* saam·lo
binoculars *látcső* laat·chēü
bird *madár* mo·daar

birth certificate
  születési anyakönyvi kivonat
  sew·le·tay·shi o·nyo·keun'·vi ki·vaw·not
birthday *születésnap* sew·le·taysh·nop
biscuit *keksz* keks
bite ⓥ *csípés* chee·paysh
bite (dog) *harap* ho·rop
bite (insect) *csíp* cheep
bitter *keserű* ke·she·rēw
black *fekete* fe·ke·te
bladder *húgyhólyag* hūj·hāw·yog
blanket *takaró* to·ko·rāw
blind *vak* vok
blister *hólyag* hāw·yog
blocked (nose, etc) *el van dugulva*
  el von du·gul·vo
blocked (road) *le van zárva*
  le von zaar·vo
blood *vér* vayr
blood group *vércsoport* vayr·chaw·pawrt
blood pressure *vérnyomás*
  vayr·nyaw·maash
blood test *vérvizsgálat* vayr·vizh·gaa·lot
blue *kék* kayk
board (plane, ship) *felszáll* fel·saall
boarding house *penzió* pen·zi·āw
boarding pass *beszállókártya*
  be·saal·lāw·kaar·tyo
boat (big) *hajó* ho·yāw
boat (small) *csónak* chāw·nok
body *test* tesht
boiled *forralt* fawr·rolt
bone *csont* chawnt
book ⓝ *könyv* keun'v
book ⓥ *lefoglal* le·fawg·lol
booked out *minden hely foglalt*
  min·den he·y fawg·lolt
bookshop *könyvesbolt*
  keun'·vesh·bawlt
boot (footwear) *bakancs* bo·konch
boots (footwear) *bakancsok*
  bo·kon·chawk
border *határ* ho·taar
bored *unott* u·nawtt
boring *unalmas* u·nol·mosh
borrow *kölcsönkér* keul·cheun·kayr
botanic garden *botanikus kert*
  baw·to·ni·kush kert
both *mindkettő/mindkét*
  mind·ket·tēü/mind·kayt
bottle *üveg* ew·veg
bottle opener *sörnyitó* sheur·nyi·tāw

bottle shop *alkoholos italokat árusító bolt* ol-kaw-haw-lawsh i-to-law-kot aa-ru-shee-tāw bawlt
bottom (body) *fenék* fe-nayk
bottom (position) *alj* ol-y
bowl *tál* taal
box *doboz* daw-bawz
boxer shorts *bokszernadrág* bawk-ser-nod-raag
boxing *boksz* bawks
boy *fiú* fi-ū
boyfriend *barát* bo-raat
bra *melltartó* mell-tor-tāw
brakes *fék* fayk
brandy *brandy* bren-di
brave *bátor* baa-tawr
bread *kenyér* ke-nyayr
bread roll *zsemle* zhem-le
break ⓥ *szünet* sew-net
break down ⓥ *elromlik* el-rawm-lik
breakfast *reggeli* reg-ge-li
breast (body) *mell* mell
breathe *lélegzik* lay-leg-zik
bribe ⓝ *kenőpénz* ke-nēū-paynz
bridge *híd* heed
bridle *kantár* kon-taar
briefcase *aktatáska* ok-to-taash-ko
brilliant *ragyogó* ro-dyaw-gāw
bring *hoz* hawz
broccoli *brokkoli* brawk-kàw-li
brochure *brosúra* braw-shū-ro
broken *eltörött* el-teu-reutt
broken down *elromlott* el-rawm-lawtt
bronchitis *hörghurut* heurg-hu-rut
brother (older) *báty* baat'
brother (younger) *öcs* euch
brown *barna* bor-no
bruise ⓝ *horzsolás* hawr-zhaw-laash
brush ⓝ *kefe* ke-fe
Brussels sprout *kelbimbó* kel-bim-bāw
bucket *vödör* veu-deur
Buddhist *buddhista* budd-hish-to
budget *költségvetés* keult-shayg-ve-taysh
buffet *büfé* bew-fay
bug *poloska* paw-lawsh-ko
build *épít* ay-peet
builder *építőmester* ay-pee-tēū-mesh-ter
building *épület* ay-pew-let
Bulgaria *Bulgária* bul-gaa-ri-o
bull *bika* bi-ko
bumbag *övtáska* euv-taash-ko
burn ⓝ *ég* ayg

burnt *megégett* meg-ay-gett
bus *busz* bus
bus station *buszállomás* bus-aal-law-maash
bus stop *buszmegálló* bus-meg-aal-lāw
bush farm *tanya* to-nyo
business *üzlet* ewz-let
business class *business class* biz-nis kloss
business trip *üzleti út* ewz-le-ti üt
businessman *üzletember* ewz-let-em-ber
businesswoman *üzletasszony* ewz-let-os-sawn'
busker *vándorkomédiás* vaan-dawr-kaw-may-di-aash
busy *elfoglalt* el-fawg-lolt
but *de* de
butcher *hentes* hen-tesh
butcher's shop *hentesüzlet* hen-tesh-ewz-let
butter *vaj* vo-y
butterfly *pillangó* pil-lon-gāw
button *gomb* gawmb
buy *vesz* ves

C

cabbage *káposzta* kaa-paws-to
cable car *drótkötélpálya-kabin* drāwt-keu-tayl-paa-yo-ko-bin
café *kávézó* kaa-vay-zāw
cake *sütemény* shew-te-mayn'
cake shop *cukrászda* tsuk-raas-do
calculate *számol* saa-mawl
calculator *számológép* saa-maw-lāw-gayp
calendar *naptár* nop-taar
call ⓥ *felhív* fel-heev
camera *fényképezőgép* fayn'-kay-pe-zēū-gayp
camera shop *fényképezőgép-bolt* fayn'-kay-pe-zēū-gayp-bawlt
camp ⓥ *kempingezik* kem-pin-ge-zik
camp site *táborhely* taa-bawr-he-y
camping ground *kemping* kem-ping
camping store *kempingfelszerelést árusító üzlet* kem-ping-fel-se-re-laysht aa-ru-shee-tāw ewz-let
can (be able) *képes/tud* kay-pesh/tud
can (permission) *-hat/-het* -hot/-het
can (tin) *doboz* daw-bawz
can opener *konzervnyitó* kawn-zerv-nyi-tāw
Canada *Kanada* ko-no-do

canal *csatorna* cho·tawr·no
cancel *töröl* teu·reul
cancer *rák* raak
candle *gyertya* dyer·tyo
candy *cukorka* tsu·kawr·ko
cantaloupe *kantalupdinnye*
  kon·to·lup·din'·nye
canteen (place) *kantin* kon·tin
capital city *főváros* feü·vaa·rawsh
capsicum *paprika* pop·ri·ko
car *autó* o·u·tāw
car hire *autóbérelés* o·u·tāw·bay·re·laysh
car owner's title *autó tulajdonlapja*
  o·u·tāw tu·lo·y·dawn·lop·yo
car park *parkoló* por·kaw·lāw
car registration *autó regisztrációja*
  o·u·tāw re·gist·raa·tsi·āw·yo
caravan *lakókocsi* la·kāw·kaw·chi
cardiac arrest *szívleállás* seev·le·aal·laash
cards (playing) *kártyázás*
  kaar·tyaa·zaash
care (for someone) *törődik* teu·rēū·dik
carpenter *ács* aach
carriage *kocsi* kaw·chi
carrot *répa* ray·po
carry *visz* vis
carton *kartondoboz* kor·tawn·daw·bawz
cash (n) *készpénz* kays·paynz
cash a cheque *bevált csekket*
  be·vaalt chek·ket
cash register *pénztárgép* paynz·taar·gayp
cashew *kesudió* ke·shu·di·āw
cashier *pénztáros* paynz·taa·rawsh
casino *kaszinó* ko·si·nāw
cassette *kazetta* ko·zet·to
castle *vár* vaar
casual work *alkalmi munka*
  ol·kol·mi mun·ko
cat *macska* moch·ko
cathedral *székesegyház* say·kesh·ej·haaz
Catholic *katolikus* ko·taw·li·kush
cauliflower *karfiol* kor·fi·awl
cave *barlang* bor·long
CD *CD* tsay·day
celebration *ünneplés* ewn·nep·laysh
cellphone *mobil telefon*
  maw·bil te·le·fawn
cemetery *temető* te·me·tēū
cent *cent* tsent
centimetre *centiméter* tsen·ti·may·ter
centre *központ* keuz·pawnt
ceramics *kerámia* ke·raa·mi·o

cereal *reggelire fogyasztott gabonanemű*
  reg·ge·li·re faw·dyos·tawtt
  go·baw·no·ne·mēw
certificate *bizonyítvány*
  bi·zaw·nyeet·vaan'
chain *lánc* laants
chair *szék* sayk
chairlift (scenic) *libegő* li·be·gēü
chairlift (skiing) *sífelvonó*
  shee·fel·vaw·nāw
champagne *pezsgő* pezh·gēü
championships *bajnokság*
  bo·y·nawk·shaag
chance *esély* e·shay
change (coins) *apró* op·rāw
change money (v) *pénzt vált*
  paynzt vaalt
changing room (in shop) *próbafülke*
  prāw·bo·fewl·ke
charming *elbűvölő* el·bēw·veu·lēü
chat up *leszólít* le·sāw·leet
cheap *olcsó* awl·chāw
cheat *csaló* cho·lāw
check (banking) *csekk* chekk
check (bill) *szamla* saam·lo
check (v) *ellenőriz* el·len·ēū·riz
check-in (procedure) *bejelentkezés*
  be·ye·lent·ke·zaysh
checkpoint *ellenőrzőpont*
  el·len·ēūr·zēū·pawnt
cheese *sajt* shoyt
cheese shop *sajtüzlet* shoyt·ewz·let
chef *szakács* so·kaach
chemist (pharmacist) *gyógyszerész*
  dyāwj·se·raysh
chemist (pharmacy) *gyógyszertár*
  dyāwj·ser·taar
cheque (banking) *csekk* chekk
cherry *cseresznye* che·res·nye
chess *sakk* shokk
chessboard *sakktábla* shokk·taab·lo
chest (body) *mellkas* mell·kosh
chestnut *gesztenye* ges·te·nye
chewing gum *rágógumi* raa·gāw·gu·mi
chicken (live) *csirke* chir·ke
chicken (meat) *csirkehús* chir·ke·hūsh
chicken pox *bárányhimlő*
  baa·raan'·him·lēū
chickpea *csicseriborsó*
  chi·che·ri·bawr·shāw
child *gyerek* dye·rek
child seat *gyerekülés* dye·rek·ew·laysh

childminding *gyermekmegőrzés* dyer·mek·meg·ēūr·zaysh
children *gyerekek* dye·re·kek
chilli *csili* chi·li
chilli sauce *csiliszósz* chi·li·sāws
China *Kína* kee·no
chiropractor *hátgerincmasszázzsal gyógyító* haat·ge·rints·mos·saazh·zhol dyáw·dyee·tāw
chocolate *csokoládé* chaw·kaw·laa·day
choose *választ* vaa·lost
chopping board *vágódeszka* vaa·gāw·des·ko
Christian ⓐ *keresztény* ke·res·tayn'
Christian name *keresztnév* ke·rest·nayv
Christmas *karácsony* ko·raa·chawn'
Christmas Day *karácsony napja* koo·raa·chawn' nop·yo
Christmas Eve *karácsonyeste* koo·raa·chawn'·esh·te
church *templom* temp·lawm
cider *almalé* ol·mo·lay
cigar *szivar* si·vor
cigarette *cigaretta* tsi·go·ret·to
cigarette lighter *öngyújtó* eun·dyū·y·tāw
cinema *mozi* maw·zi
circus *cirkusz* tsir·kus
citizenship *állampolgárság* aal·lom·pawl·gaar·shaag
city *város* vaa·rawsh
city centre *városközpont* vaa·rawsh·keuz·pawnt
city district *kerület* ke·rew·let
civil rights *polgárjogok* pawl·gaar·yaw·gawk
class (rank) *osztály* aws·taa·y
class system *osztályrendszer* aws·taa·y·rend·ser
classical *klasszikus* klos·si·kush
clean ⓐ *tiszta* tis·to
clean ⓥ *tisztít* tis·teet
cleaning *takarítás* to·ko·ree·taash
client *ügyfél* ewj·fayl
cliff *szikla* sik·lo
climb ⓥ *mászik* maa·sik
cloakroom *ruhatár* ru·ho·taar
clock *óra* āw·ro
cloister *kolostor* kaw·lawsh·tawr
close ⓥ *becsuk* be·chuk
closed *zárva* zaar·vo
clothesline *ruhaszárítókötél* ru·ho·saa·ree·tāw·keu·tayl

clothing *ruházat* ru·haa·zot
clothing store *ruhaüzlet* ru·ho·ewz·let
cloud *felhő* fel·hēū
cloudy *felhős* fel·hēūsh
clutch (car) *kuplung* kup·lung
coach (sport) *edző* ed·zēū
coast *tengerpart* ten·ger·port
coat *kabát* ko·baat
cocaine *kokain* kaw·ko·in
cockroach *csótány* chāw·taan'
cocktail *koktél* kawk·tayl
cocoa *kakaó* ko·ko·āw
coconut *kókuszdió* kāw·kus·di·āw
coffee *kávé* kaa·vay
coins *pénzérmék* paynz·ayr·mayk
cold ⓝ & ⓐ *hideg* hi·deg
(have a) cold *meg van fázva* meg von faaz·vo
colleague *kolléga* kawl·lay·go
collect call *'R' beszélgetés* er be·sayl·ge·taysh
college *egyetem* e·dye·tem
colour *szín* seen
comb ⓝ *fésű* fay·shēw
come *jön* yeun
comedy *vígjáték* veeg·yaa·tayk
comfortable *kényelmes* kay·nyel·mesh
commission *jutalék* yu·to·layk
communications (profession) *híradástechnikus* heer·o·daash·teh·ni·kush
communion *áldozás* aal·daw·zaash
communist *kommunista* kawm·mu·nish·to
companion *társ* taarsh
company (firm) *társaság* taar·sho·shaag
compass *iránytű* i·raan'·tēw
complain *panaszkodik* po·nos·kaw·dik
complaint *panasz* po·nos
complimentary (free) *ingyenes* in·dye·nesh
computer *számítógép* saa·mee·tāw·gayp
computer game *számítógépes játék* saa·mee·tāw·gay·pesh yaa·tayk
concert *koncert* kawn·tsert
concussion *agyrázkódás* oj·raaz·kāw·daash
conditioner (hair) *hajápoló szer* ho·y·a·paw·lāw ser
condom *óvszer* āwv·ser
conference (big) *konferencia* kawn·fe·ren·tsi·o

conference (small) *értekezlet*
ayr·te·kez·let
confession *gyónás* dyāw-naash
confirm (a booking) *megerősít*
meg·e·rēū·sheet
congratulations *gratulálok*
gro·tu·laa·lawk
conjunctivitis *kötőhártya-gyulladás*
keu·tēū·haar·tyo·dyul·lo·daash
connection *kapcsolat* kop·chaw·lot
conservative ⓐ *konzervatív*
kawn·zer·vo·teev
constipation *székrekedés*
sayk·re·ke·daysh
consulate *konzulátus* kawn·zu·laa·tush
contact lens solution *kontaktlencse-*
oldat kawn·tokt·len·che·awl·dot
contact lenses *kontaktlencse*
kawn·tokt·len·che
contraceptives *fogamzásgátló*
faw·gom·zaash·gaat·lāw
contract ⓐ *szerződés* ser·zēū·daysh
convenience store *sokáig nyitvatartó*
vegyesbolt shaw·kaa·ig nyit·vo·tor·tāw
ve·dyesh·bawlt
convent *kolostor* kaw·lawsh·tawr
cook ⓐ *szakács* so·kaach
cook ⓥ *főz* fēūz
cookie *aprósütemény*
ap·rāw·shew·te·mayn'
cooking *főzés* fēū·zaysh
cool (temperature) *hűvös* hēw·veush
corkscrew *csavarhúzó* cho·vor·hū·zāw
corn *kukorica* ku·kaw·ri·tso
corner *sarok* sho·rawk
cornflakes *kukoricapehely*
ku·kaw·ri·tso·pe·he·y
corrupt *korrupt* kawr·rupt
cost ⓥ *kerül* ke·rewl
cotton *pamut* po·mut
cotton balls *vattalabdácskák*
vot·to·lob·daach·kaak
cotton buds *vattacsomók*
vot·to·chaw·mäwk
cough ⓥ *köhög* keu·heug
cough medicine *köhögés elleni szer*
keu·heu·gaysh el·le·ni ser
count ⓥ *számol* saa·mawl
counter (at bar) *bárpult* baar·pult
country (nation) *ország* awr·saag
countryside *vidék* vi·dayk
county *megye* me·dye

coupon *kupon* ku·pawn
courgette *cukkini* tsuk·kee·ni
court (legal) *bíróság* bee·rāw·shaag
court (sport) *pálya* paa·yo
couscous *kuszkusz* kus·kus
cover charge *terítékért felszámolt díj*
te·ree·tay·kayrt fel·saa·mawlt dee·y
cow *tehén* te·hayn
cracker (biscuit) *sós keksz* shawsh keks
crafts *kézművesség* kayz·mēw·vesh·shayg
crash ⓝ *összeütközés*
eus·se·ewt·keu·zaysh
crazy *őrült* ēū·rewlt
cream (food) *tejszín* te·y·seen
crèche *bölcsőde* beul·chēū·de
credit *hitel* hi·tel
credit card *hitelkártya* hi·tel·kaar·tyo
cricket (sport) *krikett* kri·kett
Croatia *Horvátország* hawr·vaat·awr·saag
crop *termés* ter·maysh
cross ⓝ *kereszt* ke·rest
crowded *zsúfolt* zhü·fawlt
cucumber *uborka* u·bawr·ko
cup *csésze* chay·se
cupboard *szekrény* sek·rayn'
currency exchange *valutaátváltás*
vo·lu·to·aat·vaal·taash
current (electricity) *áram* aa·rom
current affairs *aktuális ügyek*
ok·tu·aa·lish ew·dyek
curry *curry* keur·ri
custom *szokás* saw·kaash
customs *vám* vaam
cut ⓥ *vág* vaag
cutlery *evőeszközök* e·vēū·es·keu·zeuk
CV *szakmai önéletrajz*
sok·mo·i eun·ay·let·ro·y·z
cycle ⓥ *biciklizik* bi·tsik·li·zik
cycling *biciklizés* bi·tsik·li·zaysh
cyclist *biciklista* bi·tsik·lish·to
cystitis *húgyhólyaggyulladás*
hüj·hāw·yog·dyul·lo·daash
Czech Republic *Csehország* che·awr·saag

D

dad *apu* o·pu
daily *naponta* no·pawn·to
dance ⓥ *táncol* taan·tsawl
dance house *táncház* taants·haaz
dance workshop *táncműhely*
taants·mēw·he·y

D

DICTIONARY

dancing *tánc* taants
dangerous *veszélyes* ve·say·yesh
dark *sötét* sheu·tayt
date (appointment) *randevú* ron·de·vū
date (day) *dátum* daa·tum
date (fruit) *datolya* do·taw·yo
date (go out with) ⓥ *jár* yaar
date of birth *születési idő*
  sew·le·tay·shi *i*·dēū
daughter *lány* laan'
dawn *hajnal* ho·y·nol
day *nap* nop
day after tomorrow *holnapután*
  hawl·nop·u·taan
day before yesterday *tegnapelőtt*
  teg·nop·e·lēūtt
dead *halott* ho·lawtt
deaf *süket* shew·ket
deal (cards) *oszt* awst
December *december* de·tsem·ber
decide *eldönt* el·deunt
deep *mély* may·y
deforestation *erdőirtás* er·dēū·ir·taash
degrees (temperature) *fok* fawk
delay *késés* kay·shaysh
delicatessen *csemegeüzlet*
  che·me·ge·ewz·let
deliver *kézbesít* kayz·be·sheet
democracy *demokrácia* de·mawk·raa·tsi·o
demonstration (protest) *tüntetés*
  tewn·te·taysh
Denmark *Dánia* daa·ni·o
dental floss *fogselyem* fawg·she·yem
dentist *fogorvos* fawg·awr·vawsh
deodorant *dezodor* de·zaw·dawr
depart *elutazik* el·u·to·zik
department store *áruház* aa·ru·haaz
departure *indulás* in·du·laash
departure gate *indulási kapu*
  in·du·laa·shi ko·pu
deposit (bank) *foglaló* fawg·lo·lāw
descendent *leszármazott*
  le·saar·mo·zawtt
desert ⓝ *sivatag* shi·vo·tog
design *modell* maw·dell
dessert *desszert* des·sert
destination *úti cél* ū·ti tsayl
details *részletek* rays·le·tek
diabetes *cukorbetegség*
  tsu·kawr·be·teg·shayg
dial tone *vonal* vaw·nol
diaper *pelenka* pe·len·ko

diaphragm *rekeszizom* re·kes·i·zawm
diarrhoea *hasmenés* hosh·me·naysh
diary *határidőnapló* ho·taar·i·dēū·nop·lāw
dice *kocka* kawts·ko
dictionary *szótár* sāw·taar
die *meghal* meg·hol
diet *diéta* di·ay·to
different *különböző* kew·leun·beu·zēū
difficult *nehéz* ne·hayz
digital ⓐ *digitális* di·gi·taa·lish
dining car *étkezőkocsi* ayt·ke·zēū·kaw·chi
dinner *vacsora* vo·chaw·ro
direct *közvetlen* keuz·vet·len
direct-dial *közvetlen tárcsázás*
  keuz·vet·len taar·chaa·zaash
direction *irány* i·raan'
director *igazgató* i·goz·go·tāw
dirty *piszkos* pis·kawsh
disabled (physically) *mozgássérült*
  mawz·gaash·shay·rewlt
disco *diszkó* dis·kāw
discount *árengedmény* aar·en·ged·mayn'
discrimination *megkülönböztetés*
  meg·kew·leun·beuz·te·taysh
disease *betegség* be·teg·shayg
dish (plate) *edény* e·dayn'
dishcloth *mosogatórongy*
  maw·shaw·go·tāw·rawnj
disk (CD-ROM) *CD-lemez*
  tsay·day·le·mez
disk (floppy) *hajlékonylemez*
  ho·y·lay·kawn'·le·mez
diving *búvárkodás* bū·vaar·kaw·daash
diving equipment *búvárfelszerelés*
  bū·vaar·fel·se·relaysh
divorced *elvált* el·vaalt
(be) dizzy *szédül* say·dewl
do *csinál* chi·naal
doctor *orvos* awr·vawsh
doctor's surgery *orvosi rendelő*
  awr·vaw·shi ren·de·lēū
documentary *dokumentumfilm*
  daw·ku·men·tum·film
dog *kutya* ku·tyo
dole *munkanélküli-segély*
  mun·ko·nayl·kew·li·she·gay
doll *baba* bo·bo
dollar *dollár* dawl·laar
door *ajtó* oy·tāw
dope (drugs) *narkó* nor·kāw
double *dupla* dup·lo
double bed *dupla ágy* dup·lo aaj

206

double room duplaágyas szoba dup·lo·aa·dyosh saw·bo
down (location) lent lent
downhill lefelé le·fe·lay
dozen tucat tu·tsot
drama dráma draa·mo
dream ⓝ álom aa·lawm
dress ⓝ ruha ru·ho
dried szárított saa·ree·tawtt
dried fruit szárított gyümölcs saa·ree·tawtt dyew·meulch
drink (alcoholic) alkohol ol·kaw·hawl
drink ⓝ ital i·tol
drink ⓥ iszik i·sik
drive ⓥ vezet ve·zet
drivers licence jogosítvány yaw·gaw·sheet·vaan'
drug addiction kábítószer-függőség kaa·bee·täw·ser·fewg·geü·shayg
drug dealer kábítószer-kereskedő kaa·bee·täw·ser·ke·resh·ke·deü
drug trafficking kábítószer-kereskedelem kaa·bee·täw·ser·ke·resh·ke·de·lem
drug user kábítószer-fogyasztó kaa·bee·täw·ser·faw·dyos·täw
drugs (illicit) kábítószerek kaa·bee·täw·se·rek
drum ⓝ dob dawb
drunk részeg ray·seg
dry (clothes) ⓥ szárít saa·reet
dry ⓐ száraz saa·roz
duck kacsa ko·cho
dummy (pacifier) cumi tsu·mi
DVD DVD day·vay·day

E

each minden min·den
ear fül fewl
early korán kaw·raan
earn keres ke·resh
earplugs füldugó fewl·du·gäw
earrings fülbevaló fewl·be·va·läw
Earth Föld feuld
earthquake földrengés feuld·ren·gaysh
east kelet ke·let
Easter húsvét hüsh·vayt
easy könnyű keun'·nyēw
eat eszik e·sik
economy class turistaosztály tu·rish·to·aws·taa·y
ecstacy (drug) eksztázi eks·taa·zi

eczema ekcéma ek·tsay·mo
editor szerkesztő ser·kes·tēü
education oktatás awk·to·taash
egg tojás taw·yaash
eggplant padlizsán pod·li·zhaan
election választás vaa·los·taash
electrical store elektromos szaküzlet e·lekt·raw·mawsh sok·ewz·let
electricity villany vil·lon'
elevator lift lift
email e-mail ee·mayl
embankment töltés teul·taysh
embarrassed zavarban van zo·vor·bon von
embassy nagykövetség noj·keu·vet·shayg
embroidery hímzés heem·zaysh
emergency vészhelyzet vays·he·y·zet
emotional érzelmes ayr·zel·mesh
employee munkavállaló mun·ko·vaal·lo·läw
employer munkáltató mun·kaal·to·täw
empty üres ew·resh
end ⓝ vég vayg
endangered species veszélyeztetett faj ve·say·yez·te·tett fo·y
engaged (for a man) vőlegény vēü·le·gayn'
engaged (for a woman) menyasszony men'·os·sawn'
engaged (telephone) foglalt fawg·lolt
engagement (to be married) eljegyzés el·yej·zaysh
engine motor maw·tawr
engineer ⓝ mérnök mayr·neuk
engineering műszaki tudományok mēw·so·ki tu·daw·maa·nyawk
England Anglia ong·li·o
English angol on·gawl
enjoy oneself jól érzi magát yäwl ayr·zi mo·gaat
enough elég e·layg
enter belép be·layp
entertainment guide programmagazin prawg·rom·mo·go·zin
entry bejárat be·yaa·rot
envelope boríték baw·ree·tayk
environment környezet keur·nye·zet
epilepsy epilepszia e·pi·lep·si·o
equal opportunity egyenlő esélyek e·dyen·lēü e·shay·yek
equality egyenlőség e·dyen·lēü·shayg
equipment felszerelés fel·se·re·laysh

escalator *mozgólépcső*
mawz·gāw·layp·chēū
estate agency *ingatlanügynökség*
in·got·lon·ewj·neuk·shayg
euro *euró* e·u·rāw
Europe *Európa* e·u·rāw·po
euthanasia *eutanázia* e·u·to·naa·zi·o
evening *este* esh·te
every *minden* min·den
everyone *mindenki* min·den·ki
everything *minden* min·den
exactly *pontosan* pawn·taw·shon
example *példa* payl·do
excellent *kitűnő* ki·tēw·nēū
excess (baggage) *túlsúly* tūl·shū·y
exchange money *pénzt vált*
paynzt vaalt
exchange rate *átváltási árfolyam*
aat·vaal·taa·shi aar·faw·yom
excluded *nincs benne* ninch ben·ne
exhaust (car) *kipufogó* ki·pu·faw·gāw
exhibition *kiállítás* ki·aal·lee·taash
exit ⓝ *kijárat* ki·yaa·rot
expensive *drága* draa·go
experience *tapasztalat* to·pos·to·lot
exploitation *kizsákmányolás*
ki·zhaak·maa·nyaw·laash
express ⓐ *expressz* eks·press
extension (visa) *(vízum)hosszabbítás*
(vee·zum·)haws·sob·bee·taash
eye *szem* sem
eye drops *szemcsepp* sem·chepp
eyes *szemek* se·mek

F

fabric *anyag* o·nyog
face (body) *arc* orts
factory *gyár* dyaar
factory worker *gyári munkás*
dyaa·ri mun·kaash
fall (autumn) *ősz* ēūs
fall ⓥ *esés* e·shaysh
family *család* cho·laad
famous *híres* hee·resh
fan (machine) *ventilátor* ven·ti·laa·tawr
fan (sport) *szurkoló* sur·kaw·lāw
fanbelt *ékszíj* ayk·see·y
far *messze* mes·se
fare *viteldíj* vi·tel·dee·y
farm ⓝ *gazdaság* goz·do·shaag
farmer *gazda* goz·do

fashion *divat* di·vot
fast ⓐ *gyors* dyawrsh
fat ⓐ *kövér* keu·vayr
father *apa* o·po
father-in-law *após* o·pāwsh
faucet *csap* chop
fault (someone's) *hiba* hi·bo
faulty *hibás* hi·baash
fax machine *fax* foks
February *február* feb·ru·aar
feed ⓥ *etet* e·tet
feel (touch) *tapogat* to·paw·got
feeling *érzés* ayr·zaysh
feelings *érzelmek* ayr·zel·mek
female *nőnemű* nēū·ne·mēw
fence *kerítés* ke·ree·taash
fencing (sport) *vívás* vee·vaash
ferry ⓝ *komp* kawmp
festival *fesztivál* fes·ti·vaal
fever *láz* laaz
few *kevés* ke·vaysh
fiancé *vőlegény* vēū·le·gayn'
fiancée *menyasszony* men'·os·sawn'
fiction *fikció* fik·tsi·āw
fig *füge* few·ge
fight ⓝ *verekedés* ve·re·ke·daysh
fill *megtölt* meg·teult
fillet *filé* fi·lay
film (camera/cinema) ⓝ *film* film
film speed *fényérzékenység*
fayn'·ayr·zay·ken'·shayg
filtered *szűrt* sēwrt
find *talál* to·laal
fine ⓝ *bírság* beer·shaag
fine ⓐ *jól* yāwl
finger *ujj* u·y
finish ⓝ *befejezés* be·fe·ye·zaysh
finish ⓥ *befejez* be·fe·yez
Finland *Finnország* finn·awr·saag
fire ⓝ *tűz* tēwz
firewood *tűzifa* tēw·zi·fo
first ⓐ *első* el·shēū
first class *első osztály* el·shēū aws·taa·y
first-aid kit *elsősegély-láda*
el·shēū·she·gay·laa·do
first name *keresztnév* ke·rest·nayv
fish ⓝ *hal* hol
fish shop *halas* ho·losh
fishing *halászat* ho·laa·sot
fishmonger *halárus* hol·aa·rush
flag *zászló* zaas·lāw
flannel *flanell* flo·nell

flashlight *villanófény* vil·lo·náw·fayn'
flat (apartment) *lakás* lo·kaash
flat ⓐ *lapos* lo·pawsh
flea *bolha* bawl·ho
fleamarket *bolhapiac* bawl·ho·pi·ots
flight *repülőjárat* re·pew·lēū·yaa·rot
flood ⓝ *árvíz* aar·veez
floor *padló* pod·láw
floor (storey) *emelet* e·me·let
florist *virágos* vi·raa·gawsh
flour *liszt* list
flower *virág* vi·raag
flu *influenza* inf·lu·en·zo
fly ⓥ *repül* re·pewl
foggy *ködös* keu·deush
folk art *népművészet* nayp·mēw·vay·set
folk dancing *népi tánc* nay·pi taants
follow *követ* keu·vet
food *ennivaló* en·ni·vo·láw
food supplies *élelmiszerkészlet*
  ay·lel·mi·ser·kays·let
foot *lábfej* laab·fe·y
football (soccer) *football* fut·ball
footpath *gyalogösvény*
  dyo·lawg·eush·vayn'
foreign *külföldi* kewl·feul·di
forest *erdő* er·dēū
forever *örökre* eu·reuk·re
forget *elfelejt* el·fe·le·yt
forgive *megbocsát* meg·baw·chaat
fork *villa* vil·lo
fortnight *két hét* kayt hayt
fortune teller *jövendőmondó*
  yeu·ven·dēū·mawn·dáw
foul (football) *szabálytalanság*
  so·baa·y·to·lon·shaag
foyer *előcsarnok* e·lēū·chor·nawk
fragile *törékeny* teu·ray·ken'
France *Franciaország* fron·tsi·o·awr·saag
free (available) *szabad* so·bod
free (gratis) *ingyenes* in·dye·nesh
freedom *szabadság* so·bod·shaag
freeze *fagyaszt* faw·dyost
fresh *friss* frish
Friday *péntek* payn·tek
fridge *fridzsider* fri·ji·der
fried *zsírban sült* zheer·bon shewlt
friend *barát/barátnő* ⓜ/ⓕ
  bo·raat/bo·raat·nēū
from *-tól/-től* ·tāwl/·tēūl
frost *fagy* foj
frozen *fagyasztott* fo·jos·tawtt

fruit *gyümölcs* dyew·meulch
fruit picking *gyümölcsszedés*
  dyew·meulch·se·daysh
fry *süt* shewt
frying pan *serpenyő* sher·pe·nyēū
full *tele* te·le
full-time *teljes munkaidejű*
  tel·yesh mun·ko·i·de·yēw
fun *jó mulatság* yáw mu·lot·shaag
(have) fun *jól érzi magát*
  yāwl ayr·zi mo·gaat
funeral *temetés* te·me·taysh
funny *mulatságos* mu·lot·shaa·gawsh
furniture *bútor* bū·tawr
future ⓝ *jövő* yeu·vēū

G

game (football) *meccs* mech
game (sport) *játszma* yaats·mo
garage *garázs* go·raazh
garbage *szemét* se·mayt
garbage can *szemétvödör*
  se·mayt·veu·deur
garden *kert* kert
gardener *kertész* ker·tays
gardening *kertészkedés* ker·tays·ke·daysh
garlic *fokhagyma* fawk·hoj·mo
gas (for cooking) *gáz* gaaz
gas (LPG) *autógáz* o·u·tāw·gaaz
gas (petrol) *benzin* ben·zin
gas cartridge *gázpatron* gaaz·pot·rawn
gastroenteritis *gyomor-bél hurut*
  dyaw·mawr·bayl·hu·rut
gate (airport, etc) *kapu* ko·pu
gauze *géz* gayz
gay *meleg* me·leg
gearbox *sebességváltó*
  she·besh·shayg·vaal·tāw
Germany *Németország* nay·met·awr·saag
get *kap* kop
get off (a train etc) *leszáll* le·saall
gift *ajándék* o·yaan·dayk
gig *hakni* hok·ni
gin *gin* jin
girl *lány* laan'
girlfriend *barátnő* bo·raat·nēū
give *ad* od
glandular fever *mirigyláz* mi·rij·laaz
glass (container) *üveg* ew·veg
glasses (spectacles) *szemüveg*
  sem·ew·veg

glove *kesztyű* kes·tyēw
glue *ragasztó* ro·gos·tāw
go *megy* mej
go out *elmegy szórakozni*
el·mej sāw·ro·kawz·ni
go out with *jár valakivel* yaar vo·lo·ki·vel
go shopping *elmegy vásárolni*
el·mej vaa·shaa·rawl·ni
goal (frame) *kapu* ko·pu
goal (scored) *gól* gāwl
goalkeeper *kapus* ko·push
goat *kecske* kech·ke
god (general) *isten* ish·ten
goggles (skiing) *síszemüveg*
shee·sem·ew·veg
goggles (swimming) *úszószemüveg*
ū·sāw·sem·ew·veg
gold ⑩ *arany* o·ron'
golf ball *golflabda* gawlf·lob·do
golf course *golfpálya* gawlf·paa·yo
good *jó* yāw
government *kormány* kawr·maan'
gram *gramm* gromm
grandchild *unoka* u·naw·ko
grandfather *nagypapa* noj·po·po
grandmother *nagymama* noj·mo·mo
grapefruit *grépfrút* grayp·frūt
grapes *szőlő* sēū·lēū
grass *fű* fēw
grateful *hálás* haa·laash
grave *sír* sheer
gray *szürke* sewr·ke
great (fantastic) *nagyszerű* noj·se·rēw
Great Plain *Nagyalföld* noj·ol·feuld
green *zöld* zeuld
greengrocer *zöldséges*
zeuld·shay·gesh
grey *szürke* sewr·ke
grocery *élelmiszerbolt* ay·lel·mi·ser·bawlt
ground floor *földszint* feuld·sint
groundnut *földimogyoró*
feul·di·maw·dyaw·rāw
grow *nő* nēū
g-string *tanga* ton·go
guaranteed *garantált* go·ron·taalt
guess ⑫ *kitalál* ki·to·laal
guesthouse *vendégház* ven·dayg·haaz
guide (audio) *fejhallgatós vezető*
fe·y·holl·go·tāwsh ve·ze·tēū
guide (person) *idegenvezető*
i·de·gen·ve·ze·tēū
guidebook *útikönyv* ū·ti·keun'v

guide dog *vakvezető kutya*
vok·ve·ze·tēū ku·tyo
guided tour *csoportos utazás*
chaw·pawr·tawsh u·to·zaash
guilty *bűnös* bēw·neush
guitar *gitár* gi·taar
gum *foginy* fawg·een'
gun *puska* push·ko
gym (fitness room) *sportterem*
shpawrt·te·rem
gym (gymnasium) *tornaterem*
tawr·no·te·rem
gymnastics *torna* tawr·no
gynaecologist *nőgyógyász*
nēū·dyāw·dyaas

H

hair *haj* ho·y
hairbrush *hajkefe* ho·y·ke·fe
haircut *hajvágás* ho·y·vaa·gaash
hairdresser *fodrász* fawd·raas
halal *iszlám rítus szerint levágott*
is·laam ree·tush se·rint le·vaa·gawtt
half *fél* fayl
hallucination *hallucináció*
hol·lu·tsi·naa·tsi·āw
ham *sonka* shawn·ko
hammer *kalapács* ko·lo·paach
hammock *függőágy* fewg·gēū·aaj
hand *kéz* kayz
handbag *kézitáska* kay·zi·taash·ko
handball *kézilabda* kay·zi·lob·do
handicrafts *kézművesség*
kayz·mēw·vesh·shayg
handkerchief *zsebkendő* zheb·ken·dēū
handlebars *kormány* kawr·maan'
handmade *kézzel gyártott*
kayz·zel dyaar·tawtt
handsome *jóképű* yāw·kay·pēw
happy *boldog* bawl·dawg
harassment *zaklatás* zok·lo·taash
harbour *kikötő* ki·keu·tēū
hard (not soft) *kemény* ke·mayn'
hard-boiled *keményre főtt*
ke·mayn'·re fēütt
hardware store *vas- és edénybolt*
vosh aysh e·dayn'·bawlt
hash *hasis* ho·shish
hat *kalap* ko·lop
have *van neki* von ne·ki
hay fever *szénanátha* say·no·naat·ho

hazelnut *mogyoró* maw·dyaw·rāw
he *ő* ēü
head *fej* fe·y
headache *fejfájás* fe·y·faa·yaash
headlights *fényszórók* fayn'·sāw·rāwk
health *egészség* e·gays·shayg
hear *hall* holl
hearing aid *hallókészülék*
  hol·lāw·kay·sew·layk
heart *szív* seev
heart attack *szívroham* seev·raw·hom
heart condition *szívbaj* seev·bo·y
heat ⓝ *forróság* fawr·rāw·shaag
heated *fűtött* fēw·teutt
heater *fűtőkészülék*
  fēw·tēü·kay·sew·layk
heating *fűtés* fēw·taysh
heavy *nehéz* ne·hayz
helmet *sisak* shi·shok
help ⓝ *segítség* she·geet·shayg
help ⓥ *segít* she·geet
hepatitis *májgyulladás*
  maa·y·dyul·lo·daash
her (ownership) *őt* ēüt
herb *gyógyfű* dyāwj·fēw
herbalist *gyógyfűkereskedő*
  dyāwj·fēw·ke·resh·ke·dēü
here *itt* itt
heroin *heroin* he·raw·in
herring *hering* he·ring
high *magas* mo·gosh
high school *gimnázium* gim·naa·zi·um
highchair *etetőszék* e·te·tēü·sayk
highway *országút* awr·saag·ūt
hike *kirándul* ki·raan·dul
hiking *kirándulás* ki·raan·du·laash
hiking boots *túrabakancs* tū·ro·bo·konch
hiking route *túraútvonal* tū·ro·ūt·vaw·nol
hill *domb* dawmb
him *őt* ēüt
Hindu *hindu* hin·du
hire *bérel* bay·rel
his *övé* eu·vay
historical *történelmi* teur·tay·nel·mi
history *történelem* teur·tay·ne·lem
hitchhike *stoppol* shtawp·pawl
HIV *HIV* hiv
hockey *hoki* haw·ki
holiday *ünnepnap* ewn·nep·nop
holidays *szabadság* so·bod·shaag
home *otthon* awtt·hawn
homeless *hajléktalan* ho·y·layk·to·lon

homemaker *háztartásbeli*
  haaz·tor·taash·be·li
homeopathy *homeopátia*
  ho·meu·aw·paa·ti·o
homestead *tanya* to·nyo
homosexual *homoszexuális*
  haw·maw·sek·su·aa·lish
honey *méz* mayz
honeymoon *nászút* naas·ūt
horoscope *horoszkóp* haw·raws·kāwp
horse *ló* lāw
horse riding *lovaglás* law·vog·laash
horse-riding school *lovaglóiskola*
  law·vog·lāw·ish·kaw·lo
hospital *kórház* kāwr·haaz
hospitality *vendéglátás*
  ven·dayg·laa·taash
hot *forró* fawr·rāw
hot water *forró víz* fawr·rāw veez
hotel *szálloda* saal·law·do
hour *óra* āw·ro
house *ház* haaz
housework *házi munka* haa·zi mun·ko
how *hogyan* haw·dyon
how much *mennyi* men'·nyi
hug ⓥ *megölel* meg·eu·lel
huge *hatalmas* ho·tol·mosh
human resources *emberi erőforrások*
  em·be·ri e·rēü·fawr·raa·shawk
human rights *emberi jogok*
  em·be·ri yaw·gawk
humanities *humán tudományok*
  hu·maan tu·daw·maa·nyawk
hundred *száz* saaz
Hungarian *magyar* mo·dyor
Hungary *Magyarország* mo·dyor·awr·saag
hungry *éhes* ay·hesh
hunting *vadászat* vo·daa·sot
hurt ⓥ *megsért* meg·shayrt
husband *férj* fayr·y

I

I *én* ayn
ice *jég* yayg
ice axe *jégcsákány* yayg·chaa·kaan'
ice cream *fagylalt* foj·lolt
ice-cream parlour *fagylaltozó*
  foj·lol·taw·zāw
ice hockey *jéghoki* yayg·haw·ki
identification *azonosítás*
  o·zaw·naw·shee·taash

identification card (ID) *személyi igazolvány* se·may·yi i·go·zawl·vaan'
idiot *hülye* hew·ye
if *ha* ho
ill *beteg* be·teg
immigration *bevándorlás* be·vaan·dawr·laash
important *fontos* fawn·tawsh
impossible *lehetetlen* le·he·tet·len
in *-ban/-ben* ·bon/·ben
in a hurry *siet* shi·et
in front of *előtt* e·leütt
included *beleértve* be·le·ayrt·ve
income tax *jövedelemadó* yeu·ve·de·lem·o·dáw
India *India* in·di·o
indicator *mutató* mu·to·táw
indigestion *gyomorrontás* dyaw·mawr·rawn·taash
indoor *fedett* fe·dett
industry *ipar* i·por
infection *fertőzés* fer·teü·zaysh
inflammation *gyulladás* dyul·lo·daash
influenza *influenza* inf·lu·en·zo
information *információ* in·fawr·maa·tsi·áw
ingredient *hozzávaló* hawz·zaa·vo·láw
inject *bead injekcióban* be·od in·yek·tsi·áw·bon
injection *injekció* in·yek·tsi·áw
injured *sérült* shay·rewlt
injury *sérülés* shay·rew·laysh
inn *fogadó* faw·go·dáw
inner tube *belső cső* bel·sheü chéü
innocent *ártatlan* aar·tot·lon
inside *bent* bent
instructor *oktató* awk·to·táw
insurance *biztosítás* biz·taw·shee·taash
interesting *érdekes* ayr·de·kesh
intermission *szünet* sew·net
international *nemzetközi* nem·zet·keu·zi
Internet *Internet* in·ter·net
Internet café *Internet kávézó* in·ter·net kaa·vay·záw
interpreter *tolmács* tawl·maach
interview ⓝ *beszélgetés* be·sayl·ge·taysh
invite *meghív* meg·heev
Ireland *Írország* eer·awr·saag
iron (for clothes) *vasaló* vo·sho·láw
island *sziget* si·get
Israel *Izrael* iz·ro·el
it *az* oz

IT *informatika* in·fawr·mo·ti·ko
Italy *Olaszország* o·los·awr·saag
itch ⓝ *viszketés* vis·ke·taysh
itemised *tételes* tay·te·lesh
itinerary *útvonal* út·vaw·nol
IUD *fogamzásgátló hurok* faw·gom·zaash·gaat·láw hu·rawk

J

jacket *dzseki* je·ki
jail *börtön* beur·teun
jam *dzsem* jem
January *január* yo·nu·aar
Japan *Japán* yo·paan
jar *üveg* ew·veg
jaw *állkapocs* aall·ko·pawch
jealous *féltékeny* fayl·tay·ken'
jeans *farmer* for·mer
jeep *dzsip* jip
jet lag *hosszú repülőút okozta fáradtság* haws·sú re·pew·leü·út aw·kawz·to faa·rott·shaag
jewellery *ékszerek* ayk·se·rek
Jewish *zsidó* zhi·dáw
job *állás* aal·laash
jogging *kocogás* kaw·tsaw·gaash
joke ⓝ *vicc* vits
journalist *újságíró* úy·shaag·ee·ráw
journey *utazás* u·to·zaash
judge ⓝ *bíró* bee·ráw
juice *gyümölcslé* dyew·meulch·lay
July *július* yú·li·ush
jump ⓥ *ugrik* ug·rik
jumper (sweater) *pulóver* pu·láw·ver
jumper leads *indítókábel* in·dee·táw·kaa·bel
June *június* yú·ni·ush

K

ketchup *ketchup* ke·cheup
key *kulcs* kulch
keyboard *billentyűzet* bil·len·tyéw·zet
kick ⓥ *rúg* rúg
kidney *vese* ve·she
kilo *kiló* ki·láw
kilogram *kilogramm* ki·láw·gromm
kilometre *kilométer* ki·láw·may·ter
kind (nice) *kedves* ked·vesh
kindergarten *óvoda* áw·vaw·do

king *király* ki·raa·y
kiosk *kioszk* ki·awsk
kiss (friendly) ⓝ *puszi* pu·si
kiss (friendly) ⓥ *megpuszil* meg·pu·sil
kiss (intimate) ⓝ *csók* chāwk
kiss (intimate) ⓥ *megcsókol*
  meg·chāw·kawl
kitchen *konyha* kawn'·ho
kiwifruit *kivi* ki·vi
knee *térd* tayrd
knife *kés* kaysh
know (a fact) *tud* tud
know (be acquainted with) *ismer* ish·mer
kosher *kóser* kāw·sher

L

labourer *munkás* mun·kaash
lace *csipke* chip·ke
lake *tó* tāw
lamb *bárány* baa·raan'
land ⓝ *föld* feuld
landlady *háztulajdonosnő*
  haaz·tu·loy·daw·nawsh·nēū
landlord *háztulajdonos*
  haaz·tu·loy·daw·nawsh
language *nyelv* nyelv
laptop *laptop* lop·tawp
large *nagy* noj
last (previous) *előző* e·lēū·zēū
last week *a múlt héten* o mūlt hay·ten
late *késő* kay·shēū
later *később* kay·shēūbb
laugh ⓥ *nevet* ne·vet
launderette *önkiszolgáló mosószalon*
  eun·ki·sawl·gaa·lāw maw·shāw·so·lawn
laundry (clothes) *mosnivaló*
  mawsh·ni·vo·lāw
laundry (place) *mosoda* maw·shaw·do
laundry (room) *mosóhelyiség*
  maw·shāw·he·yi·shayg
law *törvény* teur·vayn'
law (study, profession) *jog* yawg
lawyer *jogász* yaw·gaas
laxative *hashajtó* hosh·ho·y·shayg
lazy *lusta* lush·to
leader *vezető* ve·ze·tēū
leaf *levél* le·vayl
learn *tanul* to·nul
leather *bőr* bēūr
lecturer *egyetemi oktató*
  e·dye·te·mi awk·to·tāw

ledge *perem* pe·rem
leek *póréhagyma* pāw·ray·hoj·mo
left (direction) *balra* bol·ro
left luggage (office) *csomagmegőrző*
  chaw·mog·meg·eūr·zēū
left-wing *baloldali* bol·awl·do·li
leg *láb* laab
legal *törvényes* teur·vay·nyesh
legislation *törvényhozás*
  teur·vayn'·haw·zaash
legume *hüvelyes* hew·ve·yesh
lemon *citrom* tsit·rawm
lemonade *limonádé* li·maw·naa·day
lens *lencse* len·che
lentil *lencse* len·che
lesbian ⓝ *leszbikus* les·bi·kush
less *kevésbé* ke·vaysh·bay
letter (mail) *levél* le·vayl
lettuce *saláta* sho·laa·to
liar *hazug* ho·zug
library *könyvtár* keun'v·taar
lice *tetvek* tet·vek
licence *engedély* en·ge·day·y
license plate number
  rendszám rend·saam
lie (not stand) *fekszik* fek·sik
life *élet* ay·let
life jacket *mentőmellény*
  men·tēū·mel·layn'
lift (elevator) *lift* lift
light ⓝ *fény* fayn'
light (colour) *világos* vi·laa·gawsh
light (not heavy) *könnyű* keun'·nyēw
light bulb *égő* ay·gēū
light meter *fénymérő* fayn'·may·rēū
lighter *öngyújtó* eun·dyū·y·tāw
like ⓥ *szeret* se·ret
lime (fruit) *apró zöld citrom*
  op·rāw zeuld tsit·rawm
linen (material) *lenvászon* len·vaa·sawn
linen (sheets etc) *vászonneműk*
  vaa·sawn·ne·mēwk
lip balm *ajakbalzsam* o·yok·bol·zhom
lips *ajak* o·yok
lipstick *rúzs* rüj
liquor store *szeszes italokat árusító üzlet*
  se·sesh i·to·law·kot aa·ru·shee·tāw
  ewz·let
listen *hallgat* holl·got
little (quantity) *kevés* ke·vaysh
little (size) *kicsi* ki·chi
Little Plain *Kisalföld* kish·ol·feuld

live ⓥ *lakik* lo-kik
liver *máj* maa-y
lizard *gyík* dyeek
local *helyi* he-yi
lock ⓝ *zár* zaar
lock ⓥ *bezár* be-zaar
locked *be van zárva* be von zaar-vo
lollies *nyalóka* nyo-láw-ko
long *hosszú* haws-sü
look ⓥ *néz* nayz
look after *gondját viseli*
  gawnd-yaat ví-she-li
look for *keres* ke-resh
lookout *kilátó* ki-laa-taw
loose *laza* lo-zo
loose change *aprópénz* op-ráw-paynz
lose *elveszít* el-ve-seet
lost *elveszett* el-ve-sett
lost property office *talált tárgyak*
  hivatala to-laalt taar-dyok hi-vo-to-lo
(a) lot *sok* shawk
loud *hangos* hon-gawsh
love ⓝ *szerelem* se-re-lem
love ⓥ *szeret* se-ret
lover *szerető* se-re-tēü
low *alacsony* o-lo-chawn'
lubricant *kenőanyag* ke-nēü-o-nyog
luck *szerencse* se-ren-che
lucky *szerencsés* se-ren-chaysh
luggage *poggyász* pawd'-dyaas
luggage lockers *poggyászmegőrző*
  automata pawd'-dyaas-meg-ēür-zēü
  o-u-taw-mo-to
luggage tag *poggyászcímke*
  pawd'-dyaas-tseem-ke
lump *csomó* chaw-máw
lunch *ebéd* e-bayd
lung *tüdő* tew-dēü
luxury *a luxus* luk-sush

M

machine *gép* gayp
Madam *asszonyom* os-saw-nyawm
magazine *képes folyóirat*
  kay-pesh faw-yāw-i-rot
mail ⓝ *posta* pawsh-to
mailbox *postaláda* pawsh-to-laa-do
main *fő* fēü
main road *főút* fēü-üt
make *csinál* chi-naal
make-up *smink* shmink

mammogram *mammogram*
  mom-maw-grom
man (male) *férfi* fayr-fi
manager (team) *menedzser* me-ne-jer
manager (business) *üzletvezető*
  ewz-let-ve-ze-tēü
mandarin *mandarin* mon-do-rin
mango *mangó* mon-gàw
manor house *udvarház* ud-vor-haaz
mansion *urasági kastély*
  u-ro-shaa-gi kosh-tay
manual worker *kétkezi munkás*
  kayt-ke-zi mun-kaash
many *sok* shawk
map (of country) *térkép* tayr-kayp
map (of town) *várostérkép*
  vaa-rawsh-tayr-kayp
March *március* maar-tsi-ush
margarine *margarin* mor-go-rin
marijuana *marihuána* mo-ri-hu-aa-no
marital status *családi állapot*
  cho-laa-di aal-lo-pawt
market *piac* pi-ots
marmalade *narancslekvár*
  no-ronch-lek-vaar
marriage *házasság* haa-zosh-shaag
married (for a man) *nős* nēüsh
married (for a woman) *férjezett*
  fayr-ye-zett
marry (for a man) *megnősül*
  meg-nēü-shewl
marry (for a woman) *férjhez megy*
  fayr-y-hez mej
martial arts *küzdősportok*
  kewz-dēü-shpawr-tawk
mass (Catholic) *mise* mi-she
massage *masszázs* mos-saazh
masseur *masszőr* mos-sēür
masseuse *masszőrnő* mos-sēür-nēü
mat *gyékény* dyay-kayn'
match (sports) *meccs* mech
matches (for lighting) *gyufa* dyu-fo
mattress *matrac* mot-rots
May *május* maa-yush
maybe *talán* to-laan
mayonnaise *majonéz* mo-yaw-nayz
mayor *polgármester* pawl-gaar-mesh-ter
me *én/engem/nekem/velem*
  ayn/en-gem/ne-kem/ve-lem
meal *étkezés* ayt-ke-zaysh
measles *kanyaró* ko-nyo-ráw
meat *hús* hüsh

mechanic *szerelő* se-re-lēū
media *média* may-di-o
medicine (medication) *orvosság* awr-vawsh-shaag
medicine (profession) *orvostudomány* awr-vawsh-tu-daw-maan'
meditation *meditálás* me-di-taa-laash
meet *találkozik* to-laal-kaw-zik
melon *dinnye* din'-nye
member *tag* tog
memorial *emlékmű* em-layk-mēw
menstruation *menstruáció* mensht-ru-aa-tsi-āw
menu *étlap* ayt-lop
message *üzenet* ew-ze-net
metal ⓝ *fém* faym
metre *méter* may-ter
metro (train) *metró* met-rāw
metro station *metróállomás* met-rāw-aal-law-maash
microwave (oven) *mikrohullámú sütő* mik-raw-hul-laa-mū shew-tēū
midday *dél* dayl
midnight *éjfél* ay-fayl
migraine *migrén* mig-rayn
military ⓝ *hadsereg* hod-she-reg
military service *katonai szolgálat* ko-taw-no-i sawl-gaa-lot
milk *tej* te-y
millimetre *milliméter* mil-li-may-ter
million *millió* mil-li-āw
mince ⓝ *darálthús* do-raalt-hūsh
mineral water *ásványvíz* aash-vaan'-veez
minute *perc* perts
mirror *tükör* tew-keur
miscarriage *spontán vetélés* shpawn-taan ve-tay-laysh
Miss *Kisasszony* kish-os-sawn'
miss (feel absence of) *hiányzik neki* hi-aan'-zik ne-ki
mistake ⓝ *hiba* hi-bo
mix ⓥ *összekever* eus-se-ke-ver
mobile phone *mobil telefon* maw-bil te-le-fawn
modem *modem* maw-dem
modern *modern* maw-dern
moisturiser *hidratáló készítmény* hid-ro-taa-lāw kay-seet-mayn'
monastery *kolostor* kaw-lawsh-tawr
Monday *hétfő* hayt-fēū
money *pénz* paynz

monk *szerzetes* ser-ze-tesh
Montenegro *Montenegro* mawn-te-neg-rāw
month *hónap* hāw-nop
monument *emlékmű* em-layk-mēw
moon *hold* hawld
more *több* teubb
morning *reggel* reg-gel
morning sickness *reggeli rosszullét* reg-ge-li raws-sul-layt
mosque *mecset* me-chet
mosquito *szúnyog* sū-nyawg
motel *motel* maw-tel
mother *anya* o-nyo
mother-in-law *anyós* o-nyäwsh
motorbike *motor* maw-tawr
motorboat *motorcsónak* maw-tawr-chāw-nok
motorcycle *motorbicikli* maw-tawr-bi-tsik-li
motorway *autópálya* o-u-tāw-paa-yo
mountain bike *hegyikerékpár* he-dyi-ke-rayk-paar
mountain path *hegyi ösvény* he-dyi eush-vayn'
mountain range *hegylánc* hed'-laants
mountaineering *hegymászás* hed'-maa-saash
mouse *egér* e-gayr
mouth *száj* saa-y
movie *film* film
Mr *Úr* ūr
Mrs *Asszony* os-sawn'
mud *sár* shaar
muesli *müzli* mewz-li
mum *anyu* o-nyu
mumps *mumpsz* mumps
murder ⓝ *meggyilkol* meg-dyil-kawl
murder ⓥ *gyilkosság* dyil-kawsh-shaag
muscle *izom* i-zawm
museum *múzeum* mü-ze-um
mushroom *gomba* gawm-bo
music *zene* ze-ne
music shop *zeneműbolt* ze-ne-mēw-bawlt
musician *zenész* ze-nays
Muslim *muszlim* mus-lim
mussel *kagyló* koj-lāw
mustard *mustár* mush-taar
mute *néma* nay-mo
my *-m/-vowel+m* -m/-(vowel)+m

N

nail clippers *körömvágó*
  keu·reum·vaa·gāw
name *név* nayv
name (family) *családnév* *cho·laad·nayv*
name (first/given) *keresztnév* *ke·rest·nayv*
napkin *szalvéta* *sol·vay·to*
nappy *pelenka* *pe·len·ko*
nappy rash *kipállás* *ki·paal·laash*
national park *nemzeti park*
  nem·ze·ti pork
nationality *nemzetiség* *nem·ze·ti·shayg*
nature *természet* *ter·may·set*
naturopathy *természetgyógyászat*
  ter·may·set·dyāw·dyaa·sot
nausea *hányinger* *haan'·in·ger*
near *közelében* *keu·ze·lay·ben*
nearby *a közelben* o *keu·zel·ben*
nearest *a legközelebbi* o *leg·keu·ze·leb·bi*
necessary *szükséges* *sewk·shay·gesh*
neck *nyak* *nyok*
necklace *nyaklánc* *nyok·laants*
nectarine *sima héjú őszibarack*
  shi·mo hay·yū ēū·si·bo·rotsk
need ⓥ *szüksége van* *sewk·shay·ge von*
needle (sewing) *varrótű* *vor·rāw·tēw*
needle (syringe) *injekciós tű*
  in·yek·tsi·āwsh tēw
negative ⓐ *negatív* *ne·go·teev*
neither *sem* *shem*
net *háló* *haa·lāw*
Netherlands *Hollandia* *hawl·lon·di·o*
never *soha* *shaw·ho*
new *új* *ū·y*
New Year's Day *újév napja* *ū·y·ayv nop·yo*
New Year's Eve *szilveszter* *sil·ves·ter*
New Zealand *Új-Zéland* *ū·y·zay·lond*
news *hírek* *hee·rek*
newsagency *újságárus* *ū·y·shaag·aa·rush*
newspaper *újság* *ū·y·shaag*
newsstand *újságárus* *ū·y·shaag·aa·rush*
next (month) *jövő (hónap)*
  yeu·vēū (hāw·nop)
next to *mellett* *mel·lett*
nice *szép* *sayp*
nickname *becenév* *be·tse·nayv*
night *éjszaka* *ay·so·ko*
night out *éjszakai szórakozás*
  ay·so·ko·i sāw·ro·kaw·zaash
nightclub *éjszakai mulatóhely*
  ay·so·ko·i mu·lo·tāw·he·y

no *nem* nem
no vacancy *nincs üres szoba*
  ninch ew·resh saw·bo
noisy *zajos* *zo·yawsh*
none *egy sem* ej shem
nonsmoking *nemdohányzó*
  nem·daw·haan'·zāw
noodles *metélt* *me·taylt*
noon *dél* dayl
north *észak* *ay·sok*
Norway *Norvégia* *nawr·vay·gi·o*
nose *orr* awrr
not *nem* nem
notebook *jegyzetfüzet* *yej·zet·few·zet*
nothing *semmi* *shem·mi*
November *november* *naw·vem·ber*
now *most* mawsht
nuclear energy *atomenergia*
  o·tawm·e·ner·gi·o
nuclear testing *atomkísérletek*
  o·tawm·kee·shayr·le·tek
nuclear waste *radioaktív hulladék*
  raa·di·āw·ok·teev hul·lo·dayk
number *szám* saam
numberplate *rendszámtábla*
  rend·saam·taab·lo
nun *apáca* o·paa·tso
nurse *ápolónő* *aa·paw·lāw·nēū*
nut *dió* di·āw

O

oats *zab* zob
ocean *óceán* *āw·tse·aan*
October *október* *awk·tāw·ber*
off (spoiled) *megromlott* *meg·rawm·lawtt*
office *iroda* *i·raw·do*
office worker *irodai dolgozó*
  i·raw·do·i dawl·gaw·zāw
often *gyakran* *dyok·ron*
oil *olaj* *aw·lo·y*
oil (fuel) *kőolaj* *kēū·aw·lo·y*
old (person) *öreg* *eu·reg*
old (thing) *régi* *ray·gi*
olive *olajbogyó* *aw·lo·y·baw·dyāw*
olive oil *olívaolaj* *aw·lee·vo·aw·lo·y*
Olympic Games *olimpiai játékok*
  aw·lim·pi·o·i yaa·tay·kawk
omelette *omlett* *awm·lett*
on *-on/-ön/-en* ·awn/·eun/·en
on time *időben* *i·dēū·ben*
once *egyszer* *ej·ser*

one *egy* ej
one-way (ticket) *csak oda* chok aw-do
onion *hagyma* hoj-mo
only *csak* chok
open (person) ⓐ *nyitott* nyi-tawtt
open (location) ⓐ *nyitva* nyit-vo
open ⓥ *kinyit* ki-nyit
open air museum *szabadtéri múzeum*
  so-bod-tay-ri mü-ze-um
opening hours *nyitvatartás*
  nyit-vo-tor-taash
opera *opera* aw-pe-ro
opera house *operaház* aw-pe-ro-haaz
operation (medical) *műtét* mew-tayt
operator *operátor* aw-pe-raa-tawr
opinion *vélemény* vay-le-mayn'
opposite *ellenkező* el-len-ke-zëü
optometrist *szemész* se-mays
or *vagy* voj
orange (colour) *narancssárga*
  no-ronch-shaar-go
orange (fruit) *narancs* no-ronch
orange juice *narancslé* no-ronch-lay
orchestra *zenekar* ze-ne-kor
order ⓝ *sorrend* shawr-rend
order ⓥ *rendel* ren-del
ordinary *közönséges*
  keu-zeun-shay-gesh
orgasm *orgazmus* awr-goz-mush
original *eredeti* e-re-de-ti
other *másik* maa-shik
our *-nk/vowel+nk* -nk/-(vowel)+nk
out of order *nem működik*
  nem mëw-keu-dik
outing *kirucanás* ki-ruts-tso-naash
outside *kint* kint
ovarian cyst *petefészek-ciszta*
  pe-te-fay-sek-tsis-to
ovary *petefészek* pe-te-fay-sek
oven *sütő* shew-tëü
overcoat *kabát* ko-baat
overdose *túladagolás*
  tül-o-do-gaw-laash
overnight *egész éjjel* e-gays ay-yel
overseas *a tengeren túl* o ten-ge-ren tül
owe *tartozik* tor-taw-zik
owner *tulajdonos* tu-lo-y-daw-nawsh
oxygen *oxigén* awk-si-gayn
oyster *osztriga* awst-ri-go
ozone layer *ózonréteg*
  äw-zawn-ray-teg

P

pacemaker *szívritmusszabályozó*
  seev-rit-mush-so-baa-yaw-zäw
pacifier (dummy) *cumi* tsu-mi
package *csomag* chaw-mog
packet *csomag* chaw-mog
padlock *lakat* lo-kot
page *oldal* awl-dol
pain ⓝ *fájdalom* faa-y-do-lawm
painful *fájdalmas* faa-y-dol-mosh
painkiller *fájdalomcsillapító*
  faa-y-do-lawm-chil-lo-pee-täw
painter *festő* fesh-tëü
painting (a work) *festmény* fesht-mayn'
painting (the art) *festészet* fesh-tay-set
pair (couple) *pár* paar
palace *palota* po-law-to
pan *serpenyő* sher-pe-nyëü
pants (trousers) *nadrág* nod-raag
panty liners *egészségügyi betét*
  e-gays-shayg-ew-dyi be-tayt
pantyhose *harisnyanadrág*
  ho-rish-nyo-nod-raag
pap smear *méhnyakrák-szűrővizsgálat*
  mayh-nyok-raak-sëw-rëü-vizh-gaa-lot
paper *papír* po-peer
paperwork *papírmunka*
  po-peer-mun-ko
paprika *paprika* pop-ri-ko
paraplegic *deréktól lefelé bénult*
  de-rayk-täwl le-fe-lay bay-nult
parcel *csomag* chaw-mog
parents *szülők* sew-lëük
park ⓝ *park* pork
park (a car) ⓥ *parkol* por-kawl
parliament *parlament* por-lo-ment
parlour *szalon* so-lawn
part (component) *rész* rays
part-time *részmunkaidős*
  rays-mun-ko-i-dëüsh
party (night out) *parti* por-ti
party (politics) *párt* paart
pass ⓥ *átmegy* aat-mej
passenger *utas* u-tosh
passionfruit *golgotavirág gyümölcse*
  gawl-gaw-to-vi-raag dyew-meul-che
passport *útlevél* üt-le-vayl
passport number *útlevél száma*
  üt-le-vayl saa-mo
past ⓝ *múlt* mült
pasta *tészta* tays-to

pastry *cukrászsütemény*
  tsuk·raas·shew·te·mayn'
path *ösvény* *eush·vayn'*
pay ⓥ *fizet* *fi·zet*
payment *kifizetés* *ki·fi·ze·taysh*
pea *borsó* *bawr·shaw*
peace *béke* *bay·ke*
peach *őszibarack* *ēū·si·bo·rotsk*
peak (mountain) *csúcs* *chūch*
peanut *földi mogyoró*
  feul·di maw·dyaw·rāw
pear *körte* *keur·te*
pedal ⓝ *pedál* *pe·daal*
pedestrian *gyalogos* *dyo·law·gawsh*
pedestrian crossing *zebra* *ze·bro*
pen *golyóstoll* *gaw·yāwsh·tawll*
pencil *ceruza* *tse·ru·zo*
penis *pénisz* *pay·nis*
penknife *bicska* *bich·ko*
pensioner *nyugdíjas* *nyug·dee·yosh*
people *emberek* *em·be·rek*
pepper (bell) *paprika* *pop·ri·ko*
pepper (black) *bors* *bawrsh*
per cent *százalék* *saa·zo·layk*
perfect *tökéletes* *teu·kay·le·tesh*
performance *előadá* *tel·ye·sheet·mayn'*
perfume *parfüm* *por·fewm*
period pain *menstruációs hasfájás*
  mensht·ru·aa·tsi·āwsh hosh·faa·yaash
permission *engedély* *en·ge·day*
permit *engedély* *en·ge·day*
person *személy* *se·may*
petition *kérvény* *kayr·vayn'*
petrol *benzin* *ben·zin*
petrol station *benzinkút* *ben·zin·kūt*
pharmacist *gyógyszerész* *dyāwj·se·raysh*
pharmacy *gyógyszertár* *dyāwj·ser·taar*
phone book *telefonkönyv*
  te·le·fawn·keun'v
phone box *telefonfülke* *te·le·fawn·fewl·ke*
phonecard *telefonkártya*
  te·le·fawn·kaar·tyo
photo *fénykép* *fayn'·kayp*
(take a) photo *fényképez* *fayn'·kay·pez*
photographer *fényképész* *fayn'·kay·pays*
photography *fényképezés*
  fayn'·kay·pe·zaysh
phrasebook *kifejezésgyűjtemény*
  ki·fe·ye·zaysh·dyêw·y·te·mayn'
pickaxe *csákány* *chaa·kaan'*
pickles *savanyúságok*
  sho·vo·nyū·shaa·gawk

pickpocket *zsebtolvaj* *zheb·tawl·vo·y*
picnic *piknik* *pik·nik*
pie *pástétom* *paash·tay·tawm*
piece *darab* *do·rob*
pier *móló* *māw·lāw*
pig *disznó* *dis·nāw*
pill *tabletta* *tob·let·to*
the pill *fogamzásgátló tabletta*
  faw·gom·zaash·gaat·lāw tob·let·to
pillow *párna* *paar·no*
pillowcase *párnahuzat* *paar·no·hu·zot*
pineapple *ananász* *o·no·naas*
pink *rózsaszín* *rāw·zho·seen*
pistachio *pisztácia* *pis·taa·tsi·o*
place *hely* *he·y*
place of birth *születési hely*
  sew·le·tay·shi he·y
plane *repülőgép* *re·pew·lēū·gayp*
planet *bolygó* *baw·y·gāw*
plant ⓝ *növény* *neu·vayn'*
plastic *műanyag* *mêw·o·nyog*
plate *tányér* *taa·nyayr*
plateau *fennsík* *fenn·sheek*
platform *peron* *pe·rawn*
play (theatre) *színdarab* *seen·do·rob*
play cards *kártyázik* *kaar·tyaa·zik*
play guitar *gitározik* *gi·taa·raw·zik*
plug *dugó* *du·gāw*
plum *szilva* *sil·vo*
PO box *postafiók* *pawsh·to fi·awk*
poached egg *mindkét oldalán*
  megsütött tükörtojás *mind·kayt*
  awl·do·laan meg·shew·teutt
  tew·keur·taw·yaash
pocket *zseb* *zheb*
pocket knife *zsebkés* *zheb·kaysh*
poetry *költészet* *keul·tay·set*
point ⓝ *pont* *pawnt*
point ⓥ *mutat* *mu·tot*
poisonous *mérgező* *mayr·ge·zēū*
Poland *Lengyelország* *len·dyel·awr·saag*
police *rendőrség* *rend·ēūr·shayg*
police officer *rendőr* *rend·ēūr*
police headquarters
  rendőr-főkapitányság
  rend·ēūr fēū·ko·pi·taan'·shaag
police station *rendőrség* *rend·ēūr·shayg*
policy *politika* *paw·li·ti·ko*
politician *politikus* *paw·li·ti·kush*
politics *politika* *paw·li·ti·ko*
pollen *virágpor* *vi·raag·pawr*
pollution *szennyezés* *sen'·nye·zaysh*

pool (game) *biliárd* bi·li·aard
pool (swimming) *úszómedence*
  ü·säw·me·den·tse
poor *szegény* se·gayn'
popular *népszerű* nayp·se·rêw
pork *disznóhús* dis·näw·hüsh
pork sausage
  disznóhúsból készült kolbász
  dis·näw·hüsh·bäwl kay·sewlt kawl·baas
port *kikötő* ki·keu·tëü
positive *pozitív* paw·zi·teev
possible *lehetséges* le·het·shay·gesh
postage *postaköltség*
  pawsh·to·keult·shayg
postcard *levelezőlap* le·ve·le·zëü·lop
postcode *postai irányítószám*
  pawsh·to·i i·raa·nyee·täw·saam
poster *plakát* plo·kaat
post office *postahivatal* pawsh·to·hi·vo·tol
pot (cooking) *edény* e·dayn'
potato *krumpli* krump·li
pottery *fazekasáru* fo·ze·kosh·aa·ru
pound (money, weight) *font* fawnt
poverty *szegénység* se·gayn'·shayg
powder *por* pawr
Prague *Prága* praa·go
prawn *garnélarák* gor·nay·lo·raak
prayer *ima* i·mo
prayer book *imakönyv* i·mo·keun'v
prefer *jobban szeret* yawb·bon se·ret
pregnancy test kit *terhességi teszt*
  ter·hesh·shay·gi test
pregnant *terhes* ter·hesh
premenstrual tension *menstruáció előtti*
  feszültség mensht·ru·aa·tsi·äw e·lëüt·ti
  fe·sewlt·shayg
prepare *készít* kay·seet
prescription *recept* re·tsept
present (gift) *ajándék* o·yaan·dayk
present (time) *jelen* ye·len
president *elnök* el·neuk
pressure *nyomás* nyaw·maash
pretty *csinos* chi·nawsh
price *ár* aar
priest *pap* pop
prime minister *miniszterelnök*
  mi·nis·ter·el·neuk
printer (computer) *nyomtató*
  nyawm·to·täw
prison *börtön* beur·teun
prisoner *rab* rob
private *magán* mo·gaan

problem *probléma* prawb·lay·mo
produce ⓥ *termel* ter·mel
profit ⓝ *haszon* ho·sawn
program *program* prawg·rom
prohibited *tilos* ti·lawsh
projector *vetítő* ve·tee·tëü
promenade *sétány* shay·taan'
promise ⓥ *megígér* meg·ee·gayr
prostitute *prostituált* prawsh·ti·tu·aalt
protect *megvéd* meg·vayd
protected species *védett faj* vay·dett fo·y
protest ⓥ *tiltakozás* til·to·kaw·zaash
protest ⓥ *tiltakozik* til·to·kaw·zik
provisions *élelmiszer* ay·lel·mi·ser
prune ⓝ *aszalt szilva* o·solt sil·va
pub *pub* pob
public gardens *nyilvános park*
  nyil·vaa·nawsh pork
public relations *közönséggel való*
  kapcsolattartás keu·zeun·shayg·gel
  vo·läw kop·chaw·lot·tor·taash
public telephone *nyilvános telefon*
  nyil·vaa·nawsh te·le·fawn
public toilet *nyilvános vécé*
  nyil·vaa·nawsh vay·tsay
publishing *könyvkiadás* keun'v·ki·o·daash
pull *húz* hüz
pump ⓝ *szivattyú* si·vot'·tyü
pumpkin *tök* teuk
puncture ⓝ *defekt* de·fekt
pure *tiszta* tis·to
purple *sötétlila* sheu·tayt·li·lo
purse *pénztárca* paynz·taar·tso
push ⓥ *tol* tawl
put *tesz* tes

Q

quadriplegic *teljesen béna*
  tel·ye·shen bay·no
qualifications *képesítések*
  kay·pe·shee·tay·shek
quality *minőség* mi·nëü·shayg
quarantine *karantén* ko·ron·tayn
quarter *negyed* ne·dyed
quay *rakpart* rok·port
queen *királynő* ki·raa·y·nëü
question ⓝ *kérdés* kayr·daysh
queue ⓝ *sor* shawr
quick *gyors* dyawrsh
quiet *csendes* chen·desh
quit *felmond* fel·mawnd

R

rabbit *nyúl* nyül
race (sport) *verseny* ver·shen'
racetrack *versenypálya* ver·shen'·paa·yo
racing bike *versenybicikli*
 ver·shen'·bi·tsik·li
racism *fajgyűlölet* fo·y·dyēw·leu·let
racquet *ütő* ew·tēū
radiator *fűtőtest* fēw·tēū·tesht
radio *rádió* raa·di·āw
radish *retek* re·tek
railway station *vasútállomás*
 vo·shūt·aal·law·maash
rain ⓝ *eső* e·shēū
raincoat *esőkabát* e·shēū·ko·baat
raisin *mazsola* mo·zhaw·lo
rally ⓝ *nagygyűlés* noj·dyēw·laysh
ranch *állattenyésztő-telep*
 aal·lot·te·nyays·tēū·te·lep
rape ⓝ *nemi erőszak* ne·mi e·rēū·sok
rape ⓥ *megerőszakol* meg·e·rēū·so·kawl
rare (food) *véres* vay·resh
rare (uncommon) *ritka* rit·ko
rash *kiütés* ki·ew·taysh
raspberry *málna* maal·no
rat *patkány* pot·kaan'
rave ⓝ *rave buli* rayv bu·li
raw *nyers* nyersh
razor *borotva* baw·rawt·vo
razor blade *borotvapenge*
 baw·rawt·vo·pen·ge
read *olvas* awl·vosh
reading *olvasás* awl·vo·shaash
ready *kész* kays
real estate agent *ingatlanügynök*
 in·got·lon·ewj·neuk
realistic *realisztikus* re·o·lis·ti·kush
rear (location) *hátsó* haat·shāw
reason (explanation) *ok* awk
receipt *nyugta* nyug·to
recently *nemrég* nem·rayg
recommend *ajánl* o·yaanl
record ⓥ *feljegyez* fel·ye·dyez
recording *felvétel* fel·vay·tel
recyclable *újrafelhasználható*
 ū·y·ro·fel·hos·naal·ho·tāw
recycle *újrafelhasznál* ū·y·ro·fel·hos·naal
red *piros* pi·rawsh
red wine *vörösbor* veu·reush·bawr
referee *bíró* bee·rāw
reference *referencia* re·fe·ren·tsi·o

reflexology *reflexológia*
 ref·lek·saw·lāw·gi·o
refrigerator *fridzsider* fri·ji·der
refugee *menekült* me·ne·kewlt
refund ⓥ *visszatérítés* vis·so·tay·ree·taysh
refuse ⓥ *visszautasít* vis·so·u·to·sheet
regional *regionális* re·gi·o·naa·lish
(by) registered mail *ajánlott levél*
 o·yaan·lawtt le·vayl
rehydration salts *folyadékpótló sók*
 faw·yo·dayk·pāwt·lāw shāwk
reiki *reiki* re·i·ki
relationship *kapcsolat* kop·chaw·lot
relax *lazít* lo·zeet
relic *ereklye* e·rek·ye
religion *vallás* vol·laash
religious *vallásos* vol·laa·shawsh
remote *távoli* taa·vaw·li
remote control *távirányító*
 taav·i·raa·nyee·tāw
rent ⓥ *bérel* bay·rel
repair ⓥ *megjavít* meg·yo·veet
republic *köztársaság* keuz·taar·sho·shaag
reservation (booking) *foglalás*
 fawg·lo·laash
rest ⓥ *pihen* pi·hen
restaurant *étterem* ayt·te·rem
résumé (CV) *szakmai önéletrajz*
 sok·mo·i eun·ay·let·royz
retired *nyugalmazott* nyu·gol·mo·zawtt
return (come back) *visszatér* vis·so·tayr
return (ticket) *oda-vissza* aw·do·vis·so
reverse-charge call *'R' beszélgetés*
 er be·sayl·ge·taysh
review ⓝ *áttekintés* aat·te·kin·taysh
rhythm *ritmus* rit·mush
rib *borda* bawr·do
rice *rizs* rizh
rich (wealthy) *gazdag* goz·dog
ride ⓝ *lovaglás* law·vog·laash
ride (horse) ⓥ *lovagol* law·vo·gawl
right (correct) *helyes* he·yesh
right (direction) *jobbra* yawbb·ro
right-wing *jobboldali* yawbb·awl·do·li
ring (on finger) *gyűrű* dyēw·rēw
ring (phone) ⓥ *cseng* cheng
ring road *körgyűrű* keur·dyēw·rēw
rip-off ⓝ *kifosztás* ki·faws·taash
risk ⓝ *kockázat* kawts·kaa·zot
river *folyó* faw·yāw
road *út* üt
road map *térkép* tayr·kayp

rob *kirabol* ki-ro-bawl
rock ⓝ *szikla* sik-lo
rock music *rock* rawk
rock climbing *sziklamászás*
  sik-lo-maa-saash
rock group *rockegyüttes*
  raw-ke-dyewt-tesh
rockmelon *kantalupdinnye*
  kon-to-lup-din'-nye
roll (bread) *zsemle* zhem-le
rollerblading *görkorcsolyázás*
  geur-kawr-chaw-yaa-zaash
Roma *roma* raw-mo
Roma music *cigányzene* tsi-gaan'-ze-ne
Romania *Románia* raw-maa-ni-o
romantic *romantikus* raw-mon-ti-kush
room *szoba* saw-bo
room number *szobaszám* saw-bo-saam
rope *kötél* keu-tayl
round ⓐ *kerek* ke-rek
roundabout *körforgalom*
  keur-fawr-go-lawm
route *útvonal* út-vaw-nol
rowing *evezés* e-ve-zaysh
rubbish *szemét* se-mayt
rubella *rubeola* ru-be-aw-lo
rug *szőnyeg* sēū-nyeg
rugby *rögbi* reug-bi
ruins *romok* raw-mawk
rule ⓝ *szabály* so-baa-y
rum *rum* rum
run ⓥ *fut* fut
running *futás* fu-taash
runny nose *nátha* naat-ho
Russia *Oroszország* aw-raws-awr-saag

S

sad *szomorú* saw-maw-rú
saddle *nyereg* nye-reg
safe ⓝ *páncélszekrény* paan-tsayl-sek-rayn'
safe ⓐ *biztonságos* biz-tawn-shaa-gawsh
safe sex *biztonságos szex*
  biz-tawn-shaa-gawsh seks
saint *szent* sent
salad *saláta* sho-laa-to
salami *szalámi* so-laa-mi
salary *fizetés* fi-ze-taysh
sale *kiárusítás* ki-aa-ru-shee-taash
sales tax *forgalmi adó* fawr-gol-mi o-dāw
salmon *lazac* lo-zots
salt *só* shāw

same *ugyanaz* u-dyon-oz
sand *homok* haw-mawk
sandal *szandál* son-daal
sanitary napkin *egészségügyi törlőkendő*
  e-gays-shayg-ew-dyi teur-lēū-ken-dēū
sardine *szardínia* sor-dee-ni-o
Saturday *szombat* sawm-bot
sauce *szósz* sāws
saucepan *nyeles serpenyő*
  nye-lesh sher-pe-nyēū
sauna *szauna* so-u-no
sausage (thick) *kolbász* kawl-baas
sausage (thin) *virsli* virsh-li
say ⓥ *mond* mawnd
scalp *fejbőr* fey-bēūr
scarf *sál* shaal
school *iskola* ish-kaw-lo
science *tudomány* tu-daw-maan'
scientist *természettudós*
  ter-may-set-tu-dāwsh
scissors *olló* awl-lāw
score ⓥ *pontot szerez* pawn-tawt se-rez
scoreboard *eredményjelző tábla*
  e-red-mayn'-yel-zēū taab-lo
Scotland *Skócia* shkāw-tsi-o
scrambled *habart* ho-bort
sculpture *szobrászat* sawb-raa-sot
sea *tenger* ten-ger
seasick *tengeribeteg* ten-ge-ri-be-teg
seaside *tengerpart* ten-ger-port
season *évszak* ayv-sok
seat *ülés* ew-laysh
seatbelt *biztonsági öv*
  biz-tawn-shaa-gi euv
second ⓝ *pillanat* pil-lo-not
second ⓐ *második* maa-shaw-dik
second class *másodosztály*
  maa-shawd-aws-taa-y
second-hand *használt* hos-naalt
second-hand shop
  használtcikk kereskedés
  hos-naalt-tsikk ke-resh-ke-daysh
secretary *titkár* tit-kaar
  titkárnő ⓕ tit-kaar-nēū
see *lát* laat
self-employed *önálló* eun-aal-lāw
selfish *önző* eun-zēū
self-service *önkiszolgáló*
  eun-ki-sawl-gaa-lāw
sell *elad* el-od
send *küld* kewld
sensible *értelmes* ayr-tel-mesh

sensual *érzéki* ayr-zay-ki
separate *külön* kew-leun
September *szeptember* sep-tem-ber
Serbia *Szerbia* ser-bi-o
serious *komoly* kaw-maw-y
service *kiszolgálás* ki-sawl-gaa-laash
service charge *kiszolgálási díj*
  ki-sawl-gaa-laa-shi dee-y
service station *benzinkút* ben-zin-kūt
serviette *szalvéta* sol-vay-to
several *több* teubb
sew *varr* vorr
sex (activity) *szex* seks
sex (gender) *nem* nem
sexism *szexizmus* sek-siz-mush
sexy *szexi* sek-si
shade *árnyék* aar-nyayk
shadow *árnyék* aar-nyayk
shampoo *sampon* shom-pawn
shape *forma* fawr-mo
share (a dorm etc) *egy …ben/ban lakik*
  ej …-ben/-ban lo-kik
share (with) *osztozik* aws-taw-zik
shave ⊙ *borotválkozik*
  baw-rawt-vaal-kaw-zik
shaving cream *borotvakrém*
  baw-rawt-vo-kraym
she *ő* ēū
sheep *birka* bir-ko
sheet (bed) *lepedő* le-pe-dēū
shelf *polc* pawlts
shiatsu *siacu* shi-o-tsu
shingles (illness) *övsömör* euv-sheu-meur
ship *hajó* ho-yāw
shirt *ing* ing
shoe *cipő* tsi-pēū
shoe shop *cipőbolt* tsi-pēū-bawlt
shoes *cipők* tsi-pēūk
shoot *lő* lēū
shop ⊙ *üzlet* ewz-let
shop ⊙ *vásárol* vaa-shaa-rawl
shopping *vásárlás* vaa-shaar-laash
shopping centre *bevásárlóközpont*
  be-vaa-shaar-lāw-keuz-pawnt
short (height) *alacsony* o-lo-chawn'
shortage *hiány* hi-aan'
shorts *sort* shawrt
shoulder *váll* vaall
shout ⊙ *kiabál* ki-o-baal
show ⊙ *show* shāw
show ⊙ *mutat* mu-tot
shower *zuhany* zu-hon'

shrine *szentély* sen-tay
shut ⊙ *be van zárva* be von zaar-vo
shy *szégyenlős* say-dyen-lēūsh
sick *beteg* be-teg
side *oldal* awl-dol
sign ⓝ *felirat* fel-i-rot
signature *aláírás* o-laa-ee-raash
silk ⓝ *selyem* she-yem
silver ⓝ *ezüst* e-zewsht
SIM card *SIM-kártya* sim-kaar-tyo
similar *hasonló* ho-shawn-lāw
simple *egyszerű* ej-se-rēw
since … (time) … *óta* … āw-to
sing *énekel* ay-ne-kel
Singapore *Szingapúr* sin-go-pūr
singer *énekes/énekesnő* ⓜ/ⓕ
  ay-ne-kesh/ay-ne-kesh-nēū
single (person) *egyedülálló*
  e-dye-dewl-aal-lāw
single room *egyágyas szoba*
  ej-aa-dyosh saw-bo
singlet *trikó* tri-kāw
sister (older) *nővér* nēū-vayr
sister (younger) *húg* hūg
sit *ül* ewl
size *méret* may-ret
skate ⊙ *korcsolyázik* kawr-chaw-yaa-zik
skate ⓝ *korcsolya* kawr-chaw-yo
skateboarding *gördeszkázás*
  geur-des-kaa-zaash
ski ⊙ *síel* shee-el
skiing *síelés* shee-e-laysh
skim milk *sovány tej* shaw-vaan' te-y
skin *bőr* bēūr
skirt *szoknya* sawk-nyo
skull *koponya* kaw-paw-nyo
sky *ég* ayg
sleep ⊙ *alszik* ol-sik
sleeping bag *hálózsák* haa-lāw-zhaak
sleeping berth *fekhely* fek-he-y
sleeping car *hálókocsi* haa-lāw-kaw-chi
sleeping pills *altató* ol-to-tāw
sleepy *álmos* aal-mawsh
slice *szelet* se-let
slide film *diafilm* di-o-film
Slovakia *Szlovákia* slaw-vaa-ki-o
Slovenia *Szlovénia* slaw-vay-ni-o
slow *lassú* losh-shū
slowly *lassan* losh-shon
small *kicsi* ki-chi
smaller *kisebb* ki-shebb
smallest *legkisebb* leg-ki-shebb

smell Ⓝ *szag* sog

smile Ⓥ *mosolyog* maw·shaw·yawg

smoke Ⓥ *dohányzik* daw·haan'·zik

snack *snack* snekk

snack bar *falatozó* fo·lo·taw·zāw

snail *csiga* chi·go

snake *kígyó* kee·dyāw

snorkelling *légzőcsöves könnyűbúvárkodás* layg·zēū·cheu·vesh keun'·nyēw·bū·vaar·kaw·daash

snow Ⓝ *hó* hāw

snow pea *hóbogyó* hāw·baw·dyāw

snowboarding *hódeszkázás* hāw·des·kaa·zaash

soap *szappan* sop·pon

soap opera *szappanopera* sop·pon·aw·pe·ro

soccer *futball* fut·boll

social welfare *társadalmi jólét* taar·sho·dol·mi yāw·layt

socialist *szocialista* saw·tsi·o·lish·to

sock *zokni* zawk·ni

socks *zoknik* zawk·nik

soft drink *üdítőital* ew·dee·tēū·i·tol

soft-boiled *lágy* laaj

soldier *katona* ko·taw·no

some *néhány* nay·haan'

someone *valaki* vo·lo·ki

something *valami* vo·lo·mi

sometimes *néha* nay·ho

son *fiú* fi·ū

song *dal* dol

soon *hamarosan* ho·mo·raw·shon

sore Ⓐ *fájós* faa·yāwsh

soup *leves* le·vesh

sour cream *tejföl* te·y·feul

south *dél* dayl

souvenir *szuvenír* su·ve·neer

souvenir shop *ajándékbolt* o·yaan·dayk·bawlt

Soviet Union *Szovjetunió* sov·yet·u·ni·āw

soy milk *szójatej* sāw·yo·te·y

soy sauce *szójaszósz* sāw·yo·sāws

spa *gyógyfürdő* dyāwj·fewr·dēū

space (room) *hely* he·y

Spain *Spanyolország* shpo·nyawl·awr·saag

sparkling wine *habzóbor* hob·zāw·bawr

speak *beszél* be·sayl

special Ⓐ *különleges* kew·leun·le·gesh

specialist *specialista* shpe·tsi·o·lish·to

speed (velocity) *sebesség* she·besh·shayg

speed limit *megengedett sebességhatár* meg·en·ge·dett she·besh·shayg·ho·taar

speedometer *sebességmérő* she·besh·shayg·may·rēū

spider *pók* pāwk

spinach *spenót* shpe·nāwt

spoiled (gone off) *elrontott* el·rawn·tawtt

spoke Ⓝ *küllő* kewl·lēū

spoon *kanál* ko·naal

sport *sport* shpawrt

sports store/shop *sportbolt* shpawrt·bawlt

sportsperson *sportoló* shpawr·taw·lāw

sprain Ⓥ *ficam* fi·tsom

spring (coil) *rugó* ru·gāw

spring (season) *tavasz* to·vos

square (town) *tér* tayr

stadium *stadion* shto·di·awn

stairway *lépcső* layp·chēū

stale *állott* aal·lawtt

stamp Ⓝ *bélyeg* bay·yeg

stand-by ticket *készenléti jegy* kay·sen·lay·ti yej

star Ⓝ *csillag* chil·log

(four-)star *(négy)csillagos* (nayj·) chil·lo·gawsh

start Ⓝ *kezdet* kez·det

start Ⓥ *elkezd* el·kezd

station *állomás* aal·law·maash

stationer *papírbolt* po·peer·bawlt

statue *szobor* saw·bawr

stay (at a hotel) Ⓥ *lakik* lo·kik

stay (in one place) Ⓥ *marad* mo·rod

steak (beef) *pecsenye* pe·che·nye

steal *lop* lawp

steep *meredek* me·re·dek

step Ⓝ *lépés* lay·paysh

stereo *sztereó* ste·re·āw

still water *állóvíz* aal·lāw·veez

stock (food) *(élelmiszer)készlet* (ay·)lel·mi·ser·)kays·let

stockings *harisnya* ho·rish·nyo

stolen *ellopták* el·lawp·taak

stomach *gyomor* dyaw·mawr

stomachache *gyomorfájás* dyaw·mawr·faa·yaash

stone *kő* kēū

stoned (drugged) *be van lőve* be von lēū·ve

stop (bus, tram etc) *megálló* meg·aal·lāw

stop (cease) *abbahagy* ob·bo·hoj

stop (prevent) *megakadályoz*
meg·o·ko·daa·yawz
storm *vihar* *vi·hor*
story *történet* *teur·tay·net*
stove *tűzhely* *tewz·he·y*
straight *egyenes* *e·dye·nesh*
strange *furcsa* *fur·cho*
stranger *idegen* *i·de·gen*
strawberry *eper* *e·per*
stream *patak* *po·tok*
street *utca* *ut·tso*
street market *utcai piac* *ut·tso·i pi·ots*
strike ⓝ *sztrájk* *straa·y·k*
string *zsinór* *zhi·nawr*
stroke (health) *agyvérzés*
oj·vayr·zaysh
stroller *gyerekkocsi* *dye·rek·kaw·chi*
strong *erős* *e·reūsh*
stubborn *makacs* *mo·koch*
student *diák* *di·aak*
studio *stúdió* *shtŭ·di·āw*
stupid *buta* *bu·to*
style *stílus* *shtee·lush*
subtitles *felirat* *fel·i·rot*
suburb *városrész* *vaa·rawsh·rays*
subway (pedestrian) *aluljáró*
o·lul·yaa·rāw
subway (train) *metró* *met·rāw*
sugar *cukor* *tsu·kawr*
suitcase *bőrönd* *bēū·reund*
sultana *mazsola* *mo·zhaw·lo*
summer *nyár* *nyaar*
sun *nap* *nop*
sunblock *napolaj* *nop·aw·lo·y*
sunburn *leégés* *le·ay·gaysh*
Sunday *vasárnap* *vo·shaar·nop*
sunglasses *napszemüveg*
nop·sem·ew·veg
sunny *napos* *no·pawsh*
sunrise *napkelte* *nop·kel·te*
sunset *napnyugta* *nop·nyug·to*
sunstroke *napszúrás* *nop·sū·raash*
supermarket *élelmiszer-áruház*
ay·lel·mi·ser·aa·ru·haaz
superstition *babona* *bo·baw·no*
supporter (politics) *támogató*
taa·maw·go·tāw
supporter (sport) *szurkoló* *sur·kaw·lāw*
surf ⓥ *szörf* *seurf*
surface mail (land)
vonattal szállított posta
vaw·not·tol saal·lee·tawtt pawsh·to

surface mail (sea) *hajóval szállított posta*
ho·yāw·vol saal·lee·tawtt pawsh·to
surfboard *szörfdeszka* *seurf·des·ko*
surfing *szörfölés* *seur·feu·laysh*
surname *vezetéknév* *ve·ze·tayk·nayv*
surprise ⓝ *meglepetés* *meg·le·pe·taysh*
sweater *pulóver* *pu·lāw·ver*
Sweden *Svédország* *shvayd·awr·saag*
sweet ⓐ *édes* *ay·desh*
sweets *édességek* *ay·desh·shay·gek*
swelling *duzzanat* *duz·zo·not*
swim ⓥ *úszik* *ū·sik*
swimming *úszás* *ū·saash*
swimming pool *uszoda* *u·saw·do*
swimsuit *fürdőruha* *fewr·dēū·ru·ho*
Switzerland *Svájc* *shvaa·y·ts*
synagogue *zsinagóga* *zhi·no·gāw·go*
synthetic *szintetikus* *sin·te·ti·kush*
syringe *fecskendő* *fech·ken·dēū*

T

table *asztal* *os·tol*
table tennis *pingpong* *ping·pawng*
tablecloth *asztalterítő* *os·tol·te·ree·tēū*
tail *farok* *fo·rawk*
tailor *szabó* *so·bāw*
take *vesz* *ves*
talk ⓥ *beszél* *be·sayl*
tall *magas* *mo·gosh*
tampon *tampon* *tom·pawn*
tanning lotion *barnító krém*
bor·nee·tāw kraym
tap *csap* *chop*
tap water *csapvíz* *chop·veez*
tasty *finom* *fi·nawm*
tax *adó* *o·dāw*
taxi *taxi* *tok·si*
taxi stand *taxiállomás*
tok·si·aal·law·maash
tea *tea* *te·o*
teacher ⓜ *tanár* *to·naar*
teacher ⓕ *tanárnő* *to·naar nēū*
team *csapat* *cho·pot*
teaspoon *teáskanál* *te·aash·ko·naal*
technique *technika* *teh·ni·ko*
teeth *fogak* *faw·gok*
telegram *távirat* *taav·i·rot*
telephone ⓝ *telefon* *te·le·fawn*
telephone ⓥ *telefonál* *te·le·faw·naal*
telephone box *telefonfülke*
te·le·fawn·fewl·ke

telephone centre *telefonközpont* te-le-fawn-keuz-pawnt

telescope *távcső* taav-chēū

television *televízió* te-le-vee-zi-āw

tell *mond* mawnd

temperature (fever) *hőmérséklet* hēū-mayr-shayk-let

temple (body) *halánték* ho-laan-tayk

tennis *tenisz* te-nis

tennis court *teniszpálya* te-nis-paa-yo

tent *sátor* shaa-tawr

tent peg *sátorcövek* shaa-tawr-tseu-vek

terrible *borzalmas* bawr-zol-mosh

test ⓝ *teszt* test

thank *megköszön* meg-keu-seun

that (one) *az* oz

theatre *színház* seen-haaz

theatre performance *előadás* e-lēū-daash

their *-k/-vowel+k* -k/-(vowel)+k

there *ott* awtt

there isn't *nincs* ninch

there aren't *nincsenek* nin-che-nek

thermal bath *termálfürdő* ter-maal-fewr-dēū

thermal spring *melegvizű forrás* me-leg-vee-zēw fawr-raash

these *ezek* e-zek

they *ők* ēūk

thick *vastag* vosh-tog

thief *tolvaj* tawl-vo-y

thin *vékony* vay-kawn'

think *gondol* gawn-dawl

third *harmadik* hor-mo-dik

thirsty *szomjas* sawm-yosh

this (one) *ez* ez

those *azok* o-zawk

thread *fonal* faw-nol

throat *torok* taw-rawk

thrush (health) *hüvelygomba* hew-ve-y-gawm-bo

thunderstorm *zivatar* zi-vo-tor

Thursday *csütörtök* chew-teur-teuk

ticket *jegy* yej

ticket collector *jegyszedő* yej-se-dēū

ticket dispenser *sorszámkiadó automata* shawr-saam-ki-o-dāw o-u-taw-mo-to

ticket machine *jegykiadó automata* yej-ki-o-dāw o-u-taw-mo-to

ticket office *jegypénztár* yej-paynz-taar

tide *árapály* aar-o-paa-y

tight *szoros* saw-rawsh

time ⓝ *idő* i-dēū

time difference *időeltolódás* i-dēū-el-taw-lāw-daash

timetable *menetrend* me-net-rend

tin (can) *doboz* daw-bawz

tin opener *konzervnyitó* kawn-zerv-nyi-tāw

tiny *pici* pi-tsi

tip (gratuity) *borravaló* bawr-ro-vo-lāw

tired *fáradt* faa-rott

tissues *szövetek* seu-ve-tek

to *-hez/-hoz/-höz/-nak/-nek* -hez/-hawz/-heuz/-nok/-nek

toast ⓝ *pirítós* pi-ree-tāwsh

toaster *kenyérpirító* ke-nyayr-pi-ree-tāw

tobacco *dohány* daw-haan'

tobacconist *dohánybolt* daw-haan'-bawlt

today *ma* mo

toe *lábujj* laab-uyy

tofu *szójababsajt* sāw-yo-bob-shoyt

together *együtt* e-dyewtt

toilet *vécé* vay-tsay

toilet paper *vécépapír* vay-tsay-po-peer

token *érmet* ayr-mayt

tollway *fizető autópálya* fi-ze-tēū o-u-tāw-paa-yo

tomato *paradicsom* po-ro-di-chawm

tomato sauce *ketchup* ke-cheup

tomorrow *holnap* hawl-nop

tomorrow afternoon *holnap délután* hawl-nop dayl-u-taan

tomorrow evening *holnap este* hawl-nop esh-te

tomorrow morning *holnap reggel* hawl-nop reg-gel

tongue *nyelv* nyelv

tonight *ma este* mo esh-te

too *túl* tūl

tooth *fog* fawg

toothache *fogfájás* fawg-faa-yaash

toothbrush *fogkefe* fawg-ke-fe

toothpaste *fogkrém* fawg-kraym

toothpick *fogpiszkáló* fawg-pis-kaa-lāw

torch (flashlight) *zseblámpa* zheb-laam-po

touch ⓥ *megérint* meg-ay-rint

tour ⓝ *túra* tū-ro

tourist *turista* tu-rish-to

tourist office *turistairoda* tu-rish-to-i-raw-do

towards *felé* fe-lay

towel *törülköző* teu-rewl-keu-zēū

tower *torony* taw-rawn'

town hall *városháza* vaa·rawsh·haa·zo
toxic waste *toxikus hulladék*
  tawk·si·kush hul·lo·dayk
toy shop *játékbolt* yaa·tayk·bawlt
track (path) *ösvény* eush·vayn'
track (sport) *versenypálya* ver·shen'·paa·yo
trade ⓝ *kereskedelem* ke·resh·ke·de·lem
tradesperson *kereskedő* ke·resh·ke·dēü
traffic *forgalom* fawr·go·lawm
traffic light *közlekedési lámpa*
  keuz·le·ke·day·shi laam·po
trail ⓝ *csapás* cho·paash
train ⓝ *vonat* vaw·not
train station *vasútállomás*
  vo·shūt·aal·law·maash
tram *villamos* vil·lo·mawsh
transit lounge *tranzitváró* tron·zit·vaa·rāw
translate *fordít* fawr·deet
transport ⓝ *közlekedés* keuz·le·ke·daysh
travel ⓥ *utazás* u·to·zaash
travel agency *utazási iroda*
  u·to·zaa·shi i·raw·do
travellers cheque *utazási csekk*
  u·to·zaa·shi chekk
travel sickness *tengeribetegség*
  ten·ge·ri·be·teg·shayg
treasury *kincstár* kinch·taar
tree *fa* fo
trip (journey) *utazás* u·to·zaash
trolley *kocsi* kaw·chi
trousers *nadrág* nod·raag
truck *kamion* ko·mi·awn
trust *bizalom* bi·zo·lawm
try ⓥ *megpróbál* meg·prāw·baal
T-shirt *póló/ing* pāw·lāw·ing
tube (tyre) *gumitömlő* gu·mi·teum·lēü
Tuesday *kedd* kedd
tumour *daganat* do·go·not
tuna *tonhal* tawn·hol
tune ⓝ *dallam* dol·lom
turkey *pulyka* pu·y·ko
turn ⓥ *fordul* fawr·dul
TV *tévé* tay·vay
tweezers *csipesz* chi·pes
twice *kétszer* kayt·ser
twin beds *két ágy* kayt aaj
twins *ikrek* ik·rek
two *kettő* ket·tēü
two (of something) *két* kayt
type ⓝ *típus* tee·push
typical *tipikus* ti·pi·kush
tyre *autógumi* o·u·tāw·gu·mi

U

Ukraine *Ukrajna* uk·ro·y·no
ultrasound *ultrahang* ult·ro·hong
umbrella *esernyő* e·sher·nyēü
uncomfortable *kényelmetlen*
  kay·nyel·met·len
understand *megért* meg·ayrt
underwear *alsónemű* ol·shāw·ne·mēw
unemployed *munkanélküli*
  mun·ko·nayl·kew·li
unfair *igazságtalan* i·goz·shaag·to·lon
uniform ⓝ *egyenruha* e·dyen·ru·ho
universe *világegyetem* vi·laag·e·dye·tem
university *egyetem* e·dye·tem
unleaded *ólommentes*
  āw·lawm·men·tesh
unsafe *nem biztonságos*
  nem biz·tawn·shaa·gawsh
until *-ig* ·ig
unusual *szokatlan* saw·kot·lon
up *fel* fel
uphill *felfelé* fel·fe·lay
urgent *sürgős* shewr·gēüsh
urinary infection *húgyhólyaggyulladás*
  hūj·hāw·yog·dyul·lo·daash
USA *USA* u·sho
useful *hasznos* hos·nawsh
uterus *méh* mayh

V

vacancy *üresedés* ew·re·she·daysh
vacant *üres* ew·resh
vacation *vakáció* vo·kaa·tsi·āw
vaccination *oltás* awl·taash
vagina *hüvely* hew·ve·y
validate *érvényesít* ayr·vay·nye·sheet
valley *völgy* veulj
valuable a *értékes* ayr·tay·kesh
value ⓝ *érték* ayr·tayk
van *kis csukott teherautó*
  kish chu·kawtt te·her·o·u·tāw
VAT (valued added tax)
  ÁFA (áruforgalmi adó)
  aa·fo (aa·ru·fawr·gol·mi o·dāw)
veal *borjúhús* bawr·yū·hūsh
vegetable *zöldség* zeuld·shayg
vegetarian ⓝ *vegetáriánus*
  ve·ge·taa·ri·aa·nush
vein *véna* vay·no

venereal disease *nemi betegség*
ne·mi be·teg·shayg

venue *hely* he·y

very *nagyon* no·dyawn

video recorder *videorekorder*
vi·de·aw·re·kawr·der

video tape *videokazetta*
vi·de·aw·ko·zet·to

Vienna *Bécs* baych

view ⓝ *kilátás* ki·laa·taash

village *falu* fo·lu

vine *szőlőtő* sēū·lēū·tēū

vinegar *ecet* e·tset

vineyard *szőlő* sēū·lēū

virus *vírus* vee·rush

visa *vízum* vee·zum

visit ⓥ *látogatás* laa·taw·go·taash

vitamins *vitaminok* vi·to·mi·nawk

vodka *vodka* vawd·ko

voice *hang* hong

Voivodina *Vajdaság* vo·y·do·shaag

volleyball *röplabda* reup·lob·do

volume (quantity) *mennyiség*
men'·nyi·shayg

volume (sound) *hangerő* hong·e·rēū

vote ⓥ *szavaz* so·voz

W

wage *munkabér* mun·ko·bayr

wait for *vár* vaar

waiter *pincér* pin·tsayr

waiting room *várószoba* vaa·rāw·saw·bo

wake up *felébreszt* fel·ayb·rest

walk ⓥ *sétál* shay·taal

wall *fal* fol

want *akar* o·kor

war *háború* haa·baw·rū

wardrobe *ruhásszekrény*
ru·haash·sek·rayn'

warm *meleg* me·leg

warn *figyelmeztet* fi·dyel·mez·tet

wash (oneself) *mosakszik* maw·shok·sik

wash (something) *megmos* meg·mawsh

washing machine *mosógép*
maw·shāw·gayp

watch ⓝ *óra* āw·ro

watch ⓥ *néz* nayz

water *víz* veez

water (medicinal) *gyógyvíz*
dyāwj·veez

water bottle *vizesüveg* vi·zesh·ew·veg

water bottle (hot) *melegvizes üveg*
me·leg·vi·zesh ew·veg

waterfall *vízesés* veez·e·shaysh

watermelon *görögdinnye*
geu·reug·din'·nye

waterproof *vízhatlan* veez·hot·lon

water-skiing *vízisíelés* vee·zi·shee·e·laysh

wave (beach) *hullám* hul·laam

way *út* ūt

we *mi* mi

weak *gyenge* dyen·ge

wealthy *vagyonos* vo·dayw·nawsh

wear *visel* vi·shel

weather *időjárás* i·dēū·yaa·raash

wedding *esküvő* esh·kew·vēū

wedding cake *esküvői torta*
esh·kew·vēū·i tawr·to

wedding present *nászajándék*
naas·o·yaan·dayk

Wednesday *szerda* ser·do

week *hét* hayt

(this) week *(ezen a) héten*
(e·zen o) hay·ten

weekend *hétvége* hayt·vay·ge

weigh *megmér* meg·mayr

weight *súly* shū·y

weights *súlyok* shū·yawk

welcome *üdvözöl* ewd·veu·zeul

welfare *jólét* yāw·layt

well ⓐ *jól* yāwl

west *nyugat* nyu·got

wet ⓐ *nedves* ned·vesh

what *mi* mi

wheel *kerék* ke·rayk

wheelchair *rokkantkocsi*
rawk·kont·kaw·chi

when *mikor* mi·kawr

where *hol* hawl

which *melyik* me·yik

whisky *whisky* vis·ki

white *fehér* fe·hayr

white wine *fehérbor* fe·hayr·bawr

who *ki* ki

wholemeal bread
korpás lisztből készült kenyér
kawr·paash list·bēūl kay·sewlt ke·nyayr

why *miért* mi·ayrt

wide *széles* say·lesh

wife *feleség* fe·le·shayg

win ⓥ *nyer* nyer

wind ⓝ *szél* sayl

window *ablak* ob·lok

windscreen *szélvédő* sayl·vay·dêü
windsurfing *szörfözés* seur·feu·zaysh
wine *bor* bawr
wine cellar *borpince* bawr·pin·tse
wings *szárny* saarn'
winner *győztes* dyêüz·tesh
winter *tél* tayl
wire ⓝ *drót* drāwt
wish ⓥ *kíván* kee·vaan
with *-val/-vel* ·vol/·vel
within (an hour) *(egy órán) belül*
   (ej âw·raan) be·lewl
without *nélkül* nayl·kewl
wok *wok* vawk
woman *nő* nêü
wonderful *csodálatos*
   chaw·daa·lo·tawsh
wood *fa* fo
wool *gyapjú* dyop·yū
word *szó* sāw
work ⓝ *munka* mun·ko
work ⓥ *dolgozik* dawl·gaw·zik
work experience *szakmai gyakorlat*
   sok·mo·i dyo·kawr·lot
workout ⓝ *erőedzés* e·rêü·ed·zaysh
work permit *munkavállalási engedély*
   mun·ko·vaal·lo·laa·shi en·ge·day·y
workshop *műhely* mêw·he·y
world *világ* vi·laag
World Cup *Világbajnokság*
   ví·laag·bo·y·nawk·shaag
worms *férgek* fayr·gek
(be) worried *aggódik* og·gāw·dik

worship ⓥ *imád* i·maad
wrist *csukló* chuk·lāw
write *ír* eer
writer *író* ee·rāw
wrong *rossz* rawss

Y

year *év* ayv
(this) year *(ebben az) évben*
   (eb·ben oz) ayv·ben
yellow *sárga* shaar·go
yes *igen* i·gen
yesterday *tegnap* teg·nop
(not) yet *(még) nem* (mayg) nem
yoga *jóga* yāw·go
yogurt *joghurt* yawg·hurt
you sg inf *te* te
you pl inf *ti* ti
you sg pol *Ön* eun
you pl pol *Önök* eu·neuk
young *fiatal* fi·o·tol
your sg inf *-d/-vowel+d* ·d/·(vowel)+d
youth hostel *ifjúsági szálló*
   if·yū·shaa·gi saal·lāw

Z

zip/zipper *cipzár* tsip·zaar
zodiac *állatöv* aal·lot·euv
zoo *állatkert* aal·lot·kert
zucchini *cukkini* tsuk·kee·ni

Words which have different masculine and feminine forms are marked with ⓜ or ⓕ. You'll also find the English words marked as adjective ⓐ, noun ⓝ, verb ⓥ, singular sg, plural pl, informal inf and polite pol where necessary.

A, Á

abbahagy ob·bo·hoj *stop (cease)*
ablak ob·lok *window*
ács aach *carpenter*
ad od *give*
adó o·dāw *tax*
ÁFA (áruforgalmi adó)
  aa·fo (aa·ru·fawr·gol·mi o·dāw)
  VAT (valued added tax)
aggódik og·gāw·dik *(be) worried*
agyrázkódás oj·raaz·kāw·daash
  concussion
agyvérzés oj·vayr·zaysh *stroke (health)*
ágy aaj *bed*
  —felszerelés aaj·fel·se·re·laysh *bedding*
  —neműg aaj·ne·mēw *bed linen*
ajak o·yok *lips*
ajándék o·yaan·dayk *gift*
  —bolt o·yaan·dayk·bawlt
  souvenir shop
ajánl o·yaanl *recommend*
ajánlott levél o·yaan·lawtt le·vayl
  registered mail
ajtó oy·tāw *door*
akar o·kor *want*
akkumulátor ok·ku·mu·laa·tawr
  car battery
aktuális ügyek ok·tu·aa·lish ew·dyek
  current affairs
alacsony o·lo·chawn' *low • short*
aláírás o·laa·ee·raash *signature*
áldozás aal·daw·zaash *communion*
alj oly *bottom (position)*
alkalmi munka ol·kol·mi mun·ko
  casual work
állampolgárság
  aal·lom·pawl·gaar·shaag *citizenship*
állás aal·laash *job*
állat aal·lot *animal*
  —kert aal·lot·kert *zoo*
  —öv aal·lot·euv *zodiac*

állkapocs aall·ko·pawch *jaw*
állomás aal·law·maash *station*
állóvíz aal·lāw·veez *still water*
alma ol·mo *apple*
álmos aal·mawsh *sleepy*
álom aa·lawm *dream* ⓝ
alsónemű ol·shāw·ne·mēw *underwear*
alszik ol·sik *sleep* ⓥ
altató ol·to·tāw *sleeping pills*
aluljáró o·lul·yaa·rāw *pedestrian subway*
Anglia ong·li·o *England*
angol on·gawl *English*
anya o·nyo *mother*
anyós o·nyāwsh *mother-in-law*
anyu o·nyu *mum*
apa o·po *father*
apáca o·paa·tso *nun*
ápolónő aa·paw·lāw·nēū *nurse*
após o·pāwsh *father-in-law*
április aap·ri·lish *April*
apró op·rāw *change (money)*
apró zöld citrom op·rāw zeuld tsit·rawm
  lime (fruit)
apu o·pu *dad*
ár aar *price*
áram aa·rom *current (electricity)*
arany o·ron' *gold*
arapály aar·o·paa·y *tide*
arc orts *face (body)*
árengedmény aar·en·ged·mayn' *discount*
árnyék aar·nyayk *shade • shadow*
ártatlan aar·tot·lon *innocent*
áruház aa·ru·haaz *department store*
árvíz aar·veez *flood*
asszony os·sawn' *married woman*
Asszonyom os·saw·nyawm *Madam*
ásványvíz aash·vaan'·veez *mineral water*
aszalt szilva o·solt sil·va *prune (fruit)*
aszpirin os·pi·rin *aspirin*
asztal os·tol *table*
  —terítő os·tol·te·ree·tēū *tablecloth*
át aat *across*

atmoszféra ot-maws-fay-ro *atmosphere*
atomkísérletek o-tawm-kee-shayr-le-tek *nuclear testing*
áttekintés aat-te-kin-taysh *review* ⓥ
átváltási árfolyam aat-vaal-taa-shi aar-faw-yom *exchange rate*
augusztus a-u-gus-tush *August*
autó o-u-tāw *car*
 —bérelés o-u-tāw-bay-re-laysh *car hire*
 —gumi o-u-tāw-gu-mi *tyre*
 —pálya o-u-tāw-paa-yo *motorway*
autó tulajdonlapja o-u-tāw tu-lo-y-dawn-lop-yo *car owner's title*
az oz *it • that (one)*
azok o-zawk *those*

B

bab bob *bean*
baba bo-bo *baby • doll*
 —eledel bo-bo-e-le-del *baby food*
 —hintőpor bo-bo-hin-tēū-pawr *baby powder*
bajnokság bo-y-nawk-shaag *championships*
bakancsok bo-kon-chawk *boots*
baleset bol-e-shet *accident*
baloldali bol-awl-do-li *left-wing*
balra bol-ro *left (direction)*
bank bonk *bank (institution)*
 —automata bonk-o-u-taw-mo-to *automated teller machine (ATM)*
 —jegy bonk-yej *banknote*
 —számla bonk-saam-lo *bank account*
bár baar *bar*
 —ban végzett munka baar-bon vayg-zett mun-ko *bar work*
 —pult baar-pult *counter (at bar)*
bárány baa-raan' *lamb*
bárányhimlő baa-raan'-him-lēū *chicken pox*
barát bo-raat *friend* ⓜ *• boyfriend*
barátnő bo-raat-nēū *friend* ⓕ *• girlfriend*
bármilyen baar-mi-yen *any*
barna bor-no *brown*
báty baat' *older brother*
bead injekcióban be-od in-yek-tsi-āw-bon *inject*
becenév be-tse-nayv *nickname*
Bécs baych *Vienna*
becsuk be-chuk *close* ⓥ
beenged be-en-ged *admit • let in*
befejez be-fe-yez *finish* ⓥ
befejezés be-fe-ye-zaysh *finish* ⓝ

bejárat be-yaa-rot *entry*
bejelentkezés be-ye-lent-ke-zaysh *check-in (procedure)*
béke bay-ke *peace*
beleértve be-le-ayrt-ve *included*
belép be-layp *enter*
belépő be-lay-pēū *admission (price)*
belül be-lewl *within*
bélyeg bay-yeg *stamp*
bent bent *inside*
benzin ben-zin *gas • petrol*
 —kút ben-zin-kūt *petrol/service station*
bérel bay-rel *hire* ⓥ *• rent* ⓥ
beszállókártya be-saal-lāw-kaar-tyo *boarding pass*
beszél be-sayl *speak • talk*
beszélgetés be-sayl-ge-taysh *interview*
beteg be-teg *ill • sick*
betegség be-teg-shayg *disease*
bevált csekket be-vaalt chek-ket *cash a cheque*
bevándorlás be-vaan-dawr-laash *immigration*
be van lőve be von lēū-ve *stoned (drugged)*
be van zárva be von zaar-vo *locked • shut*
bevásárlóközpont be-vaa-shaar-lāw-keuz-pawnt *shopping centre*
bezár be-zaar *lock* ⓥ
bicikli bi-tsik-li *bicycle*
 —bolt bi-tsik-li-bawlt *bike shop*
 —lánc bi-tsik-li-laants *bike chain*
 —sta bi-tsik-lish-to *cyclist*
 —út bi-tsik-li-út *bike path*
 —zár bi-tsik-li-zaar *bike lock*
 —zés bi-tsik-li-zaysh *cycling*
 —zik bi-tsik-li-zik *cycle* ⓥ
bicska bich-ko *penknife*
bika bi-ko *bull*
billentyűzet bil-len-tyēw-zet *keyboard*
birka bir-ko *sheep*
bíró bee-rāw *judge • referee*
bíróság bee-rāw-shaag *court (legal)*
bírság beer-shaag *fine* ⓝ
bizalom bi-zo-lawm *trust*
biztonsági öv biz-tawn-shaa-gi euv *seatbelt*
biztonságos biz-tawn-shaa-gawsh *safe* ⓐ
biztonságos szex biz-tawn-shaa-gawsh seks *safe sex*
biztosítás biz-taw-shee-taash *insurance*
bobozás baw-baw-zaash *tobogganing*
boka baw-ko *ankle*
boldog bawl-dawg *happy*

bolhapiac *bawl·ho·pi·ots* fleamarket
bolygó *baw·y·gäw* planet
bor *bawr* wine
borbély *bawr·bay* barber
borda *bawr·do* rib
boríték *baw·ree·tayk* envelope
borjúhús *bawr·yü·hüsh* veal
borotva *baw·rawt·vo* razor
　—krém *baw·rawt·vo·kraym* shaving cream
borotvalkozás utáni arcszesz *baw·rawt·vaal·kaw·zaash u·taa·ni orts·ses* aftershave
borpince *bawr·pin·tse* wine cellar
borravaló *bawr·ro·vo·läw* tip (gratuity)
bors *bawrsh* pepper (black)
borsó *bawr·shäw* pea
borzalmas *bawr·zol·mosh* awful • terrible
botanikus kert *baw·to·ni·kush kert* botanic garden
bölcsöde *beul·chëu·de* crèche
bőr *bëür* leather • skin
bőrönd *bëü·reund* suitcase
börtön *beur·teun* jail • prison
busz *bus* bus
　—állomás *bus·aal·law·maash* bus station
　—megálló *bus·meg·aal·läw* bus stop
buta *bu·to* stupid
bútor *bú·tawr* furniture
bűnös *bēw·neush* guilty

C

CD-lemez *tsay·day·le·mez* CD-ROM
cékla *tsayk·lo* beetroot
ceruza *tse·ru·zo* pencil
cigány *tsi·gaan'* Roma
cigányzene *tsi·gaan'·ze·ne* Roma music
cím *tseem* address
cipőbolt *tsi·pëü·bawlt* shoe shop
cipők *tsi·pëük* shoes
cipzár *tsip·zaar* zip • zipper
citrom *tsit·rawm* lemon
cukkini *tsuk·kee·ni* courgette • zucchini
cukor *tsu·kawr* sugar
cukorbetegség *tsu·kawr·be·teg·shayg* diabetes
cukorka *tsu·kawr·ko* candy
cukrászda *tsuk·raas·do* cake shop
cukrászsütemény *tsuk·raas·shew·te·mayn'* pastry
cumi *tsu·mi* dummy • pacifier

Cs

csak *chok* only
csak oda *chok aw·do* one-way (ticket)
csákány *chaa·kaan'* pickaxe
család *cho·laad* family
　—i állapot *cho·laa·di aal·lo·pawt* marital status
　—név *cho·laad·nayv* family name
csaló *cho·läw* cheat
csap *chop* faucet • tap
　—víz *chop·veez* tap water
csapás *cho·paash* trail
csapat *cho·pot* team
csatorna *cho·tawr·no* canal
Csehország *che·awr·saag* Czech Republic
csekk *chekk* check • cheque
csemegeüzlet *che·me·ge·ewz·let* delicatessen
csendes *chen·desh* quiet
cseng *cheng* ring (phone) ⓥ
cseresznye *che·res·nye* cherry
csésze *chay·se* cup
csicseriborsó *chi·che·ri·bawr·shäw* chickpea
csili *chi·li* chilli
　—szósz *chi·li·sāws* chilli sauce
csillag *chil·log* star
csinál *chi·naal* do • make
csinos *chi·nawsh* pretty
csípés *chee·paysh* bite ⓝ
csipesz *chi·pes* tweezers
csipke *chip·ke* lace
csirkehús *chir·ke·hüsh* chicken (meat)
csodálatos *chaw·daa·lo·tawsh* wonderful
csók *chäwk* kiss (intimate) ⓝ
csokoládé *cho·kaw·laa·day* chocolate
csomag *chaw·mog* package • packet
　—megőrző *chaw·mog·meg·ëür·zëü* left-luggage office
csónak *chäw·nok* boat (small)
csont *chawnt* bone
csoportos utazás *chaw·pawr·tawsh u·to·zaash* guided tour
csukló *chuk·läw* wrist
csütörtök *chew·teur·teuk* Thursday

D

daganat *do·go·not* tumour
dal *dol* song
Dánia *daa·ni·o* Denmark
darab *do·rob* piece
darálthús *do·raalt·hüsh* mince

E

datolya do-taw-yo *date (fruit)*
dátum daa-tum *date (day)*
de de *but*
december de-tsem-ber *December*
defekt de-fekt *puncture* ⑩
dél dayl *midday • south*
délután dayl-u-taan *afternoon*
deréktól lefelé bénult de-rayk-tawl le-fe-lay bay-nult *paraplegic*
dezodor de-zaw-dawr *deodorant*
diafilm di-o-film *slide film*
diák di-aak *student*
dinnye din'-nye *melon*
dió di-äw *nut*
disznó dis-näw *pig*
 —hús dis-näw-hüsh *pork*
 —húsból készült kolbász dis-näw-hüsh-bäwl kay-sewlt kawl-baas *pork sausage*
divat di-vot *fashion*
doboz daw-bawz *box • can • tin*
dohány daw-haan' *tobacco*
 —bolt daw-haan'-bawlt *tobacconist*
dohányzik daw-haan'-zik *smoke* ⓥ
dokumentumfilm daw-ku-men-tum-film *documentary*
dolgozik dawl-gaw-zik *work*
domb dawmb *hill*
drága draa-go *expensive*
drót dräwt *wire*
drótkötélpálya-kabin dräwt-keu-tayl-paa-yo-ko-bin *cable car*
dugó du-gäw *plug*
dupla dup-lo *double*
dupla ágy dup-lo aaj *double bed*
duplaágyas szoba dup-lo-aa-dyosh saw-bo *double room*
duzzanat duz-zo-not *swelling*

E, É

ebéd e-bayd *lunch*
ébresztőóra ayb-res-tëü-äw-ro *alarm clock*
edény e-dayn' *cooking pot • dish*
édes ay-desh *sweet* ⓐ
édességek ay-desh-shay-gek *sweets*
ég ayg *burn* ⓥ
ég ayg *sky*
egész éjjel e-gays ay-yel *overnight*
egészség e-gays-shayg *health*
egészségügyi törlőkendő e-gays-shayg-ew-dyi teur-lëü-ken-dëü *sanitary napkin*

égő ay-gëü *light bulb*
egy ej *a/an • one*
egyágyas szoba ej-aa-dyosh saw-bo *single room*
egyedül e-dye-dewl *alone*
egyedülálló e-dye-dewl-aal-läw *single (person)* ⓐ
egyenes e-dye-nesh *straight*
egyenesleg e-dyen-leg *balance (account)*
egyenlőség e-dyen-lëü-shayg *equality*
egyetem e-dye-tem *college • university*
egyetért e-dyet-ayrt *agree*
egy sem ej shem *none*
egyszer ej-ser *once*
egyszerű ej-se-rëw *simple*
együtt e-dyewtt *together*
éhes ay-hesh *hungry*
éjfél ay-fayl *midnight*
éjszaka ay-so-ko *night*
 —i mulatóhely ay-so-ko-i mu-lo-täw-he-y *nightclub*
 —i szórakozás ay-so-ko-i säw-ro-kaw-zaash *night out*
ékszerek ayk-se-rek *jewellery*
ékszij ayk-see-y *fanbelt*
elad el-od *sell*
elég e-layg *enough*
elektromos szaküzlet e-lekt-raw-mawsh sok-ewz-let *electrical store*
élelmiszer ay-lel-mi-ser *provisions*
 —bolt ay-lel-mi-ser-bawlt *grocery store*
élelmiszer-áruház ay-lel-mi-ser-aa-ru-haaz *supermarket*
elem e-lem *battery (general)*
élet ay-let *life*
elfelejt el-fe-le-yt *forget*
elfoglalt el-fawg-lolt *busy*
eljegyzés el-yej-zaysh *engagement (wedding)*
elkezd el-kezd *start* ⓥ
ellenkező el-len-ke-zëü *opposite*
ellenőriz el-len-ëü-riz *check* ⓥ
ellenőrzőpont el-len-ëür-zëü-pawnt *checkpoint*
ellopták el-lawp-taak *(be) stolen*
elmegy szórakozni el-mej säw-ro-kawz-ni *go out*
elmegy vásárolni el-mej vaa-shaa-rawl-ni *go shopping*
elnök el-neuk *president*
előadás e-lëü-o-daash *play (theatre)*
előcsarnok e-lëü-chor-nawk *foyer*
előre e-lëü-re *ahead*
előszoba e-lëü-saw-bo *anteroom*

232

előtt e·leütt *before • in front of*
előző e·leü·zeü *last (previous)*
elromlott el·rawm·lawtt
  broken down • spoiled
első el·sheü *first*
első osztály el·sheü aws·taa·y *first class* ⓝ
elsősegély-láda el·sheü·she·gay·laa·do
  first-aid kit
elutazik el·u·to·zik *depart*
elvált el·vaalt *divorced*
el van dugulva el von du·gul·vo *blocked*
elveszett el·ve·sett *lost*
emberek em·be·rek *people*
emberi erőforrások em·be·ri
  e·reü·fawr·raa·shawk *human resources*
emberi jogok em·be·ri yaw·gawk
  human rights
emelet e·me·let *floor • storey*
emlékmű em·layk·mēw
  memorial • monument
én ayn *I*
énekel ay·ne·kel *sing*
énekes ay·ne·kesh *singer* ⓜ
énekesnő ay·ne·kesh·nēū *singer* ⓕ
engedély en·ge·day·y
  licence • permission • permit
engem en·gem *me*
ennivaló en·ni·vo·law *food*
eper e·per *strawberry*
építész ay·pee·tays *architect*
építészet ay·pee·tay·set *architecture*
építőmester ay·pee·teü·mesh·ter *builder*
épület ay·pew·let *building*
érdekes ayr·de·kesh *interesting*
erdő er·deü *forest*
erdőirtás er·deü·ir·taash *deforestation*
eredeti e·re·de·ti *original*
eredményjelző tábla e·red·mayn'·yel·zeü
  taab·lo *scoreboard*
erkély er·kay *balcony*
érkezés ayr·ke·zaysh *arrivals*
érkezik ayr·ke·zik *arrive*
érmet ayr·mayt *token (public transport)*
erődzés e·reü·ed·zaysh *workout*
erős e·reüsh *strong*
értékes ayr·tay·kesh *valuable*
értekezlet ayr·te·kez·let *conference (small)*
értelmes ayr·tel·mesh *sensible*
érvényesít ayr·vay·nye·sheet *validate*
érzelmek ayr·zel·mek *feelings*
és aysh *and*
esély e·shay *chance*
esernyő e·sher·nyēū *umbrella*
esés e·shaysh *fall (down)*

esküvő esh·kew·vēū *wedding*
  —i torta esh·kew·vēū·i *tawr·to
  wedding cake*
eső e·shēū *rain*
  —kabát e·shēū·ko·baat *raincoat*
este esh·te *evening*
észak ay·sok *north*
eszik e·sik *eat*
etet e·tet *feed*
etetőszék e·te·tēū·sayk *highchair*
étkezés ayt·ke·zaysh *meal*
étkezőkocsi ayt·ke·zēū·kaw·chi *dining car*
étlap ayt·lop *menu*
étterem ayt·te·rem *restaurant*
év ayv *year*
evezés e·ve·zaysh *rowing*
evőeszközök e·vēū·es·keu·zeuk *cutlery*
évszak ayv·sok *season*
expressz eks·press *express* ⓐ
ez ez *this (one)*
ezek e·zek *these*
ezelőtt ez·e·leütt *ago*
ezüst e·zewsht *silver*
ezen a héten e·zen o hay·ten *this week*

F

fa fo *tree • wood*
fagy foj *frost*
fagyaszt faw·dyost *freeze*
fagyasztott fo·jos·tawtt *frozen*
fagylalt foj·lolt *ice cream*
fájdalom faa·y·do·lawm *pain*
fájdalomcsillapító
  faa·y·do·lawm·chil·lo·pee·tāw *painkiller*
fájós faa·yāwsh *sore* ⓐ
fajgyűlölet fo·y·dyēw·leu·let *racism*
fal fol *wall*
falu fo·lu *village*
fáradt faa·rott *tired*
farmer for·mer *jeans*
fasor fo·shawr *avenue*
fax foks *fax (machine or message)*
február feb·ru·aar *February*
fecskendő fech·ken·dēū *syringe*
fedett fe·dett *indoor*
fehér fe·hayr *white*
fehérbor fe·hayr·bawr *white wine*
fej fe·y *head*
fejbőr fe·y·bēūr *scalp*
fejfájás fe·y·faa·yaash *headache*
fék fayk *brakes*
fekete fe·ke·te *black*

fekete-fehér *fe-ke-te-fe-hayr* B&W (film)
fekhely *fek-he-y* sleeping berth
fekszik *fek-sik* lie (not stand)
fel *fel* up
fél *fayl* half
felé *fe-lay* towards
felébreszt *fel-ayb-rest* wake (someone) up
feleség *fe-le-shayg* wife
felhív *fel-heev* call ⊙
felhő *fel-hëu* cloud
——**s** *fel-hëush* cloudy
felirat *fel-i-rot* sign • subtitles
felmond *fel-mawnd* quit
felnőtt *fel-nëutt* adult
felszáll *fel-saall* board (plane, ship etc)
felszerelés *fel-se-re-laysh* equipment
féltékeny *fayl-tay-ken* jealous
felvétel *fel-vay-tel* recording (film/music)
fém *faym* metal
fenék *fe-nayk* bottom (body)
fény *fayn* light ⊙
——**érzékenység**
 fayn-ayr-zay-ken-shayg film speed
——**mérő** *fayn'-may-rëu* light meter
——**szórók** *fayn'-säw-räwk* headlights
fénykép *fayn'-kayp* photo
fényképész *fayn'-kay-pays* photographer
fényképez *fayn'-kay-pez* (take a) photo
fényképezés *fayn'-kay-pe-zaysh*
 photography
fényképezőgép *fayn'-kay-pe-zëü-gayp*
 camera
fényképezőgép-bolt
 fayn'-kay-pe-zëü-gayp-bawlt
 camera shop
férfi *fayr-fi* man
férj *fayr-y* husband
férjezett *fayr-ye-zett* married (for a woman)
férjhez megy *fayr-y-hez mej*
 marry (for a woman)
fertőzés *fer-tëü-zaysh* infection
festészet *fesh-tay-set* painting (the art)
festmény *fesht-mayn'* painting (a work)
festő *fesh-tëü* painter
fésű *fay-shëw* comb ⊙
fiatal *fi-o-tol* young
ficam *fi-tsom* sprain
figyelmeztet *fi-dyel-mez-tet* warn
Finnország *finn-awr-saag* Finland
finom *fi-nawm* tasty
fiú *fi-ü* boy • son
fizet *fi-zet* pay ⊙
fizetés *fi-ze-taysh* salary
fizető autópálya
 fi-ze-tëü o-u-tāw-paa-yo tollway

fodrász *fawd-raas* hairdresser
fogadás *faw-go-daash* bet
fogadó *faw-go-dáw* inn
fog *fawg* tooth
——**ak** *faw-gok* teeth
——**fájás** *fawg-faa-yaash* toothache
——**kefe** *fawg-ke-fe* toothbrush
——**krém** *fawg-kraym* toothpaste
——**orvos** *fawg-awr-vawsh* dentist
fogamzásgátló *faw-gom-zaash-gaat-läw*
 contraceptives
fogamzásgátló hurok
 faw-gom-zaash-gaat-läw hu-rawk IUD
fogamzásgátló tabletta
 faw-gom-zaash-gaat-läw tob-let-to
 the pill
foglalás *fawg-lo-laash* reservation (booking)
foglaló *fawg-lo-läw* deposit
foglalt *fawg-lolt* engaged (telephone)
fok *fawk* degrees (temperature)
fokhagyma *fawk-hoj-mo* garlic
folyó *faw-yäw* river
folyosó *faw-yaw-shäw* aisle • corridor
font *fawnt* pound (money, weight)
fontos *fawn-tawsh* important
fordít *fawr-deet* translate
fordul *fawr-dul* turn ⊙
forgalmi adó *fawr-gol-mi o-däw* sales tax
forgalom *fawr-go-lawm* traffic
forralt *fawr-rolt* boiled
forró *fawr-räw* hot
forróság *fawr-räw-shaag* heat
forró víz *fawr-räw veez* hot water
Franciaország *fron-tsi-o-awr-saag*
 France
friss *frish* fresh
furcsa *fur-cho* strange
fut *fut* run ⊙
futás *fu-taash* running
fő *fëu* main
Föld *feuld* Earth
föld *feuld* land
——**szint** *feuld-sint* ground floor
fölött *fëu-leutt* above
főút *fëü-üt* main road
főváros *fëü-vaa-rawsh* capital city
főz *fëüz* cook ⊙
főzés *fëü-zaysh* cooking
fű *fëw* grass
füge *few-ge* fig
függőség *fewg-gëü-shayg* addiction
fül *fewl* ear
fülbevaló *fewl-be-va-läw* earrings
füldugó *fewl-du-gäw* earplugs

fürdő *fewr*-dëü *bath*
—**ruha** *fewr*-dëü-ru-ho *swimsuit*
—**szoba** *fewr*-dëü-saw-bo *bathroom*
fűtés *few*-taysh *heating*
fűtőtest *few*-tëü-tesht *radiator*

G

garantált go-ron-taalt *guaranteed*
garnélarák gor-nay-lo-raak *prawn*
gáz gaaz *gas*
—**patron** gaaz-pot-rawn *gas cartridge*
gazda goz-do *farmer*
—**ság** goz-do-shaag *farm*
gazdag goz-dog *rich (wealthy)*
gép gayp *machine*
gesztenye ges-te-nye *chestnut*
géz gayz *gauze*
gimnázium gim-naa-zi-um *high school*
gól gäwl *goal (scored)*
golflabda gawlf-lob-do *golf ball*
golfpálya gawlf-paa-yo *golf course*
golyóstoll gaw-yäwsh-tawll *ballpoint pen*
gomba gawm-bo *mushroom*
gondol gawn-dawl *think*
gördeszkázás geur-des-kaa-zaash *skateboarding*
görkorcsolyázás geur-kawr-chaw-yaa-zaash *rollerblading*
görögdinnye geu-reug-din'-nye *watermelon*
gratulálok gro-tu-laa-lawk *congratulations*

Gy

gyakran dyok-ron *often*
gyalogos dyo-law-gawsh *pedestrian*
gyalogösvény dyo-lawg-eush-vayn' *footpath*
gyapjú dyop-yü *wool*
gyár dyaar *factory*
gyári munkás dyaa-ri mun-kaash *factory worker*
gyékény dyay-kayn' *mat*
gyenge dyen-ge *weak*
gyerek dye-rek *child*
—**kocsi** dye-rek-kaw-chi *pram • pushchair • stroller*
—**ülés** dye-rek-ew-laysh *child seat*
gyermekmegőrzés dyer-mek-meg-ëür-zaysh *childminding*
gyertya dyer-tyo *candle*
gyilkosság dyil-kawsh-shaag *murder* ⓝ

gyógyfű dyäwj-few *herb*
—**kereskedő** dyäwj-few-ke-resh-ke-dëü *herbalist*
gyógyfürdő dyäwj-fewr-dëü *spa*
gyógyszerész dyäwj-se-raysh *pharmacist*
gyógyszertár dyäwj-ser-taar *pharmacy*
gyógyvíz dyäwj-veez *medicinal water*
gyomor dyaw-mawr *stomach*
—**fájás** dyaw-mawr-faa-yaash *stomachache*
gyomor-bél hurut dyaw-mawr-bayl hu-rut *gastroenteritis*
gyors dyawrsh *fast* ⓐ
győztes dyëüz-tesh *winner*
gyufa dyu-fo *matches (for lighting)*
gyulladás dyul-lo-daash *inflammation*
gyümölcs dyew-meulch *fruit*
gyümölcslé dyew-meulch-lay *juice*
gyűrű dyëw-rëw *ring (on finger)*

H

ha ho *if*
habart ho-bort *scrambled*
háború haa-baw-rú *war*
habzóbor hob-zäw-bawr *sparkling wine*
hadsereg hod-she-reg *military*
hagyma hoj-mo *onion*
haj ho-y *hair*
—**ápoló szer** ho-y-aa-paw-läw ser *conditioner*
—**kefe** ho-y-ke-fe *hairbrush*
hajlékonylemez ho-y-lay-kawn'-le-mez *floppy disk*
hajléktalan ho-y-layk-to-lon *homeless*
hajnal ho-y-nol *dawn*
hajó ho-yäw *boat (big)*
hajóval szállított posta ho-yäw-vol saal-lee-tawtt pawsh-to *surface mail (sea)*
hajvágás ho-y-vaa-gaash *haircut*
hal hol *fish* ⓝ
—**as** ho-losh *fish shop*
—**ászat** ho-laa-sot *fishing*
halánték ho-laan-tayk *temple (body)*
hálás haa-laash *grateful*
hall holl *hear*
—**gat** holl-got *listen*
—**ókészülék** hol-läw-kay-sew-layk *hearing aid*
háló haa-läw *net*
hálókocsi haa-läw-kaw-chi *sleeping car*
hálószoba haa-läw-saw-bo *bedroom*

halott *ho·lawtt dead*

hálózsák *haa·law·zhaak sleeping bag*

hamarosan *ho·mo·raw·shon soon*

hamutartó *ho·mu·tor·tãw ashtray*

hang *hong voice*

hangerő *hong·e·rēū volume (sound)*

hangos *hon·gawsh loud*

hányinger *haan'·in·ger nausea*

harisnya *ho·rish·nyo stockings*
  —nadrág *ho·rish·nyo·nod·raag pantyhose*

harmadik *hor·mo·dik third* ⓐ

hashajtó *hosh·ho·y·tãw laxative* ⓝ

hasmenés *hosh·me·naysh diarrhoea*

hasonló *ho·shawn·lãw similar*

használt *hos·naalt second-hand*
  —cikk kereskedés *hos·naalt·tsikk ke·resh·ke·daysh second-hand shop*

hasznos *hos·nawsh useful*

haszon *ho·sawn profit*

hát *haat back (body)*

hátgerincmasszázzsal gyógyító *haat·ge·rints·mos·saazh·zhol dyãw·dyee·tãw chiropractor*

hátizsák *haa·ti·zhaak backpack*

hátsó *haat·shãw rear (location)*

hatalmas *ho·tol·mosh huge*

határ *ho·taar border*

határidőnapló *ho·taar·i·dēū·nop·lãw diary*

ház *haaz house*
  —asság *haa·zosh·shaag marriage*
  —i munka *haa·zi mun·ko housework*
  —tartásbeli *haaz·tor·taash·be·li homemaker*
  —tulajdonos *haaz·tu·loy·daw·nawsh landlord*
  —tulajdonosnő *haaz·tu·loy·daw·nawsh·nēū landlady*

hazug *ho·zug liar*

hegyikerékpár *he·dyi·ke·rayk·paar mountain bike*

hegymászás *hed'·maa·saash mountaineering*

hely *he·y place • space • venue*

helyes *he·yesh right (correct)*

helyi *he·yi local* ⓐ

hentes *hen·tesh butcher*

hét *hayt week*
  —vége *hayt·vay·ge weekend*

hétfő *hayt·fēū Monday*

hiány *hi·aan' shortage*

hiba *hi·bo (someone's) fault • mistake* ⓝ

hibás *hi·baash faulty*

hideg *hi·deg cold* ⓝ & ⓐ

hidratáló készítmény *hid·ro·taa·lãw kay·seet·mayn' moisturiser*

hímzés *heem·zaysh embroidery*

hirdetés *hir·de·taysh advertisement*

hírek *hee·rek news*

híres *hee·resh famous*

hitel *hi·tel credit*

hitelkártya *hi·tel·kaar·tyo credit card*

hó *hãw snow*
  —bogyó *hãw·baw·dyãw snow pea*
  —deszkázás *hãw·des·kaa·zaash snow-boarding*

hogyan *haw·dyon how*

hoki *haw·ki hockey*

hol *hawl where*

hold *hawld moon*

holnap *hawl·nop tomorrow*

holnap délután *hawl·nop dayl·u·taan tomorrow afternoon*

holnap este *hawl·nop esh·te tomorrow evening*

holnap reggel *hawl·nop reg·gel tomorrow morning*

holnapután *hawl·nop·u·taan day after tomorrow*

hólyag *hãw·yog blister*

homok *haw·mawk sand*

hónap *hãw·nop month*

Horvátország *hawr·vaat·awr·saag Croatia*

horzsolás *hawr·zhaw·laash bruise* ⓝ

hosszú *haws·sü long*

hosszú repülőút okozta fáradtság *haws·sü re·pew·lēū·üt aw·kawz·to faa·rott·shaag jet lag*

hoz *hawz bring*

hőmérséklet *hēū·mayr·shayk·let temperature (weather)*

hörghurut *heurg·hu·rut bronchitis*

húg *hüg younger sister*

húgyhólyag *hüj·hãw·yog bladder*

húgyhólyaggyulladás *hüj·hãw·yog·dyul·lo·daash cystitis • urinary infection*

hullám *hul·laam wave (beach)*

humán tudományok *hu·maan tu·daw·maa·nyawk humanities*

hús *hüsh meat*

húsvét *hüsh·vayt Easter*

hülye *hew·ye idiot*

hüvely *hew·ve·y vagina*
  —gomba *hew·ve·y·gawm·bo thrush (health)*

hüvelyes *hew·ve·yesh legume*

hűvös *hēw·veush cool (temperature)*

I, Í

idegen *i*-de-gen *stranger*
—**vezető** *i*-de-gen-ve-ze-tēū *guide* ⑪
idő *i*-dēū *time* ⑪
—**ben** *i*-dēū-ben *on time*
—**eltolódás** *i*-dēū-el-taw-law-daash
time difference
időjárás *i*-dēū-yaa-raash *weather*
ifjúsági szálló *if*-yū-shaa-gi *saal*-lāw
youth hostel
igazgató *i*-goz-go-tāw *director*
igazságtalan *i*-goz-shaag-to-lon *unfair*
igen *i*-gen *yes*
ikrek *ik*-rek *twins*
ima *i*-mo *prayer*
imád *i*-maad *worship* ⓥ
indítókábel *in*-dee-tāw-kaa-bel
jumper leads
indulás *in*-du-laash *departure*
indulási kapu *in*-du-laa-shi *ko*-pu
departure gate
informatika *in*-fawr-mo-ti-ko *IT*
ing ing *shirt*
ingatlanügynök *in*-got-lon-ewj-neuk
estate agent
—**ség** *in*-got-lon-ewj-neuk-shayg
estate agency
ingyenes *in*-dye-nesh *free (no price)*
ingyen szállítható poggyász
in-dyen *saal*-leet-ho-tāw *pawd*-dyaas
baggage allowance
injekciós tű *in*-yek-tsi-āwsh tēw
hypodermic needle
ipar *i*-por *industry*
ír *i*-ror *write*
irány *i*-raan' *direction*
—**tű** *i*-raan'-tēw *compass*
író *ee*-rāw *writer*
iroda *i*-raw-do *office*
—**i dolgozó** *i*-raw-do-i *dawl*-gaw-zāw
office worker
Írország *eer*-awr-saag *Ireland*
is ish *also*
iskola *ish*-kaw-lo *school*
ismer *ish*-mer *know (be acquainted with)*
isten *ish*-ten *god (general)*
iszik *i*-sik *drink* ⓥ
iszlám rítus szerint levágott *is*-laam
ree-tush *se*-rint *le*-vaa-gawtt *halal food*
ital *i*-tol *drink* ⑪
itt itt *here*
izom *i*-zawm *muscle*

J

január *yo*-nu-aar *January*
jár valakivel yaar *vo*-lo-ki-vel
date • go out with
játszma *yaats*-mo *game (sport)*
jég yayg *ice*
—**csákány** yayg-chaa-kaan' *ice axe*
—**hoki** yayg-haw-ki *ice hockey*
jegy yej *ticket*
—**kiadó automata** yej-ki-o-dāw
o-u-taw-mo-to *ticket machine*
—**pénztár** yej-paynz-taar *ticket office*
jelen ye-len *present (time)*
jó yāw *good*
jobb yawbb *better*
jobboldali yawbb-awl-do-li *right-wing*
jobbra yawbb-ro *right (direction)*
jog yawg *law (study, profession)*
jogász yaw-gaas *lawyer*
jóga yāw-go *yoga*
jogosítvány yaw-gaw-sheet-vaan'
drivers licence
jóképű yāw-kay-pēw *handsome*
jól yāwl *fine* ⓐ • *well* ⓐ
jól érzi magát yāwl *ayr*-zi mo-gaat
have fun
jólét yāw-layt *welfare*
jó mulatság yāw *mu*-lot-shaag *fun*
jön yeun *come*
jövedelemadó yeu-ve-de-lem-o-dāw
income tax
jövő yeu-vēū *future*
jövő (hónap) yeu-vēū (*hāw*-nop)
next (month)
július *yū*-li-ush *July*
június *yū*-ni-ush *June*
jutalék yu-to-layk *commission*

K

kabát ko-baat *coat • overcoat*
kábítószerek kaa-bee-tāw-se-rek
drugs (illicit)
kábítószer-függőség kaa-bee-tāw-ser-
fewg-gēū-shayg *drug addiction*
kábítószer-kereskedelem kaa-bee-tāw-ser-
ke-resh-ke-de-lem *drug trafficking*
kábítószer-kereskedő kaa-bee-tāw-ser-
ke-resh-ke-dēū *drug dealer*
kalap ko-lop *hat*
kamion ko-mi-awn *truck*
kanál ko-naal *spoon*

kantalupdinnye *kon·to·lup·din'·nye cantaloupe • rockmelon*
kantin *kon·tin canteen (place)*
kanyaró *ko·nyo·ráw measles*
kap *kop get • receive*
kapcsolat *kop·chaw·lot connection • relationship*
káposzta *kaa·paws·to cabbage*
kapu *ko·pu gate (airport etc) • goal (sport)*
kapus *ko·push goalkeeper*
kar *kor arm (body)*
karácsony *ko·raa·chawn' Christmas*
karácsonyeste *koo·raa·chawn'·esh·te Christmas Eve*
karácsony napja *koo·raa·chawn' nop·yo Christmas Day*
karantén *ko·ron·tayn quarantine*
karfiol *kor·fi·awl cauliflower*
kartondoboz *kor·tawn·daw·bawz carton*
kártyázás *kaar·tyaa·zaash playing cards*
katona *ko·taw·no soldier*
　—i szolgálat *ko·taw·no·i sawl·gaa·lot military service*
kávé *kaa·vay coffee*
kávézó *kaa·vay·záw café*
kecske *kech·ke goat*
kedd *kedd Tuesday*
kedves *ked·vesh kind (nice)*
kefe *ke·fe brush*
kék *kayk blue*
keksz *keks biscuit*
kelet *ke·let east*
kemény *ke·mayn' hard (not soft)*
　—re főtt *ke·mayn'·re feütt hard-boiled*
kemping *kem·ping camp ground*
　—ezik *kem·pin·ge·zik camp* ⓥ
　—felszerelést árusító üzlet *kem·ping·fel·se·re·laysht aa·ru·shee·táw ewz·let camping store*
kenőanyag *ke·neü·o·nyog lubricant*
kenőpénz *ke·neü·paynz bribe* ⓥ
kényelmes *kay·nyel·mesh comfortable*
kényelmetlen *kay·nyel·met·len uncomfortable*
kenyér *ke·nyayr bread*
képes *kay·pesh can (be able)*
képes folyóirat *kay·pesh faw·yáw·i·rot magazine*
képesítések *kay·pe·shee·tay·shek qualifications*
kérdés *kayr·daysh question* ⓝ
kerek *ke·rek round* ⓐ
kerék *ke·rayk wheel*
keres *ke·resh earn • look for*

kereskedelem *ke·resh·ke·de·lem trade* ⓝ
kereskedő *ke·resh·ke·deü tradesperson*
kereszt *ke·rest cross* ⓝ
keresztelő *ke·res·te·leü baptism*
keresztény *ke·res·tayn' Christian*
keresztnév *ke·rest·nayv Christian/given name*
kert *kert garden*
　—ész *ker·tays gardener*
　—észkedés *ker·tays·ke·daysh gardening*
kerül *ke·rewl cost* ⓥ
kerület *ke·rew·let city district*
kés *kaysh knife*
keserű *ke·she·rêw bitter*
késés *kay·shaysh delay*
késő *kay·shêü late*
később *kay·shêübb later*
kész *kays ready*
készenléti jegy *kay·sen·lay·ti yej stand-by ticket*
készít *kay·seet prepare*
készlet *kays·let stock (food)*
készpénz *kays·paynz cash* ⓝ
kesztyűk *kes·tyêwk gloves*
két *kayt two (of something)*
két ágy *kayt aaj twin beds*
két hét *kayt hayt fortnight*
kétkezi munkás *kayt·ke·zi mun·kaash manual worker*
kétszer *kayt·ser twice*
kettő *ket·têü two*
kevés *ke·vaysh few • little*
　—bé *ke·vaysh·bay less*
kéz *kayz hand*
kézbesít *kayz·be·sheet deliver*
kézitáska *kay·zi·taash·ko handbag*
kézművesség *kayz·mêw·vesh·shayg crafts • handicrafts*
kézzel gyártott *kayz·zel dyaar·tawtt handmade*
kezdet *kez·det start*
ki *ki who*
kiabál *ki·o·baal shout*
kiállítás *ki·aal·lee·taash exhibition*
kiárusítás *ki·aa·ru·shee·taash sale*
kicsi *ki·chi small*
kifejezésgyűjtemény *ki·fe·ye·zaysh·dyêw·y·te·mayn' phrasebook*
kifizetés *ki·fi·ze·taysh payment*
kifosztás *ki·faws·taash rip-off*
kígyó *kee·dyáw snake*
kijárat *ki·yaa·rot exit* ⓝ
kikötő *ki·keu·têü harbour • port*

kilátó *ki-laa-tāw* lookout
kint *kint* outside
kinyit *ki-nyit* open ⓥ
kipállás *ki-paal-laash* nappy rash
kipufogó *ki-pu-faw-gāw* car exhaust
kirabol *ki-ro-bawl* rob
király *ki-raa-y* king
királynő *ki-raa-y-nēü* queen
kirándul *ki-raan-dul* hike
  —ás *ki-raan-du-laash* hiking
Kisalföld *kish-ol-feuld* Little Plain
Kisasszony *kish-os-sawn'* Miss
kis csukott teherautó
  kish chu-kawtt te-her-o-u-tāw van
kisebb *ki-shebb* smaller
kiszolgálás *ki-sawl-gaa-laash* service
  —i díj *ki-sawl-gaa-laa-shi dee-y*
  service charge
kitűnő *ki-tēw-nēü* excellent
kiütés *ki-ew-taysh* rash
kizsákmányolás *ki-zhaak-maa-nyaw-laash*
  exploitation
kocka *kawts-ko* dice
kockázat *kawts-kaa-zot* risk ⓝ
kocogás *ko-tsaw-gaash* jogging
kocsi *kaw-chi* carriage • trolley
kókuszdió *kāw-kus-di-āw* coconut
kolbász *kawl-baas* sausage (thick)
koldus *kawl-dush* beggar
kolléga *kawl-lay-go* colleague
kolostor *ko-lawsh-tawr*
  cloister • convent • monastery
komoly *kaw-maw-y* serious
komp *kawmp* ferry
kontaktlencse-oldat *kawn-tokt-len-che-*
  awl-dot contact lens solution
konyha *kawn'-ho* kitchen
konzulátus *kawn-zu-laa-tush* consulate
koponya *kaw-paw-nyo* skull
kor *kawr* age ⓝ
korán *kaw-raan* early
korcsolya *kawr-chaw-yo* skate ⓝ
korcsolyázik *kawr-chaw-yaa-zik* skate ⓥ
kórház *kāwr-haaz* hospital
kormány *kawr-maan'* government
kosár *kaw-shaar* basket
  —labda *kaw-shaar-lob-do* basketball
kóser *kāw-sher* kosher
kő *kēü* stone
ködös *keu-deush* foggy
köhög *keu-heug* cough
  —és elleni szer *keu-heu-gaysh*
  el-le-ni ser cough medicine
kölcsönkér *keul-cheun-kayr* borrow

költészet *keul-tay-set* poetry
költségvetés *keult-shayg-ve-taysh*
  budget
könnyű *keun'-nyēw* easy • light (weight)
könyv *keun'v* book
  —esbolt *keun'-vesh-bawlt* bookshop
  —tár *keun'v-taar* library
kőolaj *kēü-aw-lo-y* oil (petrol)
környezet *keur-nye-zet* environment
körte *keur-te* pear
kötél *keu-tayl* rope
kötés *keu-taysh* bandage
kötőhártya-gyulladás *keu-tēü-haar-tyo-*
  dyul-lo-daash conjunctivitis
kövér *keu-vayr* fat
követ *keu-vet* follow
közelében *keu-ze-lay-ben* near
közlekedés *keuz-le-ke-daysh* transport
közlekedési lámpa *keuz-le-ke-day-shi*
  laam-po traffic light
kozmetikai szalon *kawz-me-ti-ko-i*
  so-lawn beauty salon
közönséges *keu-zeun-shay-gesh* ordinary
között *keu-zeutt* between
központ *keuz-pawnt* centre ⓝ
köztársaság *keuz-taar-sho-shaag* republic
közvetlen tárcsázás *keuz-vet-len*
  taar-chaa-zaash direct-dial
krumpli *krump-li* potato
kukorica *ku-kaw-ri-tso* corn
kulcs *kulch* key
küld *kewld* send
külföldi *kewl-feul-di* foreign
külföldön *kewl-feul-deun* abroad
különböző *kew-leun-beu-zēü* different
különleges *kew-leun-le-gesh* special
kuplung *kup-lung* clutch (car)
kutya *ku-tyo* dog
küzdősportok *kewz-dēü-shpawr-tawk*
  martial arts

L

láb *laab* leg
  —fej *laab-fe-y* foot
  —ujj *laab-uy* toe
labda *lob-do* ball (sport)
lágy *laaj* soft-boiled
lakás *lo-kaash* apartment
lakat *lo-kot* padlock
lakik *lo-kik* stay (at a hotel)
lakik *lo-kik* live (somewhere)
lakókocsi *la-kāw-kaw-chi* caravan

lány *laan' daughter • girl*
lapos *lo-pawsh flat*
lassú *losh-shü slow*
lát *laat see*
látogatás *laa-taw-go-taash visit*
láz *laaz fever*
lazac *lo-zots salmon*
lazít *lo-zeet relax*
leégés *le-ay-gaysh sunburn*
lefoglal *le-fawg-lol book ⊙*
légiposta *lay-gi-pawsh-to airmail*
légitársaság *lay-gi-taar-sho-shaag airline*
legjobb *leg-yawbb best*
legkisebb *leg-ki-shebb smallest*
légkondicionált *layg-kawn-di-tsi-aw-naalt air-conditioned*
legközelebbi *leg-keu-ze-leb-bi nearest*
legnagyobb *leg-no-dyawbb biggest*
lehetetlen *le-he-tet-len impossible*
lehetséges *le-het-shay-gesh possible*
lélegzik *lay-leg-zik breathe*
lencse *len-che lens • lentil*
Lengyelország *len-dyel-awr-saag Poland*
lenni *len-ni be*
lent *lent down (location)*
lenvászon *len-vaa-sawn linen (material)*
lépcső *layp-chëü stairway*
lepedő *le-pe-dëü sheet (bed)*
lépés *lay-paysh step ⓝ*
leszáll *le-saall get off (train etc)*
leszármazott *le-saar-mo-zawtt descendent*
leszbikus *les-bi-kush lesbian ⓝ*
leszólít *le-sāw-leet chat up*
letartóztatás *le-tor-tāwz-to-taash arrest*
le van zárva *le von zaar-vo blocked (road)*
levegő *le-ve-gëü air*
levél *le-vayl leaf • letter (mail)*
levelezőlap *le-ve-le-zëü-lop postcard*
leves *le-vesh soup*
libegő *li-be-gëü chairlift (scenic)*
liszt *list flour*
ló *lāw horse*
lop *lawp steal*
lovaglás *law-vog-laash horse riding • ride ⓝ*
lovaglóiskola *law-vog-lāw-ish-kaw-lo horse-riding school*
lő *lëü shoot ⊙*
lusta *lush-to lazy*
luxus *luk-sush luxury ⓐ*

M

ma *mo today*
ma este *mo esh-te tonight*
macska *moch-ko cat*

madár *mo-daar bird*
magán *mo-gaan private*
magas *mo-gosh high • tall*
magasság *mo-gosh-shaag altitude*
magyar *mo-dyor Hungarian*
Magyarország *mo-dyor-awr-saag Hungary*
máj *maa-y liver*
majdnem *moyd-nem almost*
májgyulladás *maa-y-dyul-lo-daash hepatitis*
május *maa-yush May*
málna *maal-no raspberry*
mandula *mon-du-lo almond*
mangó *mon-gāw mango*
már *maar already*
marad *mo-rod stay (in one place)*
március *maar-tsi-ush March*
marhahús *mor-ho-hüsh beef*
másik *maa-shik another • other*
második *maa-shaw-dik second ⊙*
másodosztály *maa-shawd-aws-taa-y second class ⓝ*
mászik *maa-sik climb ⊙*
matrac *mot-rots mattress*
meccs *mech game • match*
mecset *me-chet mosque*
meditálás *me-di-taa-laash meditation*
megálló *meg-aal-lāw stop (bus, tram etc)*
megbeszélt időpont *meg-be-saylt i-dëü-pawnt appointment*
megcsókol *meg-chāw-kawl kiss (intimate) ⊙*
megengedett sebességhatár *meg-en-ge-dett she-besh-shayg-ho-taar speed limit*
megérint *meg-ay-rint touch ⊙*
megerősít *meg-e-rëü-sheet confirm (booking)*
megerőszakol *meg-e-rëü-so-kawl rape ⊙*
megért *meg-ayrt understand*
meg van fázva *meg von faaz-vo have a cold*
meggyilkol *meg-dyil-kawl murder ⊙*
meghal *meg-hol die*
meghív *meg-heev invite*
megint *me-gint again*
megjavít *meg-yo-veet repair ⊙*
megköszön *meg-keu-seun thank*
megkülönböztetés *meg-kew-leun-beuz-te-taysh discrimination*
meglepetés *meg-le-pe-taysh surprise ⓝ*
megmér *meg-mayr weigh*
megmos *meg-mawsh wash (something)*

még nem *mayg nem* not yet
megnősül *meg-nēū-shewl* marry (for a man)
megölel *meg-eu-lel* hug ⊙
megpróbál *meg-prāw-baal* try ⊙
megpuszil *meg-pu-sil* kiss (friendly) ⊙
megromlott *meg-rawm-lawtt* off (spoiled)
megsért *meg-shayrt* hurt
megtölt *meg-teult* fill
megvéd *meg-vayd* protect
megy *mej* go
megye *me-dye* county
méh *mayh* bee • uterus
méhnyakrák-szűrővizsgálat *mayh-nyok-raak-sēw-rēū-vizh-gaa-lot* pap smear
meleg *me-leg* warm • gay
melegvizes üveg *me-leg-vi-zesh ew-veg* hot water bottle
melegvízű forrás *me-leg-vee-zēw fawr-raash* thermal spring
mell *mell* breast (body)
—kas *mell-kosh* chest (body)
—tartó *mell-tor-tāw* bra
mellett *mel-lett* beside
mély *may-y* deep
melyik *me-yik* which
menekült *me-ne-kewlt* refugee
menetrend *me-net-rend* timetable
mennyi *men'-nyi* how much
—ség *men'-nyi-shayg* volume (quantity)
menstruáció *mensht-ru-aa-tsi-āw* menstruation
menstruációs hasfájás *mensht-ru-aa-tsi-āwsh hosh-faa-yaash* period pain
mentő *men-tēū* ambulance
—mellény *men-tēū-mel-layn'* life jacket
menyasszony *men'-os-sawn'* engaged (for a woman) • fiancée
meredek *me-re-dek* steep
méret *may-ret* size
mérges *mayr-gesh* angry
mérgező *mayr-ge-zēū* poisonous
mérnök *mayr-neuk* engineer ⓝ
mert *mert* because
messze *mes-se* far
metélt *me-taylt* noodles
metró *met-rāw* metro • subway
—állomás *met-rāw-aal-law-maash* metro/subway station
méz *mayz* honey
mezőgazdaság *me-zēū-goz-do-shaag* agriculture
mi *mi* we • what
miért *mi-ayrt* why

mikor *mi-kawr* when
mikrohullámú sütő *mik-raw-hul-laa-mū shew-tēū* microwave ⓝ
millió *mil-li-āw* million
minden *min-den* all • each • every
—ki *min-den-ki* everyone
minden hely foglalt *min-den he-y fawg-lolt* booked out
mindig *min-dig* always
mindkét *mind-kayt* both
mindkét oldalán megsütött tükörtojás *mind-kayt awl-do-laan meg-shew-teutt tew-keur-taw-yaash* poached egg
mindkettő *mind-ket-tēū* both
miniszterelnök *mi-nis-ter-el-neuk* prime minister
minőség *mi-nēū-shayg* quality
mirigyláz *mi-rij-laaz* glandular fever
mise *mi-she* Catholic mass
mobil telefon *maw-bil te-le-fawn* cellphone • mobile phone
mogyoró *maw-dyaw-rāw* hazelnut
móló *māw-lāw* pier
mond *mawnd* say • tell
mosakszik *maw-shok-sik* wash (oneself)
mosnivaló *mawsh-ni-vo-lāw* laundry (clothes)
mosoda *maw-shaw-do* laundry (place)
mosógép *maw-shāw-gayp* washing machine
mosóhelyiség *maw-shāw-he-yi-shayg* laundry (room)
mosolyog *maw-shaw-yawg* smile ⊙
most *mawsht* now
motorcsónak *maw-tawr-chāw-nok* motorboat
mozgássérült *mawz-gaash-shay-rewlt* physically disabled
mozgólépcső *mawz-gāw-layp-chēū* escalator
mozi *maw-zi* cinema
mögött *meu-geutt* behind
mulatságos *mu-lot-shaa-gawsh* funny
múlt *mūlt* past ⓝ
múlt héten *mūlt hay-ten* last week
munka *mun-ko* work
—bér *mun-ko-bayr* wage
—nélküli *mun-ko-nayl-kew-li* unemployed
—nélküli-segély *mun-ko-nayl-kew-li she-gay* dole
—vállalási engedély *mun-ko-vaal-lo-laa-shi en-ge-day-y* work permit
—vállaló *mun-ko-vaal-lo-lāw* employee

munkáltató *mun*·kaal·to·tāw *employer*
munkás *mun*·kaash *labourer*
mutat *mu*·tot *point • show*
mutató *mu*·to·tāw *indicator (car)*
műanyag *mēw*·o·nyog *plastic* ®
műhely *mēw*·he·y *workshop*
műszaki tudományok *mēw*·so·ki
  tu·daw·maa·nyawk *engineering*
műtét *mēw*·tayt *operation*
művész *mēw*·vays *artist*
  —et *mēw*·vay·set *art*

N

nadrág *nod*·raag *pants • trousers*
nagy noj *big*
  —mama *noj*·mo·mo *grandmother*
  —néni *noj*·nay·ni *aunt*
  —obb *no*·dyawbb *bigger*
  —on *no*·dyawn *very*
  —papa *noj*·po·po *grandfather*
  —szerű *noj*·se·rēw *great (fantastic)*
Nagyalföld *noj*·ol·feuld *Great Plain*
nagykövet *noj*·keu·vet *ambassador*
  —ség *noj*·keu·vet·shayg *embassy*
nap nop *day • sun*
  —kelte *nop*·kel·te *sunrise*
  —nyugta *nop*·nyug·to *sunset*
  —olaj *nop*·aw·lo·y *sunblock*
  —onta *no*·pawn·to *daily*
  —os *no*·pawsh *sunny*
  —szemüveg *nop*·sem·ew·veg
  sunglasses
  —szúrás *nop*·sū·raash *sunstroke*
  —tár *nop*·taar *calendar*
narancs *no*·ronch *orange (fruit)*
  —lé *no*·ronch·lay *orange juice*
  —sárga *no*·ronch·shaar·go
  orange (colour)
nászajándék *naas*·o·yaan·dayk
  wedding present
nászút *naas*·ūt *honeymoon*
nátha *naat*·ho *runny nose*
nedves *ned*·vesh *wet*
negyed *ne*·dyed *quarter*
néha *nay*·ho *sometimes*
néhány *nay*·haan' *some*
nehéz *ne*·hayz *difficult • heavy*
nekem *ne*·kem *for me • to me*
nem nem *no • not*
nem nem *sex (gender)*
nem biztonságos nem
  biz·tawn·shaa·gawsh *unsafe*

nemdohányzó *nem*·daw·haan'·zāw
  nonsmoking
nem működik nem *mēw*·keu·dik
  out of order
néma *nay*·mo *mute*
Németország *nay*·met·awr·saag *Germany*
nemi betegség *ne*·mi *be*·teg·shayg
  venereal disease
nemi erőszak *ne*·mi e·rēū·sok *rape* ®
nemzeti park *nem*·ze·ti pork *national park*
nemzetiség *nem*·ze·ti·shayg *nationality*
nemzetközi *nem*·zet·keu·zi *international*
népi tánc *nay*·pi taants *folk dancing*
népművészet *nayp*·mēw·vay·set *folk art*
népszerű *nayp*·se·rēw *popular*
név nayv *name* ①
nevet *ne*·vet *laugh* ⓥ
néz nayz *look • watch*
nincs benne ninch *ben*·ne *excluded*
nincs üres szoba ninch *ew*·resh *saw*·bo
  no vacancy
Norvégia *nawr*·vay·gi·o *Norway*
november *naw*·vem·ber *November*
nő nēū *grow*
nő nēū *woman*
  —gyógyász *nēū*·dyāw·dyaas
  gynaecologist
  —nemű *nēū*·ne·mēw *female*
nős nēūsh *married (for a man)*
növény *neu*·vayn' *plant*
nővér *nēū*·vayr *older sister*

Ny

nyak *nyok* *neck*
nyaklánc *nyok*·laants *necklace*
nyár *nyaar* *summer*
nyeles serpenyő
  nye·lesh *sher*·pe·nyēū *saucepan*
nyelv *nyelv* *language • tongue*
nyer *nyer* *win* ⓥ
nyers *nyersh* *raw*
nyilvános park *nyil*·vaa·nawsh pork
  public gardens
nyilvános telefon *nyil*·vaa·nawsh
  te·le·fawn *public telephone*
nyilvános vécé *nyil*·vaa·nawsh *vay*·tsay
  public toilet
nyitva *nyit*·vo *open (location)*
nyitvatartás *nyit*·vo·tor·taash
  opening hours
nyomtató *nyawm*·to·tāw
  printer (computer)

nyugalmazott *nyu-gol-mo-zawtt* retired
nyugat *nyu-got* west
nyugdíjas *nyug-dee-yosh* pensioner
nyugta *nyug-to* receipt

O, Ó

oda-vissza *aw-do-vis-so* return (ticket)
ok *awk* reason (explanation)
oktatás *awk-to-taash* education
oktató *awk-to-táw* instructor
október *awk-táw-ber* October
olaj *aw-lo-y* oil
olajbogyó *aw-lo-y-baw-dyáw* olive
Olaszország *o-los-awr-saag* Italy
olcsó *awl-cháw* cheap
oldal *awl-dol* page • side
olívaolaj *aw-lee-vo-aw-lo-y* olive oil
olló *awl-láw* scissors
ólommentes *áw-lawm-men-tesh*
   unleaded
oltár *awl-taar* altar
oltás *awl-taash* vaccination
olvas *awl-vosh* read
   —ás *awl-vo-shaash* reading
opera *aw-pe-ro* opera
   —ház *aw-pe-ro-haaz* opera house
operátor *aw-pe-raa-tawr* operator
óra *áw-ro* clock • hour • watch ⓝ
Oroszország *aw-raws-awr-saag* Russia
orr *awrr* nose
ország *awr-saag* country
országút *awr-saag-út* highway
orvos *awr-vawsh* doctor
   —i rendelő *awr-vaw-shi ren-de-lēū*
   doctor's surgery
   —ság *awr-vawsh-shaag* medication
   —tudomány *awr-vawsh-tu-daw-maan'*
   medicine (study, profession)
osztály *aws-taa-y* class (rank)
   —rendszer *aws-taa-y-rend-ser*
   class system
osztozik *aws-taw-zik* share (with)
Osztrák-Magyar Monarchia
   awst-raak-mo-dyor maw-nor-hi-o
   Austro-Hungarian Empire
osztriga *awst-ri-go* oyster
óta *áw-to* since
ott *awtt* there
otthon *awtt-hawn* home
óvoda *áw-vaw-do* kindergarten
óvszer *áwv-ser* condom
ózonréteg *áw-zawn-ray-teg* ozone layer

Ö, Ő

ő *ēū* he • she
öcs *euch* younger brother
ők *ēūk* they
Ön *eun* you sg pol
önálló *eun-aal-láw* self-employed
öngyújtó *eun-dyú-y-táw* cigarette lighter
önkiszolgáló *eun-ki-sawl-gaa-láw*
   self-service
önkiszolgáló mosószalon
   eun-ki-sawl-gaa-láw maw-sháw-so-lawn
   launderette
Önök *eu-neuk* you pl pol
önző *eun-zēū* selfish
öreg *eu-reg* old (person)
örökre *eu-reuk-re* forever
összekever *eus-se-ke-ver* mix ⓥ
összeütközés *eus-se-ewt-keu-zaysh*
   crash ⓝ
ösvény *eush-vayn'* path
ősz *ēūs* autumn • fall
őszibarack *ēū-si-bo-rotsk* peach
őt *ēūt* her • him
övé *eu-vay* his
övsömör *euv-sheu-meur* shingles

P

padlizsán *pod-li-zhaan*
   aubergine • eggplant
padló *pod-láw* floor
palota *po-law-to* palace
pamut *po-mut* cotton
panasz *po-nos* complaint
páncélszekrény *paan-tsayl-sek-rayn'*
   safe ⓝ
pap *pop* priest
papír *po-peer* paper
   —bolt *po-peer-bawlt* stationer
paprika *pop-ri-ko*
   capsicum • bell pepper • paprika
pár *paar* pair (couple)
paradicsom *po-ro-di-chawm* tomato
parkol *por-kawl* park a car ⓥ
   —ó *por-kaw-láw* car park
párna *paar-no* pillow
   —huzat *paar-no-hu-zot* pillowcase
párt *paart* party (politics)
parti *por-ti* party (night out)
pástétom *paash-tay-tawm* pie
patak *po-tok* stream
pecsenye *pe-che-nye* steak (beef)

pékség *payk·shayg* bakery
példa *payl·do* example
pelenka *pe·len·ko* diaper • nappy
péntek *payn·tek* Friday
pénz *paynz* money
　—érmék *paynz·ayr·mayk* coins
　—tárca *paynz·taar·tso* purse
　—tárgép *paynz·taar·gayp*
　cash register
　—táros *paynz·taa·rawsh* cashier
　—váltás *paynz·vaal·taash*
　exchange money
penzió *pen·zi·âw* boarding house
perc *perts* minute
peron *pe·rawn* platform
petefészek *pe·te·fay·sek* ovary
petefészek-ciszta *pe·te·fay·sek·tsis·to*
ovarian cyst
pezsgő *pezh·gēü* champagne
piac *pi·ots* market
pici *pi·tsi* tiny
pihen *pi·hen* rest ⓥ
pillanat *pil·lo·not* second ⓝ
pillangó *pil·lon·gäw* butterfly
pincér *pin·tsayr* waiter
pincérnő *pin·tsayr·nēü* waitress
pirítós *pi·ree·täwsh* toast
piros *pi·rawsh* red
piszkos *pis·kawsh* dirty
plakát *plo·kaat* poster
poggyász *pawd'·dyaas*
　baggage • luggage
　—címke *pawd'·dyaas·tseem·ke*
　luggage tag
　—kiadó *pawd'·dyaas·ki·o·dâw*
　baggage claim
　—megőrző automata
　pawd'·dyaas·meg·ēür·zēú
　o·u·taw·mo·to luggage lockers
pók *päwk* spider
polc *pawlts* shelf
polgárjogok *pawl·gaar·yaw·gawk*
civil rights
polgármester *pawl·gaar·mesh·ter*
mayor
politika *paw·li·ti·ko* policy • politics
politikus *paw·li·ti·kush* politician
pólóing *päw·läw·ing* T-shirt
pont *pawnt* point (score) ⓝ
pontosan *pawn·taw·shon* exactly
pontot szerez *pawn·tawt se·rez* score ⓥ
por *pawr* powder
póréhagyma *päw·ray·hoj·mo* leek

posta *pawsh·to* mail ⓝ
　—fiók *pawsh·to fi·awk* PO box
　—hivatal *pawsh·to·hi·vo·tol* post office
　—i irányítószám *pawsh·to·i*
　i·raa·nyee·täw·saam postcode
　—költség *pawsh·to·keult·shayg* postage
　—láda *pawsh·to·laa·do* mailbox
próbafülke *prâw·bo·fewl·ke*
changing room (in shop)
probléma *prawb·lay·mo* problem
programmagazin *prawg·rom·mo·go·zin*
entertainment guide
prostituált *prawsh·ti·tu·aalt* prostitute
pulyka *pu·y·ko* turkey
puska *push·ko* gun
puszi *pu·si* kiss (friendly) ⓝ

R

'R' beszélgetés *er be·sayl·ge·taysh*
collect/reverse-charge call
rab *rob* prisoner
radioaktív hulladék *raa·di·âw·ok·teev*
hul·lo·dayk nuclear waste
ragasztó *ro·gos·täw* glue
rágógumi *raa·gäw·gu·mi* chewing gum
ragtapasz *rog·to·pos* Band-Aid
ragyogó *ro·dyaw·gäw* brilliant
rák *raak* cancer
rakpart *rok·port* quay
randevú *ron·de·vú* date (romantic)
rave buli *rayv bu·li* rave ⓝ
recept *re·tsept* prescription
régészeti *ray·gay·se·ti* archaeological
reggel *reg·gel* morning
　—i *reg·ge·li* breakfast
　—ire fogyasztott gabonanemű
　reg·ge·li·re faw·dyos·tawtt
　go·baw·no·ne·mēw cereal
　—i rosszullét *reg·ge·li raws·sul·layt*
　morning sickness
régi *ray·gi* ancient • old (thing)
rekesizom *re·kes·i·zawm* diaphragm
rendel *ren·del* order ⓥ
rendőr *ren·dēür* police officer
　—ség *rend·ēür·shayg*
　police • police station
rendőr-főkapitányság
rend·ēür·fēü·ko·pi·taan'·shaag
police headquarters
rendszám *rend·saam*
license plate number
répa *ray·po* carrot

szoros *saw·rawsh* tight
szótár *sáw·taar* dictionary
Szovjetunió *sov·yet·u·ni·áw* Soviet Union
szőlő *seú·leú* grapes • vineyard
—tő *seú·leú·teú* vine
szörfözés *seur·feu·zaysh* windsurfing
szövetek *seu·ve·tek* tissues
sztrájk *straa·y·k* strike ⓝ
szúnyog *sú·nyawg* mosquito
szurkoló *sur·kaw·láw* fan (sport)
szüksége van *sewk·shay·ge von* need ⓥ
szükséges *sewk·shay·gesh* necessary
születési anyakönyvi kivonat
    sew·le·tay·shi o·nyo·keun'·vi ki·vaw·not
    birth certificate
születési hely *sew·le·tay·shi he·y* birthplace
születési idő *sew·le·tay·shi i·déü* birthdate
születésnap *sew·le·taysh·nop* birthday
szülők *sew·léük* parents
szünet *sew·net* break • intermission
szürke *sewr·ke* grey
szűrt *sёwrt* filtered

T

tabletta *tob·let·to* pill
táborhely *taa·bawr·he·y* camp site
tag *tog* member
takarítás *to·ko·ree·taash* cleaning
takaró *to·ko·ráw* blanket
tál *taal* bowl
talál *to·laal* find
találkozik *to·laal·kaw·zik* meet
talált tárgyak hivatala *to·laalt taar·dyok
    hi·vo·to·lo* lost-property office
talán *to·laan* maybe
tanács *to·naach* advice
tanár *to·naar* teacher ⓜ
tanárnő *to·naar·néü* teacher ⓕ
tánc *taants* dancing
    —ház *taants·haaz* dance house
    —műhely *taants·mёw·he·y*
    dance workshop
    —ol *taan·tsawl* dance ⓥ
tanul *to·nul* learn
tányér *taa·nyayr* plate
tapasztalat *to·pos·to·lot* experience
tapogat *to·paw·got* feel (touch)
társ *taarsh* companion
társadalmi jólét *taar·sho·dol·mi yáw·layt*
    social welfare
társaság *taar·sho·shaag* company (firm)
tartozik *tor·taw·zik* owe

táska *taash·ko* bag
tavasz *to·vos* spring (season)
távirányító *taav·i·raa·nyee·táw*
    remote control
távirat *taav·i·rot* telegram
távoli *taa·vaw·li* remote
taxi *tok·si* taxi
    —állomás *tok·si·aal·law·maash* taxi stand
te *te* you sg inf
teáskanál *te·aash·ko·naal* teaspoon
tegnap *teg·nop* yesterday
    —előtt *teg·nop·e·léütt*
    day before yesterday
tehén *te·hayn* cow
tej *te·y* milk
    —föl *te·y·feul* sour cream
    —szín *te·y·seen* cream
tél *tayl* winter
tele *te·le* full
telefon *te·le·fawn* telephone ⓝ
    —ál *te·le·faw·naal* telephone ⓥ
    —fülke *te·le·fawn·fewl·ke* phone box
    —kártya *te·le·fawn·kaar·tyo* phonecard
    —központ *te·le·fawn·keuz·pawnt*
    telephone centre
teljes munkaidejű *tel·yesh
    mun·ko·i·de·yёw* full-time
teljesen béna *tel·ye·shen bay·no*
    quadriplegic
temetés *te·me·taysh* funeral
temető *te·me·téü* cemetery
templom *temp·lawm* church
tenger *ten·ger* sea
    —en túl *ten·ge·ren túl* overseas
    —ibeteg *ten·ge·ri·be·teg* seasick
    —ibetegség *ten·ge·ri·be·teg·shayg*
    travel sickness
    —part *ten·ger·port* coast • seaside
teniszpálya *te·nis·paa·yo* tennis court
tér *tayr* square (town)
térd *tayrd* knee
terhes *ter·hesh* pregnant
    —ségi teszt *ter·hesh·shay·gi test*
    pregnancy test kit
terítékért felszámolt díj *te·ree·tay·kayrt
    fel·saa·mawlt dee·y* cover charge
térkép *tayr·kayp* map
termálfürdő *ter·maal·fewr·déü*
    thermal bath
termel *ter·mel* produce ⓥ
termés *ter·maysh* crop
természet *ter·may·set* nature
    —gyógyászat *ter·may·set·dyáw·dyaa·sot*
    naturopathy

—tudós *ter·may·set·tu·dawsh* scientist
test *tesht* body
tesz *tes* put
teszt *test* test ⓝ
tészta *tays·to* pasta
tételes *tay·te·lesh* itemised
tetvek *tet·vek* lice
tévé *tay·vay* TV
ti *ti* you pl inf
tilos *ti·lawsh* prohibited
tiltakozás *til·to·kaw·zaash* protest ⓝ
típus *tee·push* type
tiszta *tis·to* clean • pure
tisztít *tis·teet* clean ⓥ
titkár *tit·kaar* secretary ⓜ
titkárnő *tit·kaar·nёu* secretary ⓕ
tó *taw* lake
tojás *taw·yaash* egg
tolmács *tawl·maach* interpreter
tolvaj *tawl·vo·y* thief
tonhal *tawn·hol* tuna
torna *tawr·no* gymnastics
—terem *tawr·no·te·rem* gym (hall)
torok *taw·rawk* throat
torony *taw·rawn'* tower
toxikus hulladék *tawk·si·kush hul·lo·dayk* toxic waste
több *teubb* more • several
tök *teuk* pumpkin
tökéletes *teu·kay·le·tesh* perfect
tömlő *teum·lёu* inner tube
törődik *teu·rёu·dik* care (for someone)
töröl *teu·reul* cancel
történelem *teur·tay·ne·lem* history
történelmi *teur·tay·nel·mi* historical
történet *teur·tay·net* story
törülköző *teu·rewl·keu·zёu* towel
törvény *teur·vayn'* law
törvényes *teur·vay·nyesh* legal
tranzitváró *tron·zit·vaa·rāw* transit lounge
trikó *tri·kāw* singlet
tucat *tu·tsot* dozen
tud *tud* know (a fact) • be able
tudomány *tu·daw·maan'* science
tükör *tew·keur* mirror
túl *tūl* too (much)
túladagolás *tūl·o·do·gaw·laash* overdose
tulajdonos *tu·lo·y·daw·nawsh* owner
túlsúly *tūl·shū·y* excess (baggage)
túra *tū·ro* tour
—bakancs *tū·ro·bo·konch* hiking boots
—útvonal *tū·ro·ūt·vaw·nol* hiking route
turista *tu·rish·to* tourist
—iroda *tu·rish·to·i·raw·do* tourist office
—osztály *tu·rish·to·aws·taa·y* economy class
tüdő *tew·dёu* lung
tüntetés *tewn·te·taysh* demonstration (protest)
tűz *tēwz* fire
—hely *tēwz·he·y* stove
tűzifa *tēw·zi·fo* firewood

U, Ú

uborka *u·bawr·ko* cucumber
udvarház *ud·vor·haaz* manor house
ugyanaz *u·dyon·oz* same
új *ū·y* new
újév napja *ū·y·ayv nop·yo* New Year's Day
ujj *u·y* finger
újrafelhasznál *ū·y·ro·fel·hos·naal* recycle
—ható *ū·y·ro·fel·hos·naal·ho·tāw* recyclable
újság *ū·y·shaag* newspaper
—árus *ū·y·shaag·aa·rush* newsagency • newsstand
—író *ūy·shaag·ee·rāw* journalist
Új-Zéland *ū·y·zay·lond* New Zealand
ultrahang *ult·ro·hong* ultrasound
unalmas *u·nŏl·mosh* boring
unoka *u·naw·ko* grandchild
unott *u·nawtt* bored
Úr *ūr* Mr
urasági kastély *u·ro·shaa·gi kosh·tay* mansion
úszás *ū·saash* swimming (sport)
úszik *ū·sik* swim ⓥ
uszoda *u·saw·do* swimming centre
úszómedence *ū·sāw·me·den·tse* swimming pool
úszószemüveg *ū·sāw·sem·ew·veg* swimming goggles
út *ūt* road • way
után *u·taan* after
utas *u·tosh* passenger
utazás *u·to·zaash* journey • travel • trip
—i csekk *u·to·zaa·shi chekk* travellers cheque
—i iroda *u·to·zaa·shi i·raw·do* travel agency
utca *ut·tso* street
—i piac *ut·tso·i pi·ots* street market
úti cél *ū·ti tsayl* destination
útikönyv *ū·ti·keun'v* guidebook
útlevél *ūt·le·vayl* passport
útlevél száma *ūt·le·vayl saa·mo* passport number
útvonal *ūt·vaw·nol* itinerary • route

Ü, Ű

üdítőital *ew-dee-tēū-i-tol soft drink*
üdvözöl *ewd-veu-zeul welcome* ⓥ
ügyfél *ewj-fayl client*
ül *ewl sit*
ülés *ew-laysh seat (place)*
ünneplés *ewn-nep-laysh celebration*
ünnepnap *ewn-nep-nop holiday*
üres *ew-resh empty • vacant*
üresedés *ew-re-she-daysh vacancy*
üveg *ew-veg bottle • glass • jar*
üzenet *ew-ze-net message*
üzlet *ewz-let business • shop*
   —asszony *ewz-let-os-sawn' businesswoman*
   —ember *ewz-let-em-ber businessman*
   —i út *ewz-le-ti üt business trip*
   —vezető *ewz-let-ve-ze-tēū manager (business)*

V

vacsora *vo-chaw-ro dinner*
vadászat *vo-daa-sot hunting*
vág *vaag cut* ⓥ
vágódeszka *vaa-gäw-des-ko chopping board*
vagy *voj or*
vagyonos *vo-dayw-nawsh wealthy*
vaj *vo-y butter*
Vajdaság *vo-y-do-shaag Voivodina*
vak *vok blind*
   —vezető kutya *vok-ve-ze-tēū ku-tyo guide dog*
vakáció *vo-kaa-tsi-āw vacation*
vakbél *vok-bayl appendix (body)*
valaki *vo-lo-ki someone*
valami *vo-lo-mi something*
válasz *vaa-los answer* ⓝ
választ *vaa-lost choose*
választás *vaa-los-taash election*
váll *vaall shoulder*
vallás *vol-laash religion*
   —os *vol-laa-shawsh religious*
valutaátváltás *vo-lu-to-aat-vaal-taash currency exchange*
vám *vaam customs*
van neki *von ne-ki have*
vár *vaar castle*
vár *vaar wait for*

város *vaa-rawsh city • town*
   —háza *vaa-rawsh-haa-zo town hall*
   —központ *vaa-rawsh-keuz-pawnt city centre*
   —rész *vaa-rawsh-rays suburb*
   —térkép *vaa-rawsh-tayr-kayp town map*
várószoba *vaa-rāw-saw-bo waiting room*
varr *vorr sew*
varrótű *vor-rāw-tēw sewing needle*
vas- és edénybolt *vosh aysh e-dayn'-bawlt hardware store*
vasaló *vo-sho-lāw iron (for clothes)*
vásárlás *vaa-shaar-laash shopping*
vasárnap *vo-shaar-nop Sunday*
vásárol *vaa-shaa-rawl shop* ⓥ
vastag *vosh-tog thick*
vasútállomás *vo-shút-aal-law-maash railway station*
vászonnemük *vaa-sawn-ne-mēwk linen (sheets etc)*
vécé *vay-tsay toilet*
   —papír *vay-tsay-po-peer toilet paper*
védett faj *vay-dett fo-y protected species*
vég *vayg end*
vegetáriánus *ve-ge-taa-ri-aa-nush vegetarian*
vékony *vay-kawn' thin*
vélemény *vay-le-mayn' opinion*
velem *ve-lem with me*
vendégház *ven-dayg-haaz guesthouse*
vendéglátás *ven-dayg-laa-taash hospitality*
ventilátor *ven-ti-laa-tawr fan (machine)*
vér *vayr blood*
   —csoport *vayr-chaw-pawrt blood group*
   —nyomás *vayr-nyaw-maash blood pressure*
   —szegénység *vayr-se-gayn'-shayg anaemia*
   —vizsgálat *vayr-vizh-gaa-lot blood test*
verekedés *ve-re-ke-daysh fight*
véres *vay-resh rare (food)*
verseny *ver-shen' race (sport)*
   —bicikli *ver-shen'-bi-tsik-li racing bike*
   —pálya *ver-shen'-paa-yo racetrack*
vese *ve-she kidney*
vesz *ves buy • take*
veszélyes *ve-say-yesh dangerous*
veszélyeztetett faj *ve-say-yez-te-tett fo-y endangered species*
vészhelyzet *vays-he-y-zet emergency*
vezet *ve-zet drive* ⓥ
vezetéknév *ve-ze-tayk-nayv surname*

vezető *ve-ze-tēü* leader • guide
vicc *vits* joke ⓝ
vidék *vi-dayk* countryside
vígjáték *veeg-yaa-tayk* comedy
vihar *vi-hor* storm
világ *vi-laag* world
—**egyetem** *vi-laag-e-dye-tem* universe
Világbajnokság *vi-laag-bo-y-nawk-shaag* World Cup
világos *vi-laa-gawsh* light (colour)
villa *vil-lo* fork
villamos *vil-lo-mawsh* tram
villanófény *vil-lo-nāw-fayn'* flashlight • torch
villany *vil-lon'* electricity
virág *vi-raag* flower
—**por** *vi-raag-pawr* pollen
virsli *virsh-li* sausage (thin)
visel *vi-shel* wear
vissza *vis-so* back (position)
—**tér** *vis-so-tayr* return (come back)
—**térítés** *vis-so-tay-ree-taysh* refund
—**utasít** *vis-so-u-to-sheet* refuse ⓥ
visz *vis* carry
viszketés *vis-ke-taysh* itch ⓝ
vitaminok *vi-to-mi-nawk* vitamins
vitatkozik *vi-tot-kaw-zik* argue
viteldíj *vi-tel-dee-y* fare
víz *veez* water
vízesés *veez-e-shaysh* waterfall
vizesüveg *vi-zesh-ew-veg* water bottle
vízhatlan *veez-hot-lon* waterproof
vízisíelés *vee-zi-shee-e-laysh* waterskiing
vízum *vee-zum* visa
—**hosszabbítás** *vee-zum-haws-sob-bee-taash* visa extension
vonal *vaw-nol* dial tone
vonat *vaw-not* train ⓝ
vonattal szállított posta *vaw-not-tol saal-lee-tawtt pawsh-to* surface mail (land)

vödör *veu-deur* bucket
vőlegény *vēü-le-gayn'* engaged (for a man) • fiancé
völgy *veulj* valley
vörösbor *veu-reush-bawr* red wine

Z

zab *zob* oats
zajos *zo-yawsh* noisy
zaklatás *zok-lo-taash* harassment
zár *zaar* lock ⓝ
—**va** *zaar-vo* closed
zászló *zaas-lāw* flag
zavarban van *zo-vor-bon von* (be) embarrassed
zene *ze-ne* music
—**kar** *ze-ne-kor* orchestra
zeneműbolt *ze-ne-mēw-bawlt* music shop
zenész *ze-nays* musician
zivatar *zi-vo-tor* thunderstorm
zoknik *zawk-nik* socks
zöld *zeuld* green
zöldség *zeuld-shayg* vegetable
—**es** *zeuld-shay-gesh* greengrocer
zuhany *zu-hon'* shower

Zs

zseb *zheb* pocket
—**kendő** *zheb-ken-dēü* handkerchief
—**kés** *zheb-kaysh* pocket knife
—**tolvaj** *zheb-tawl-vo-y* pickpocket
zsemle *zhem-le* bread roll
zsidó *zhi-dāw* Jewish
zsinór *zhi-nāwr* string
zsírban sült *zheer-bon shewlt* fried
zsúfolt *zhú-fawlt* crowded